## 合戦図屏風　犬山城白帝文庫所蔵

徳川家康の陣にいる武士の背中に「ダビデの星」が描かれている

## 長篠合戦図屏風　大阪城天守閣所蔵

信長の馬前を歩く男はポルトガルのヘルメットを掲げている。大阪城天守閣所蔵では、「ダビデの星」が不思議なことに織田の陣営に移動している。いったい彼らは何者か？答えはP256にある

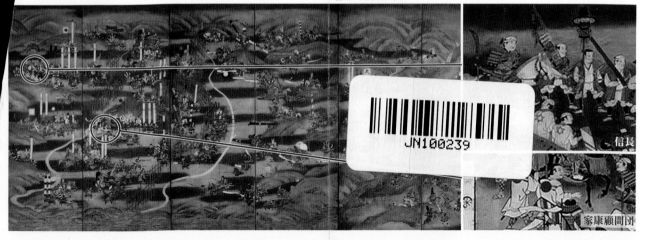

長篠合

# 第六天魔王信長

消されたキリシタン王国

加治将一

祥伝社文庫

# はじめに　歴史の誤読

「第六天魔王」

織田信長《おだのぶなが》が自称した異名だ。登場箇所はイエズス宣教師の書簡である。フロイスが上司の日本支部長、カブラルへ送った1573年4月20日付に出ている。（『耶蘇会士日本通信　下巻』）

きっかけは武田信玄《たけだしんげん》の手紙だった。信玄は宿敵信長の比叡山延暦寺《ひえいざんえんりゃくじ》焼き討ちを批難、挑発した。

「自分は剃髪《ていはつ》して坊主となり、一日3回偶像を祈っている。自分が西に行くのは、比叡山延暦寺再建のためだ」と書き送り、最後に「テンダイザス　シャモン　シンゲン」（天台座主沙門信玄）と焚《た》きつけた。天台座主は比叡山延暦寺のトップだ。仏教嫌いの信長が、比叡山を攻め、カソリックが禁止する仏像（偶像）を徹底的に破壊したのは手紙の1年半前。頭にきた信玄は、その信長に対抗し、延暦寺の守護にまわり、救援の軍を動かす、という挑戦状を叩《たた》きつけたのである。

それに対して信長が返書を出す。で、最後にこう署名したのだ。

「ド( ダ) イロクテンマオウ ノブナガ」(第六天魔王信長)。

第六天魔王とは、仏教修行僧の前に現れては徹底的に邪魔をする霊界最大の仏敵である。

延暦寺の守護神を名乗った信玄に、俺は仏の破壊大魔王だと切り返すブラック・ジョーク。が、延暦寺奪還の夢も虚《むな》しく、信玄はフロイス書簡の約20日後の1573年5月13日に病死した。

あらゆる権威、旧体制、既存勢力、偶像に立ち向かった革命家信長の顔を垣間《かいま》見せたやりとりだが、世界がネットでつながる現代、我々はそろそろ、上書きされた歴史に対する誤読を正すべき時期にさしかかっている。

「信長史の誤読」は、次に記《しる》す、二つの文を比較するだけでうなずいていただけると思う。

一つは信長の家臣だったという太田牛一《おおたぎゅういち》の日記『信長公記《しんちょうこうき》』。そしてもう一つはイエズス宣教師フロイスの『日本史』である。二人は共に1581年8月14日という同年、同月、同日、同じ場所、つまり安土城下、盆の夜を書いているのだが、驚くべきことにまったく別モノの風景になっている。

もしあなたが『信長公記』しか知らなければ、あなたの脳には『信長公記』の信長と戦国時代が、フロイスの『日本史』しか読んでいなければ、これまたまったく異次元の風景が自分の仮想世界に移植されることになる。同じ日、同じ場所の夜なのに、太田はどこにでもある仏教国日本の盆祭りの夜を書き、一方のフロイスはキリスト教一色の街として描いているのである。

二人が見誤ったわけではない。一方が意図的に着色し、もっとも大切で重要なモノをごっそりと割愛しているのだ。どちらがリアルを述べているのかは、一目瞭然《りょうぜん》である。

## 『信長公記』

歴史上初の信長の伝記モノだ。一部誤認、錯綜《さくそう》が認められるも年月日ごとに事跡《じせき》が記され、一般には信頼性は低くないとされているが、どうだろう。

信長死後にイエズスのセミナリヨ教師であり、狩野派に西洋画を教えたジョバンニ・ニコラオ（日本滞在1583～1614）によって描かれた信長肖像画

日本人の描いた信長

〈七月十五日（和暦）、安土御殿主《てんしゅ》、并《なら》びに、惣見寺《そうけんじ》に挑灯《ちょうちん》余多《あまた》つらせられ、御馬《おうま》廻《まわり》の人〳〵《ひとびと》、新道・江之中に舟をうかべ、手〳〵《てにてに》続松《タイマツ》とぼし申され、山下かゞやき、水に移りて、言語道断、面白き有様、見物群衆に候《そうろう》なり〉

現代ふうに書くと「安土城の天主閣、および惣見寺にたくさん提灯《ちょうちん》がぶら下っている。武将たちが新道・江の中に舟を浮かべ、手に松明《たいまつ》を持ち、山裾《やますそ》が輝いて、それが水に映り、たいへんに美しく、見物人が群がっている」となる。

盆の夜、なるほど仏教国である。

ところがフロイスの方はまるで別の国だ。

『完訳フロイス日本史3』

〈8月14日、すでに盆《ボン》と呼ばれ日本で異教徒が盛大に行なう祭——夜、各家の戸口や窓に多くの火をともし、提燈を掲げるのが習慣である——が近づき、巡察師（ヴァリニャーノ）が出発するための許可を信長の許《もと》へうかがいに行ったちょうどその際、彼（信長）は城に別の建物を造ったので、それを司祭に見せることにしており、家中を整理し、清掃させた後に司祭を呼びに人を遣わすと、さりげなく司祭に告げさせた〉

城以外にも建物を新築したので、イエズス巡察師ヴァリニャーノに見せたいと要望しているのだ。巡察師というのはアジア管区のトップ、全アジアを統括する全権大使である。

〈このため、司祭は別な行動をとるわけにはいかず、待たせられることになった。司祭は、教会への使者の役目を務めた身分ある家臣に対して、すでに出発の用意は整っているので、信長の（出発許可をもらうための）使者を待っていると伝えて欲しい、と幾重にも依頼した。だがその家臣はさらに十日間、ある時は一つの、ある時は別の理由にかこつけて祭典の日が来るまで知らぬ顔で押し通した〉『日本史』

ヴァリニャーノは先の予定がつまっていた。すぐに出発したいのだが、信長がそれを引き留めているのだ。

そして、その日がやってくる。

〈例年ならば家臣たちはすべて各自の家の前で火を焚き、信長の城では何も焚かない習わしであったが、同夜はまったく反対のことが行なわれた。
すなわち信長は、いかなる家臣も家の前で火を焚くことを禁じ、彼だけが、色とりどりの豪華な美しい提燈で上の天主閣を飾らせた。七階層を取り巻く縁側《えんがわ》は高く聳《そび》え立ち、無数の提燈の群は、まるで上（空）で燃えているように見え、鮮やかな景観を呈《てい》していた。彼（信長）は街路――それは修道院の一角から出発し、前を通り、城山の麓《ふもと》まで走っている――に、手に手に松明を持った大群衆を集め、長い通りの両側に整然と配列させたのである。

多くの位の高い若侍《わかざむらい》や兵士たちが街路を走ってゆく。松明は葦《カンナス》でできているので、燃え上ると火が尽きて多くの火花を散らした。これを手に持って、わざと火花を地上に撒き散らした。街路はこぼれ火でいっぱいとなり、その上を若侍たちが走っていた〉『日本史』

信長は盛大な盆イベントを企画しており、それをヴァリニャーノに見せたいがために、10日間以上も引き留めたのである。

〈相当な時間が経過し、司祭、修道士、神学校《セミナリオ》の子供たちが寛《くつろ》ぎながら窓から祭りの火を眺めていると、徒歩で信長が我らの修道院の入口を通過した。巡察師は、他の司祭たちとともに、彼が喜ぶと思ったので表に出て深々と頭を下げた。彼はかなりの間、司祭たちと歓談し、あなたがたは祭りを見物したかどうか、それについてどう思うかと訊ね、そのほか種々の質問をした上で別れた。

その翌日、信長は司祭らに城に赴《おもむ》くようにと命令し、今一度、すでに彼らが見たことがあるものだけでなく、その後につくられたきわめて豪華な、見物するに値する他の建物を案内した。

それが終り、初めて彼は愛情のこもった別れの挨拶を伝え、巡察師を出発させた〉

『日本史』

現代風に若干アレンジしたが、二つの書物を読み較《くら》べてみて、どうだろう？

『信長公記』には宣教師の姿がない。修道院もセミナリヨ（初等教育校）もゼロだ。ところがフロイスの『日本史』を読むと、お盆のメインゲストはどう考えてもヴァリニャーノだ。出発したいと願いでているのに、だだっ子のようになんだかんだと10日間以上引き留める信長。城の提燈イルミネーションとタイマツを準備し、あざやかな光の川を演出、披露した。その後、わざわざイエズスの安土本部（修道院）までやってきて、長い間語っているのだ。超破格待遇である。

『信長公記』は史実を伝えていると言いながら、日本人だけの安土だ。ではなぜ、ポルトガルの宣教師たち、修道院、セミナリヨで学ぶ生徒たち、そこをふらりと訪問し、親しく立ち話をする信長、絵画の中央に描くべき主人公をみな省《はぶ》いたのか？　重要な真実が消されているのだ。『公記』といいながら事実とかけ離れすぎている。しかし意図的だったら理解できる。原因はその後天下を取った秀吉である。彼の行ったキリシタン禁教令だ。信長とイエズスの密接な関係はおろか、キリスト教色をすべて消却したのである。

だからと言ってフロイスの『日本史』を１００％信じろということではない。誇張もあれば、身びいきもある。そのへんは割引きながらさまざまなピースを置いてゆけば、もっとましな真実に近づけるはずである。

本書は、長い間変造された歴史に拉致《らち》されてきた読者にとっては、かなり違和感ある本に仕上がっているかもしれないが、私の信長をたっぷりと眺めていただければ幸いである。

本文中に、名前の後に分かりやすく「†」「✞」を付けた。

†＝キリスト教の洗礼を受けていると資料で確定できる人物。

✞＝隠れキリシタン、もしくはキリシタン・シンパと思われる人物。
また、その人物の置かれた状況、とった行動から潜在的キリシタンだと推測できる人物。あるいは処世術的にキリシタン・シンパを装っていたと思われる人物にも「✝」を付けた。信長✝にもついている。異論があるかもしれないが、ご了承願いたい。

【目次】

第1章

# クーデターの日本史
# 中心人物は内裏（天皇）である

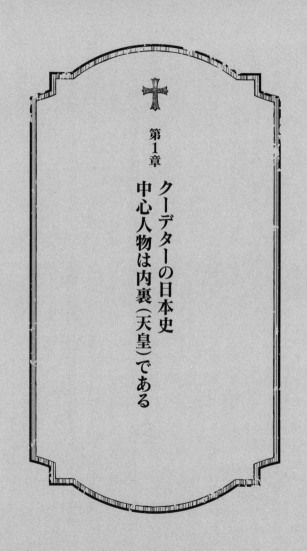

## 世間の信長✞

日本人なら、だれでも共通した信長✞のイメージがある。

稀代《きたい》の英雄。これは一致する。そして非情、冷血、殺戮《さつりく》を好む独裁者というのもある。反面、実行力に富み、好奇心旺盛《おうせい》で、未知へのムジャキな探求心は、チャーミングでさえある。

しかし慢心が仇《あだ》となって、味方であるはずの家臣、明智光秀《あけちみつひで》（1528〜82）の謀反《むほん》により、天下統一の一歩手前でその一生は本能寺でド派手に尽きる。おおむねそんなところだろう。


我々は「本能寺の変」で、生々しい国家転覆クーデターを目の当《まあ》たりにするのだが、さて、日本のクーデターには一つの特徴がある。必ず天皇が関係しているのだ。大海人皇子《おおあまのおうじ》（天武天皇《てんむ》）と大友皇子《おおとも》（弘文天皇《こうぶん》）が闘った壬申《じんしん》の乱（672）、平将門《たいらのまさかど》と藤原純友《ふじわらのすみとも》が朱雀天皇《すざく》に起こした承平天慶《しょうへいてんぎょう》の乱（939〜41）、後白河《ごしらかわ》天皇と崇徳《すとく》天皇の保元《ほうげん》の乱（1156）、後白河天皇と藤原信頼《のぶより》の平治の乱（1160）……あらゆる動乱は、天皇がらみだ。先の第一次、第二次大戦も天皇の号令一下《いっか》、はじめて軍が動いたのである。

したがって私の日本史発掘調査は、天皇を探ることからはじまる。その時代、どこでなにをしていたのか？

しかしアプローチは困難を極める。天皇を完璧に囲った支配者が、安定を「天皇制」に求めるために、天皇は常に「善」であり、正しい主役でなければならない、という皇国史観を強調する関係上、日本史を都合良く塗り替えてしまっているからである。

で、今回もまた、嘘の厚化粧をメイク落としできれいに流し、真実という素顔に迫ることにする。

## 激流の京都

日本史の主な舞台は、白檀《びゃくだん》の香りと雅《みやび》さ漂う京都だ。いつ行っても「おいでやす」「いけずやわー」などとのんびり感漂う街だが、一皮むけば、戦乱につぐ戦乱、死体が山と積まれた血塗られた魔都以外のなにものでもない。

### 飛鳥時代

壬申の乱　（672）
藤原仲麻呂《なかまろ》の乱　（764）
平安時代
承平天慶の乱　（939〜41）
保元の乱　（1156）
平治の乱　（1160）
以仁王《もちひとおう》挙兵　（1180）
鎌倉時代
承久の乱　（1221）
元弘の乱　（1331〜33）
室町時代
明徳の乱　（1391）
応仁の乱　（1467〜77）
戦国時代
天文法華の乱　（1536）

江戸時代
蛤《はまぐり》御門の変（1864）
鳥羽伏見《とばふしみ》の戦い（1868）

ぜんぶ京都。丸焼けの戦《いくさ》が12回。小さなものを入れると20や30……いやもっとある。

その点、江戸は平穏だ。明治維新の時でさえ、寛永寺で小規模戦があっただけで、街全体が戦場になったことはなく、あえてあげるならば東京大空襲くらいなものだろう。

京都だけが頭抜《ずぬ》けている。

京都在住の天皇が戦争を呼び寄せてしまうからだ。

ならば、天皇というものをしっかりととらえておかなければ、日本の歴史は理解できない。

## 天皇とはなにか？

明治の支配者が「天皇制」を敷いたがために、天皇を誇大に盛りつけた結果、どこの時代でも現実と乖離《かいり》してほぼ主役に抜擢《ばってき》、したがって日本の歴史は天皇と共にあるように見える。

どのようにして出現したのか？　それには原始時代に遡《さかのぼ》って、人間の本質を見つめることからはじめなければならない。そんなことは信長✝となんの関係があるのかと思うかもしれないが、あるどころの騒ぎではない。天皇が分からなければ、なぜ戦国武将は京都を目指したのか？　信長✝が、なぜ天皇を手で払いのけたのかが理解できない。天皇の分析は不可欠なのだ。サッと読めるので少々お付き合いいただきたい。

20万年前、新人類はアフリカの地で誕生した。そこから14万年ほど経つと、部族間の争い、または冒険心にあふれる種族が旅に出る……で、さまざまな理由で拡散した。

日本列島への侵入は4万年ほど前らしい。ルートは北、南、そして本州のドテっ腹からの渡来もあった。

最新の大規模DNA検査では、日本人はバイカル湖周辺のDNAが多く、それに北方、南方の人種も混じっている。

食、セックス、睡眠。自分のDNAを残したいという本能のまま採集と狩りによる和《なご》やかな原始共産制の時代は長かった。しかしなぜか、ざっと1万数千年前、穀物が登場した。もともとあったのか？　宇宙からやってきたのか？　地上に現れる。他の食物と違って保存がきいた。この穀物保存が私有財産の芽《め》生《ば》えだ。他人より多く貯《た》め込むズル賢い者が登場し、平等という感覚が崩れる。

所有欲が増大し、「富」の概念が生まれた。

私有財産は奪える。そこで集団攻撃による略奪が始まった。

集団は大きいほど強い。集団にはボスがいる。これが「王」だ。その「王」を中心に柵＝「囗」で囲んだのが「国」である。

九州に「倭人《わじん》」と呼ばれる人種が支配する「倭」というエリアがあった。できたての倭はシナの資料『魏志倭人伝《ぎしわじんでん》』で、あるていどわかる。

## 渡来人が作った倭国

それによれば西暦250年ごろ、「倭」エリアの国は100以上を数え、その中の30国がシナ王朝へ使者を出している。

注目すべきはこの「使者」を送った30国の王たちだ。何者だろうか？

シナ王朝にぶら下がっていた方が得だ、という政治力学を知っていたことになるので、日がな一日、食料を集め、食い、クソをして寝るだけの縄文人に、海を渡った大陸深くに存在する王朝や外交は分からない。すなわち倭エリアには、外交政策を選ぶほどのプチ文明を持ったコロニーが、30もあったということである。

お分かりだろうか？

使者を出すには、数日かけて海を渡らなければならない。丸木舟ではムリだ。貢物《みつぎもの》が積み込める20〜30人乗りの外洋船が必要で、護衛も入れると数隻の船団だったはずである。それから数十日かけて陸を歩いた先にシナ王朝があって、そのシナ王朝は小国のフランチャイジーを広く募っているので、契約を結ぶと経済的、軍事的に得だ！　という力学を理解しうる人間がいなければならないのだ。

とうぜん漢字の読み書きができ、シナの制度や言葉に精通し、朝貢というシステムを理解しているということになる。

どんな人物だろうか？

大陸から渡って来た人物。渡来人以外にない。

それも教養ある渡来人だ。単独では国は動かせないから、30国は渡来人系エリート集団の手中にあったと考えていい。

日本列島の黎明期《れいめいき》を想像していただきたい。

石器暮らしの先住縄文人の集落。そこに突然、鉄製の鎧《よろい》を着け、鋭利な金属刀を持った武装集団が現れる。戦闘能力は異次元だ。１００人の棒切れ投石集団は、鉄を磨いた弓と刀の20人のプロ軍団に、ぜったいにかなわない。10倍の人数でもムリだ。仮に一人、二人勇敢な男がいて反抗したとしても、あっという間に首を斬《き》られ、さらされる。これまで見たこともない衝撃的な扱いである。彼らはショック状態におちいり、原爆を見せつけられた日本人のように呆然《ぼうぜん》となって異次元軍団による支配を認め、受け入れざるをえなかったのである。

古代、中世のルールは一つ。捕虜は奴隷にする。男しか海を渡らないので女性は現地調達だ。猫は去勢《きょせい》されると野生のハンターから、腑抜け猫になるが、人間も同じだ。

アメリカ大陸でも同じことが起こっている。土着のインディアンは渡米した西洋人を信用する、しないにかかわらず、今ここにある危機をあたかも遠い出来事のように感じ、ほぼ無反応に受け入れてしまったらしい。スー族、シャイアン族、アラパホー族の三部族同盟で反抗した勇ましいストーリーはそうとう誇張されたものだ、ということが分かっている。しかもバックで糸を引いていたのは、戦いをそそのかす白人の武器商人。彼らがいなければ、話はもっとかんたんに終わっていた。

だいたい先住民族に「尊長」とか「指導者」がいたというのは白人の幻想で、いるのは「調停者」「世話役」「奉仕者」のイメージ。上意下達のシステムがあいまいなため、部族の総意もなければ軍事行動もありえなかった、というのが最近の研究で分かっている。

支配するという意志を持った完全武装の渡来人は重層的に日本列島に侵入し、縄文系先住民族を次々に呑《の》み込みながら各地にコミューン＝国を造るのだが、紀元前1000年あたりから渡来が加速する。

原因はシナの動乱だ。春秋戦国、秦、漢、魏、越、唐……頻発する政変。そのたびに圧力がかかって、周辺部族が安全を求めて海を渡った。

若干異なる形態もあった。時代が下って北九州に設置されたシナ駐留軍が造ったコロニー（国）である。本国政府が転覆すれば、次の政府による、新しい駐留軍が送られてくる可能性が大きく、こうなれば負け組の旧国家駐留軍はヤバい。で、列島深く潜伏し、安住の地で新しいコロニーを造るのである。

我々は、ここで大きな勘違いを正す必要がある。シナに対する見方だ。

シナを「漢民族」の大陸だと思い込んでいる人が多いが、インチキだ。

そもそも「漢民族」などというのは古文書にも登場しない幻の民族、DNA的にも根拠がない。

戦後、中華人民共和国が、束《たば》ねやすいようにあたかも古来から「漢」という民族が存在してたように宣伝しただけの話。このへんは、国威発揚キャンペーンで、我が国が戦前、大和《やまと》民族という仮想世界を頭に造らせ、一つにまとめたシステムが手本になっている。

イメージできるだろうか？　シナ大陸には、無数の部族がいた。ヨーロッパを想像すればピンとくるはずである。ラテン、ゲルマン、アーリア、アングロサクソン……顔も言語も体つきも違う民族がコロニーを造っている。

シナ大陸には戦後でさえ400～500の言語があり、現在でも100以上の異なる言語が存在するほどで、したがって古代、シナから日本列島に侵入した渡来人も雑多で、言語もそれだけあった。

学者が日本語のルーツにたどりつけないのは、日本語というのは30～40種類の果物から作るスムージーみたいなものであって、どれが源《みなもと》なのかなど、とてもではないが特定できるものではなく、調査など時間のムダなのである。

私の幼いころ、日本人は単一民族だと習った。しかし、古代から平安末期までがこの調

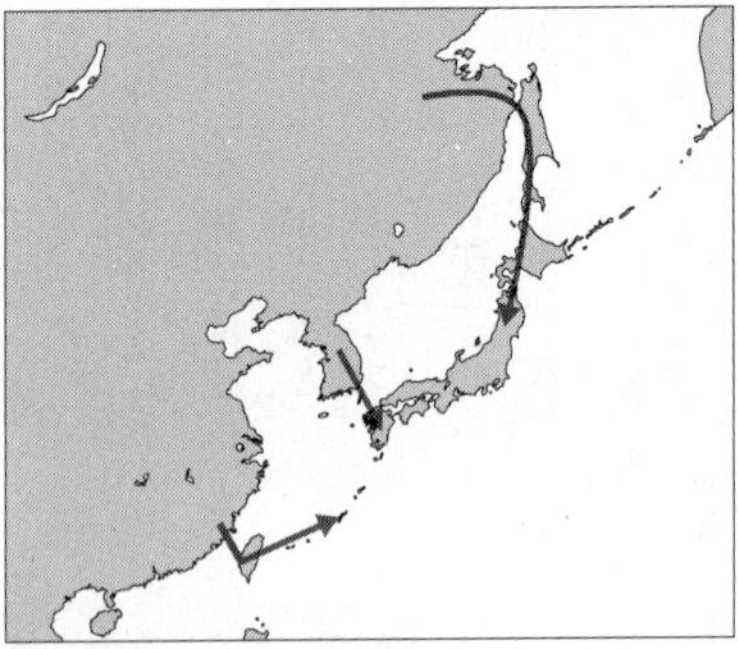

異なる時期に、北方や朝鮮半島、南方の島伝いに次々といろんな部族が渡来してできたスムージーが日本人だ

子なので、なにをもって単一なのか、今では日本も多民族国家だとすっかり認識を改めている。

時代を重ねて渡来した部族が、日本のあちこちに入り込み、各地で国を造る。

サンプルを新大陸アメリカに求めるとイメージが湧く。アイルランド系、スコットランド系、フランス系、ユダヤ系、イタリア系、ドイツ系……各地にコミューン＝小国家を造ったのだが、歴史はインディアンのエリアは無視。短期間のうちに奴隷、それも消耗品の兵奴《へいど》（奴隷兵）とし、コミューン戦争の一番危険な最前線に立たせたのである。それ以外に彼らの役割はなかった。先住民族は国家の構成員としてカウントされない。

日本列島も同じだ。先住縄文人などカヤの外だ。いがみ合いは、もっぱら渡来人対渡来人。戦《いくさ》と和睦《わぼく》、こうして渡来人とその子孫のコミューンの大が小を呑み込んでいったのである。

『魏志倭人伝』の１００余国が離合集散を繰り返しながら、次第にその塊が大きくなって、やがて九州、近畿、出雲《いずも》、福井、岡山、四国……地方の国々に収斂《しゅうれん》されてゆく。「呪術」と「漢字」と「鉄の武器と防具」。そして原住民を奴隷として使いこなすシナ仕込みの統治ノウハウである。

王を囲ったエリート集団は、下級官僚の人事を決定し、縄張り内のあちこちに配置。たとえ下級官僚でも地方の村では神のように扱われるので、気にすることはない。中央の王宮とつながってさえいれば、自分もローカルでは王侯貴族だから、やりたい放題である。

M＆A合戦で頭一つ抜けるには、大陸との関係を太くすることだ。したがってシナの書には紀元前１００年ころ小国分立状態の倭は、「漢」の楽浪郡《らくろうぐん》に朝貢したとか、57年には、洛陽《らくよう》に朝貢に来たなどと書かれており、これもシナ王朝の巨大さが分かっているからこその行動である。で、しだいにシナの「皇帝」が行う儀式などを導入して、本場の朝廷を模倣《もほう》。より、らしいプチ朝廷を演出した。

信仰こそ力の時代、秘儀と称するマンボー・ジャンボー（デタラメ）で神話と現実を交配させ、神と王の一体化儀式、これが今につながる新嘗祭《にいなめさい》で、秦の始皇帝が行った儀式をマネたとされている。

最強宗主国の子分になって、周辺国に睨《にら》みをきかせる。

現代の日本もその戦略に変わりはなく、日米安保で、軍事演習をおねだりしたり、拉致問題解決を頼んだりとアメリカの傘の下に潜り込んで、周辺国を牽制《けんせい》。宗主国との関係さえよければ万事がうまくいくという我が国の基本戦略は古代から変わりはない。

仰ぎ見る巨大国家の「皇帝」から一字を拝借、「天皇」をこっそり使用。シナ王国との関連を誇示したブランド化だが、「天皇」の二文字は６０７年、女帝推古《すいこ》の時、聖徳太子《しょうとくたいし》が隋《ずい》に送った国書の記述が最初とされている。しかし、根拠薄弱だ。たしかに隋への国書に、聖徳太子がシナの皇帝を「西皇帝」とし、対してこっちは「東天皇」と書いたなどと、『日本書紀』に記されているものの、一方、シナ側の記録にはない。むろん、肝心の『日本書紀』自体、ファンタジーで、実際の歴史をそれに当てはめようとすること自体無理がある。

こうした「国書」の目的は、事実を未来に残すことではない。天皇を囲う勢力が支配力を強めるためのツールなので、てんで鵜呑《うの》みにはできず、『日本書紀』改ざんの形跡は、多くの研究者が指摘しているとおりである。

シナの「皇帝」と日本の「天皇」。字面《じづら》のパクリ。まさに皇帝直系を匂わせるネーミング。そのご威光で周辺の王たちにプレッシャーをかけ、黙らせようという思惑はミエミエだ。

「天皇」と「万世一系」を商標登録。特許庁は『日本書紀』という案配である。畏《おそ》れ多くもカシコクも、純血脈で縛り、一族以外はどんな優秀な人間、どんな武力をもってしても奪えない永久ポジションの確立を目指した。すごいビジネス・モデルだが、後々この足カセがアダとなって、赤の他人が天皇になっても公表できず、偽装、改ざん工作に走ることになる。

むろん、「天皇」の名称は、本場のシナには長い間内緒だった。

## 「天皇」はない

あちらでは皇帝以外、「皇」の文字の使用は不許可。勝手にやれば首と胴が離れる。したがってシナの文献に日本の「天皇」の文字はない。413～502年の約90年間、『宋書倭国伝』などに見られる日本の王は「讃、珍、済、興、武」となっていて、「天皇」は、どこを探してもない。

刺激的なのは、五王だ。5人が5人とも、漢字一文字ということ。シナ皇帝の名は二文字、もしくは三文字。下々の王の名は、一文字まで。これは正式なシナの様式で、日本の「王」もちゃんと制度を熟知し、機嫌をそこねることなくあちらのルールに従っている。

闇雲に朝貢したわけではない。見返りを求めている。朝鮮半島の支配権だ。ねだった肩書きは「使持節都督倭・百済《くだら》・新羅《しらぎ》・任那《みまな》・加羅・秦韓《しんかん》、慕韓《ばかん》六国諸軍事安東《あんとん》大将軍倭王」や「征東代将軍」などという欲張りな称号。

こうした関係を眺めれば、倭国がシナの官僚機構に組み込まれているように見えるのは私だけではあるまい。シナを代弁すれば、倭はシナの「属国」だったということになる。プライドには傷が付くが、そのことに胸を張って反論もできない、というのが私の偽らざる心境だ。

なんども言うが、五王はシナ系だ。シナ系といっても中東系もいるし、白人系もいたということを一応断っておく。彼らエリート集団が朝鮮半島を経由し、縄文人の血を引く人物と一緒になって倭国政庁の上層部に居座ったのである。

「天皇」の文字が、日本の文献に見えるのは7世紀以降。しかもほんの数回なのだが、そのころ唐の3代皇帝高宗《こうそう》が「天皇」という漢字をはじめて使ったのを知って、秘密裏に真似た、という説は有力だ。それでも本家が怖くて、明治時代になるまでおおっぴらに名乗ることはなかった。

中世から近代にかけ、我々が天皇と呼んでいる人物の古書の表記はおどろくほど多彩だ。

8世紀でさえ、「王」「ワケ」「大王」「現人神《あらひとがみ》」「現御神《あきつみかみ》」「日の御子《みこ》」にはじまり、「大《おお》君《きみ》」「上《うえ》」「上《かみ》」「主上《しゅじょう》」「今上《きんじょう》」「聖《ひじり》」「聖上」「当代」「当今《とうぎん》」「至尊」「一人《いちじん》」「上《かみ》御《ご》一人《いちにん》」「天子《てんし》」「天朝」「御《ぎょ》」「万乗《ばんじょう》」「万乗の君」「十善の主」「十善の王」「金輪《こんりん》」「金輪聖王《じょうおう》」「御門《みかど》」「内裏《だいり》」「内《うち》」「オオヤケ」「禁裏《きんり》」「禁裡《きんり》」……分かっているだけで40ほどある。それがバランバランに使われており、「天皇」を使用した形跡がどこにあるのか、見つける方が大変だ。

使っていなかったと思う。すべて変えたのは明治政府だ。国書はぜんぶ「天皇」、もしくは「皇帝」を用いなければならないと決めたのは、岩倉具《いわくらとも》視《み》が王政復古の大号令を発した1868年であって、ずばり明治すり替え天皇の完了後、権威を増強させるための名称統一である。（明治天皇すり替えは私の『幕末維新の暗号』、『禁断の幕末維新史』（祥伝社文庫）

に詳しい）

で、1936年（昭和11）、外国に対しても「天皇」以外使ってはならないと決定した。

さて話を元に戻す。人間だれでも危険なことはいやだから、渡来系はセーフティネットで守られた貴族になる。貴族になりそこねた親族は安全な位の高い軍人、つまり名目的指揮官になる。戦《いくさ》はもっぱら原住民、兵奴の仕事だ。

どこの国でも同じである。

キリストの時代、今のイスラエルはローマ帝国の植民地になっていた。現場を仕切るト

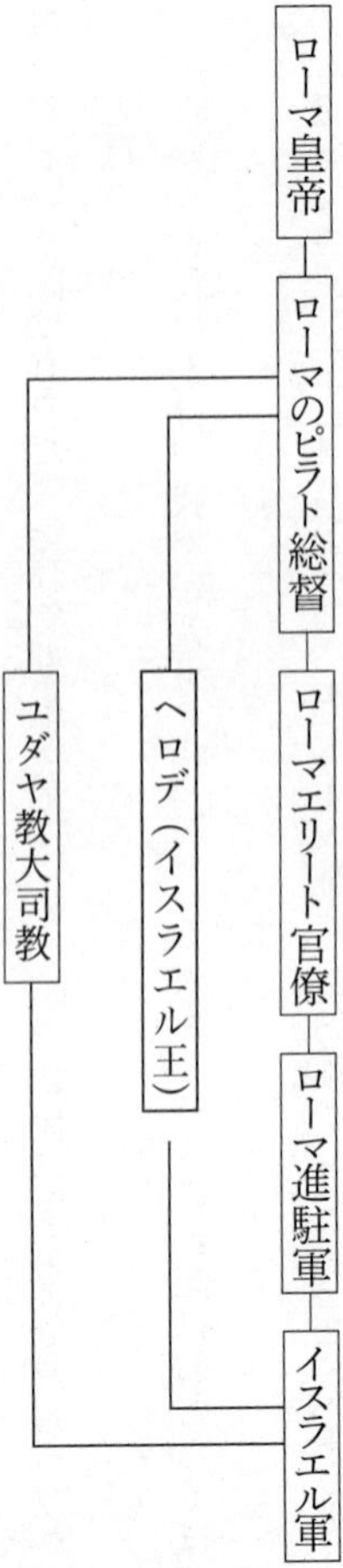

ップは征服者のローマ人、ピラト総督である。ピラトの下にはローマ派遣のエリート官僚がおり、若干のローマ進駐軍（多くは被征服民族）もいた。

過酷な治安維持はもっぱらイスラエル現地のユダヤ人軍隊の仕事である。むろんローマ駐留軍よりイスラエル軍の方が圧倒的な数なので、ならばクーデターを起こせばいいのにと考えるかもしれない。しかしムリ。ちゃんと手は打ってある。イスラエル軍に支給する盾、防具、武器はローマ軍より数段劣ったものなのだ。少人数という弱点を強力な道具で補い、10日ほど持ちこたえれば、その間にローマ本国からの援軍が到着する仕掛けになっている。

で、ローマ軍はふだん姿を現さない。刺激しないようにユダヤ人による、ユダヤ人のための国家を装う。そこに救世主イエスが現れ、神の前の平等を説き、ごたごたになってゆくのだが、お分かりだろうか？

世界中、古代から現代まで大国による属国の支配システムはほぼ変わることはないのである。

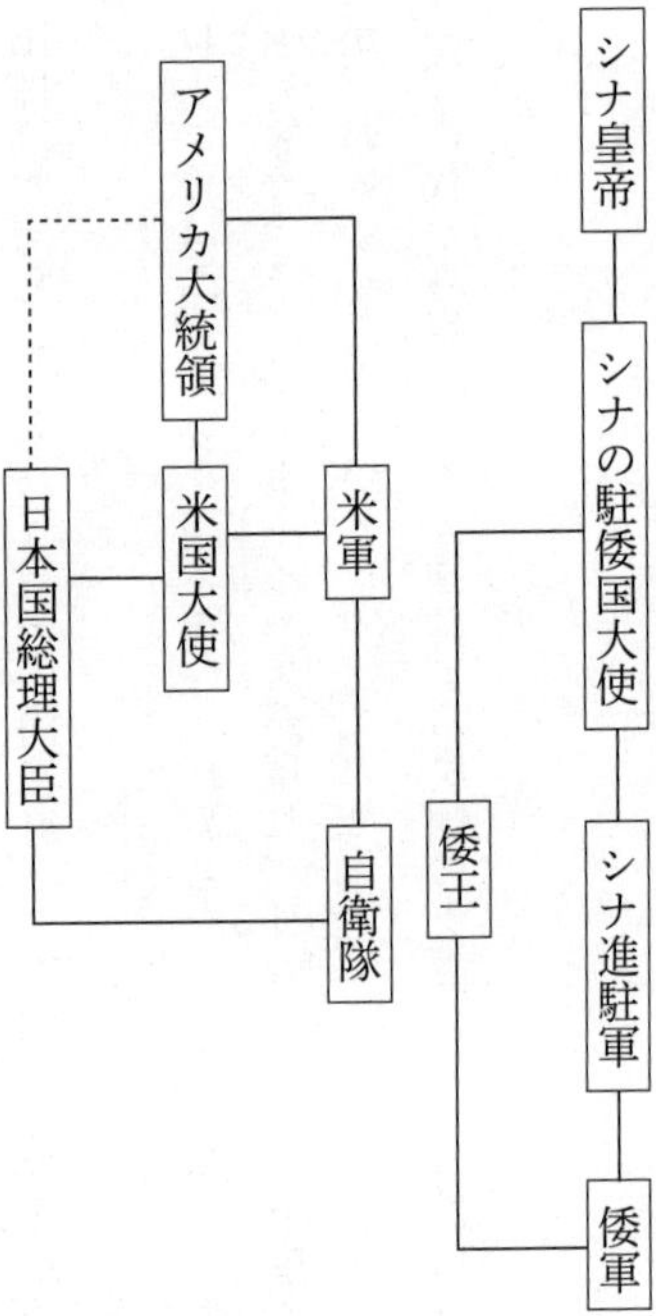


## のし上がる武士

シナ王朝のコピー、プチ王朝倭国。財源はなにか？　ミカジメ料だ。

分散している先住民を拉致、かき集めては作物工場の奴隷とし、生産物を吸い上げる、海産物を納めさせる、関所をもうけて、通行料をとる。ミカジメ料の取り立て屋として地方に送ったのが下級貴族の国司（知事）だ。

下級貴族は、たいがい先住民との間にできた子だ。

昔はセックスこそ娯楽の王者であり、子供という労働力を作る生産工場だった。複数の現地女性に10人、20人と子供ができる。そうなればご多分にもれずの跡継《あとつぎ》争い、派閥争いに発展する。勝者は敗者を中央から追い出し、現住民の多い未開の原野、主に遠く離れた奥地に送った。これが国司だ。いやしくも中央から来た貴族、軍事力で勝っているので、あっという間に地方のボスを組み込んで配下とする。

武士団の誕生である。有名なのが中央エリート集団の縁者、平氏。そしてもう一つの集団が、源《げん》氏《じ》。

源氏が清和《せいわ》（天皇）系なら、平氏は百済系渡来人の桓武《かんむ》（天皇）（７３７～８０６）の血筋を自称した。桓武の造った都は平安京だ。今の京都である。その「平」をもらって平氏を名乗り、ハバを

北朝鮮の首都あたりが、平安エリア。偶然の一致ではない

きかせる平氏。

気付いたかもしれないが、北朝鮮にある古くからある地名も平安《ピョンアン》だ。平安《ピョンアン》と平安《ヘイアン》。まったく同じで、偶然の一致は考えにくい。

米国が英国のボストンをパクったり、有名なヨーク公からニューヨークをもらったり、プリモスやハンプシャーからニュープリモス、ニューハンプシャーにしたのと同じだ。

古代は日本でも平安《ぴょんあん》と呼んでいた可能性は高く、朝鮮半島にいた桓武に、なんらかの圧力が生じて一族ともども亡命、本家の平安に対抗心を燃やして、近畿に平安京を造ったという仮説は無視できない。私が作った仮説だから、自分で無視しないのはあたりまえだが、その血を引くのが平氏である。

朝鮮平安↓近畿平安↓平氏

関東に送られた方の平氏は、頭に「坂東《ばんどう》」を付けられ、見下される。いわゆる坂東八平氏だ。「坂東」は「関東」のことで、箱根の深い渓谷を「坂」といい、その東むこうが坂東である。

「坂東武士＝田舎侍《いなかざむらい》」というバカにした意味あいを持っている。似たような名が坂上田村麻呂《さかのうえのたむらまろ》（758～811）。坂の東だろうが、坂の上だろうが「坂」がつけば下級なのだが、坂上田村麻呂本人は、後漢の12代皇帝、霊帝（在位168〜89）の子孫、東漢《やまとのあや》を名乗っている。倭の東の漢人、別名「倭漢氏《やまとのあやうじ》」。漢人であり、渡来人を堂々と名乗っている。日本の漢人には東もいれば西もいる。こちらは「西漢氏《かわちのあやうじ》」、河内の豪族である。

お分かりだろうか？　くどいようだが、朝廷、武士、豪族……セレブのルーツはみな渡来人ということだ。

軍事貴族の渡来系は関東エリアで先住民集落、ゴロツキ盗賊などを吸収しながら大勢力となってゆくのだが、その間縄文系とのハーフ、クォーターが大量に誕生。100人の妾がいれば、年に50〜60人の出産は可能だ。20年もすれば、200〜300の立派な兵奴に成長する。

これが縄文人とのハーフ、エキゾチックな風貌の「坂東武士」である。その様子は、「夕日に照らされた荒野を、馬に乗った坂東武者が去ってゆく」などという万葉集の歌に見られるように、近畿のノッペリ顔の貴族女がシビレたりもした。

本能の時代である。ボスはたらふく食い、力にまかせて女をさらった。原住民が狩られ、子供がボコボコ生まれるので関東はさしずめ兵奴の製造工場となる。

坂東八平氏以外にも、軍事集団がいた。海賊、藤原氏だ。根城《ねじろ》は瀬戸内海。こちらは天智（天皇）（626〜72）の末裔《まつえい》を自称した。

こうしてあれよあれよという間に国司の軍事力は増大し、近畿朝廷に逆らいはじめる。「貴族がナンボのもんじゃ！」とミカジメ料を上納せず、他の国司を襲っての領土分捕り合戦が頻発。

最強の猛者《もさ》、平《たいらの》将門《まさかど》（?〜940）が、940年1月、関東一円の国司を襲撃、独立国家を宣言、「新皇《しんのう》」を名乗った。これが「平将門の乱」、別名「承平の乱」である。政庁を今の茨城県坂東市に置き、行政区を八つに分けて、わずか二ヶ月だけだが君臨、独立国「坂東政府」の出現である。

同じ時期に海賊の反乱もあった。さっきの海賊、藤原純友の蜂起。

だが朝廷には軍事力がなかった。頼りはもっぱら武士団。武士といえば関東だから、独自の坂東武士連合をこしらえ、まずは平将門討伐包囲網で突撃。これであっさりと平将門が戦死、武士の鑑《かがみ》として後に江戸の神田明神に祀《まつ》られることになる。つづいて海賊、藤原純友も鎮圧したのだが、これでますます坂東武士が「オレって強い！」と戦闘能力を蓄えてゆく。つまり、関東武士団を頼った近畿朝廷政府は、自分で自分の首を絞めてしまったのである。

頭角を現したのが伊勢平氏と坂東八平氏という二つの軍事貴族だが、このころの朝廷は、どうなっていたか？

名ばかりの内裏（天皇）は、女と歌にうつつを抜かすフヌケと化し、代わりに実務をこなす摂政《せっしょう》、関白《かんぱく》という側近官僚が台頭《たいとう》していた。

藤原道長《ふじわらのみちなが》（966?〜1028）が左大臣に就任、「摂関政治」で、朝廷を完璧に牛耳《ぎゅうじ》って、傲慢《ごうまん》な句を残している。

〈この世をば　我が世とぞ思ふ望月の　欠けたることもなしと思へば〉

現代風に書けばこうなる。

「この世は俺のもの。おいらは、ぜったい欠けない完全無欠の満月だぜ」

正直な人間なのだろう、えらい増長ぶりだ。そりゃそうだろう。3人の娘を一条（980〜1011）、三条（976〜1017）、後一条（1008〜36）と3代続けて内裏（天皇）の正妻に押し込み、正妻どころか妾のほとんども自分の親族で占めており、朝廷を丸ごと藤原一家による内裏のためのエロ御殿にしちゃったわけで、そういう感覚におちいるのもムリはない。

そんなおり、またまた関東が反乱を起こして分離独立。坂東武士の鎌倉政府の出現である。

その原因と過程は？　大学入試の解答なら、こんなふうになる。

〈平清盛が、京都で軍事クーデターを起こし、後白河法皇を幽閉。それに朝廷が反発、頭にきた後白河の息子、以仁王《もちひとおう》（1151〜80）が平家討伐を源氏へ命じる。源氏はそれに呼応し、平家を打倒。しかしこれによって源氏が、目覚める。朝廷など目じゃないことに気づき、戦《いくさ》のド素人集団、朝廷を見下して、こんどは源氏政権を作った。これが鎌倉幕府である〉

模範解答だ。しかし私なら×だ。根本的におかしい。

まず正してもらいたいのはイメージだ。あたかも武士階級の整然とした軍団が存在していたように描いているが、ぜんぜんリアルではない。

二本差しの立派な武士は江戸時代中期以降の姿だ。それより５００年以上、遡《さかのぼ》る鎌倉以前は、地域のゴロツキが、縄張りを争うといったていど。兵士といっても多くは、寺社勢力、ホームレス、季節労働者など食いっぱぐれた連中に、なまくら刀を渡して、それを振り回しての小競《こぜ》り合い、だいたいが損得によるカケヒキ、調略《ちょうりゃく》で決着がついている。これが当時の戦のイメージだ。そこをまず改めていただきたい。

我々は映画やＴＶの影響で、昔から武士道というものがあり、戦場では「鶴翼《かくよく》の陣」を整然と……などと思ってしまいがちだが、そんなものは城壁をスルスルと登るニンジャと同じでファンタジーだ。このさい、美しき仮想世界のいっさいを消去していただきたい。

例を述べると室町末期でさえ、『人国記』には中国地方人の気質をこう記している。

「親は子をダマし、子は親を出し抜き、主《あるじ》は家来に領地を少し与える……仕官も務めを二の次に回して策略をもって、ことごとくみな盗賊と同じだ」

ダマしはあたりまえ、利がよければかんたんに寝返る。これがさまざまな資料を読むかぎり浮かんでくる当時の人間模様だ。

知性もモラルもどん底だ。

別にそれは日本だけに限ったことではなく、中世的暗黒、多かれ少なかれ世界のモラルは、貴族と奴隷という中世的形態が実力闘争、下剋上《げこくじょう》の争いで乱れ、カオス状態だ。むき出しの本能、ストレートな欲望の追求が恥でもなんでもない時代。極端な利己主義、我欲のぶつかり合いで、けっきょく彼らの自己主張は、さらに巨大な絶対的封建権力者が要求する隷属の中に埋没しているのだが、農奴の逃亡、子女の売買、盗み、殺人……人類進化の過程での本能ムキ出しのイカレたふるまいは、多かれ少なかれ地球規模だ。

強欲で危険なヤクザ集団を、もっと強欲で危険な腕力で束ねたのが平氏であり源氏だった。それを後々、武士団などといって美化したにすぎない。

話を本筋に戻すと、模範解答とリアル史の決定的な間違いは、対立軸である。

「朝廷VS武士」。

これは×だ。正解は？

「自称内裏（天皇）VS自称内裏（天皇）」で、鎌倉軍事政権は、自称内裏の内ゲバから誕生している。

ここを理解すると武士誕生史が、スキッと見通せるので、しっかり読んでいただきたい。鎌倉時代への流れを整理すると次のようになる。

発端は兄弟による内裏（天皇）の跡目争いだ。兄の崇徳《すとく》（1119〜64）と弟、後白河（1127〜92）のバトル。口喧嘩から腕力へ。互いに用心棒を頼み、軍事行動に出る。俗にいう保元の乱（1156年）だ。

後白河――藤原忠通、源義朝《よしとも》、平清盛

VS

崇　徳――藤原頼長、源為義、平忠正

ご覧のとおり、「朝廷」VS「武士」などではない。双方に「内裏」もいれば、藤原家も源氏も平家という「武士」もいる。

しかし、天皇は神聖なる「現人神」であるという皇国史観を採用した明治政府にとって「内裏」の身内バトルはマズい。「権威」と「ご威光」が地に落ちるので、「朝廷」VS「武士」、武士は「朝敵」という構図を作った。その結果、学生ばかりではなく教師も客観性、科学性を失って、下々の武士が朝敵となって、高貴な朝廷官軍と戦い、官軍が勝利するという思うツボのイメージを頭に叩き込んでしまったのである。

ここで、内裏の後継者争いだということを共通情報としてしっかりと認識していただきたい。

面白いのは未来の宿敵、源平もそれぞれ内部分裂を起こし、互いに仲間として肩を組んでいたことだ。尊皇だ、なんだとご託宣《たくせん》はいろいろあれど、けっきょくは私利私欲の戦いにほかならない。

きわどい山を踏んで、勝ったのは後白河。しかし、これで墓穴を掘る。

武士にとって、朝廷は武力を伴わないお飾り神輿《みこし》。勝ったからといって神輿（朝廷）が、武士をたんなる担ぎ手扱いにし、もぎとった果実は「俺のモノ」にするのはジョークだ。ネコがライオンの真似をすれば嚙まれる。

高慢チキな後白河をあっという間に、隅の神棚に上げてしまう。で、これでおさまったかと思いきや、定番の、勝者内部の対立激化。源氏と平家、同じ釜の飯を食って、せっかく勝ち組になったのに、互いに実力でノシ上がってきた過激派のよくあるパターン。平清盛が神棚の後白河を囲えば、源頼朝《よりとも》（１１４７〜９９）は、後白河を実力で奪って幽閉したのである。

と、平氏がまき返す。後白河を再奪還、源氏を京都から叩き出すというシーソー・ゲームの末、後白河を囲って京都を占拠したのは平家だった。

シナ貿易で潤《うるお》う平氏。自分の娘徳子を内裏高倉の正妻とし、生まれた孫を世継ぎの内裏に押し込む。内裏安徳である。で、平氏は日本列島の半分近くを配下に収めた。

頭痛の種は囲っていた後白河法皇だ。とにかく口やかましい。もはやお荷物、と再々監禁。

源氏の人質から解放されたと思ったら、こんどは平氏の囚人である。両方からの嫌われキャラ。身の程知らずなのか、プライドが高いのか、手を焼かせてばかりの可愛げゼロ、一言で言うと囚われの人生である。

「平家にあらずんば、人にあらず」

「自民党であらずんば、人にあらず」などとほざけば政権は瞬時にふき飛ぶが、しばらくは「成金」となり、栄華を極めた平氏。しかしというかやはりというか、これまた成功体験は人間の目を曇らせる。特権は人をダメにするのだが、敵を増し、急転直下のまっ逆さま。結果、「驕《おご》る平家、久しからず」となる。

人間など驕らなくとも久しからずなのだが、きっかけは、怨念の塊と化した後白河の息子、以仁王《もちひとおう》だ。

憎しみは強力な負のエネルギー。ド素人が辞めておけばいいものを、人にあらずとバカにされた面々をかき集めて反平清盛同盟を結成、兵を挙げたのである。

しかし損得計算の結果、延暦寺が期待に応えず不参加。やっぱり失敗し、以仁王が平氏の手によって処刑される。

が、後白河をいつの間にか源義朝の子、頼朝と義経《よしつね》（1159～89）兄弟が救出。敗者復活のノロシを上げる。再度挑戦、予測不能の戦況となる。じりじりと膨れ上がる極限の不安、各地であいまいになる勝負の行方《ゆくえ》。4年の戦争を経て、ついに1185年、山口は壇《だん》ノ浦《うら》で平氏が大負けを喫《きっ》し、歴史から消えてゆくという、大河ドラマが展開されたのである。

祇園精舎《ぎおんしょうじゃ》の鐘の音
諸行無常《しょぎょうむじょう》の響きあり
沙羅双樹《しゃらそうじゅ》の花の色
盛者必衰《しょうじゃひっすい》の理《ことわり》をあらわす
おごれるものも久しからず
唯《ただ》春の夜の夢のごとし
たけき者もついには滅びぬ
ひとえに風の前の塵《ちり》におなじ
（平家物語、作者不明、平家滅亡（1185年）約100年後に成立）

それにしてもこの後白河、4連続クーデターをかいくぐり、しぶとく復活。当時の平均寿命より15年も長い65歳まで生きている。もっと驚くのは、幽閉の合間に、分かっているだけでも17名以上の子供を産ませていることだ。強者《つわもの》過ぎる。したがって私は幽閉というのは創作ではないかと思っている。この男、その時々の勝者と組んだだけで、それじゃ無節操だから、そのたびに幽閉されていたなどと話をデッチ上げたのではないだろうか？

勝者、源頼朝、「鎌倉殿」が天下人となる。

敵にも味方にもなる後白河と最終的に和解し、内裏の後鳥羽《ごとば》から初代征夷大将軍の官位を授かる。

これが武家政治の始まりだと、一般的にはいわれている。しかし、じっさいの軍事政権のスタートは、その半世紀前の９４０年、平将門が茨城坂東で「新皇《しんのう》」を名乗った「坂東政府」だ。武家政治の始まりは源氏ではなく、あきらかに平氏である。

源氏の子孫を自称した徳川家の都合上、武家政治の開祖は源氏でなければカッコがつかないこともあって、そうしたまでである。

征夷大将軍、官位は内裏からもらっている。ならば「朝廷が上」、「将軍が下」のように思いがちだが、じっさいは違う。イメージを壊して申し訳ないが、ありのままに言えば「日本列島はあなたのモノ、どんどん征服し、生活費をたくさん回してね！　ボクの日本一のパトロンになってね！」という応援メッセージ。軍事力を握っている将軍の方が偉い。

壊しついでにもう一つ。日本列島があたかも源平の白赤二色だけのような雰囲気だが、そんなことはない。道路、通信、徴税能力……支配システムが確立されていないので全国統一など物理的に不可能。ローカルには、源平とは無縁な独立エリアは腐るほどあった。

私たちが古代から、あたかも日本列島丸ごと近畿の朝廷に支配されていたようなイメージを頭に描いてしまっているのは、古文書の量が朝廷に圧倒的に多く残っているからである。それをいいことに、明治政府が京都中心の皇国史観にデッチ上げてしまったせいだ。もう少しで信長✝にたどりつくので、頑張っていただきたい。

さて、源氏の天下も、長くは続かなかった。

## 北条氏の連続殺人作戦

次の天下人は、北条時政《ほうじょうときまさ》（1138〜1215）である。将軍源頼朝の妻、北条政子《まさこ》の父親だ。尼《あま》将軍と呼ばれた北条政子もすごいが、伊豆《いず》の豪族、父親の時政は怪物だった。

伊豆に流された鎌倉殿（源頼朝）の監視役だったのに娘政子と結婚させ、その後見人におさまるやいなやクーデターを起こさせて、政権を握ってしまったのだからワイルド過ぎる。政務を統轄してゆくうちに青白き野心が自分の仮想世界でボーボーと燃え、コントロール不可能、すでに手がつけられなくなっていた。

源氏の跡目相続人を連続殺人で葬って、実権を握ってゆくというなんともホラーな男。このあたりの歴史は『吾妻鏡《あずまかがみ》』『玉葉《ぎよくよう》』『愚管抄《ぐかんしよう》』『六代勝事記《ろくだいしようじき》』など当時の物語や日記から組み立てただけなので、事実のほどは分からない。なんとなくそうだろうなあ的感覚で読み流していただきたい。

尼将軍、政子が死に、京都、朝廷内主導権争いが再び激化する。争いは単独ではない。京都必ずネットワークで各方面とつながっているので遠く離れた鎌倉の北条一族と連動。京都と鎌倉、派閥争いが複雑に絡みあう中、天地を揺るがす衝撃波が襲った。

1274年、そして7年後の1281年、二度にわたるモンゴル帝国、「元」の侵略だ。「元寇《げんこう》」である。

度肝を抜く外国の大軍が海を渡って我が列島に攻め込んだのは、後にも先にもこの時だけで、第一波が4万、二波が14万というからすさまじい。海を埋めつくす大、中、小の軍船4千数百艘《そう》！　空前絶後すぎて想像が追いつかない。

そしてなぜか二度とも運よく台風シーズン。ゴォーゴォーと強風が吹き荒れて、またたく間に船が沈没、全滅。伝説の「神風」である。

実は、台風の勢いはそうでもなかったという意見が、最近有力になっている。鎌倉武士は強かった。なにせ連続クーデターの下剋上世代。死体とクソの川を泳がされ、雨のように降ってくる弓矢が10本くらい刺さっても、逃げたら上官に首をはねられるので草の根を食ってでも敵に向かってゆくという地獄の実戦、場数で鍛えられている。対するモンゴルは遊牧の民であるからして慣れない海の船酔いでフラフラだった。食欲ゼロのほぼ断食状態。戦う前からすっかり衰弱しているうえに、馬がないので、お得意の騎馬戦ナシ。いくら、寝っ転がって股をおっぴろげて両足で弦《つる》を絞る品のない「弩《ど》」の射程距離が和弓の2倍あっても、しょせんは歩兵。押し寄せる怒濤《どとう》の鎌倉騎馬隊に太刀《たち》打ちできなかったらしい。

しかし、これだけははっきりしている。

蒙古襲来で、鎌倉政府の金庫が空《から》ッケツになったことだ。戦費と報奨金、コメが尽き、配る領地も細って、武士の間に不満が鬱積《うっせき》。人と人のつながりが、「金力」「権力」「恐怖心」の時代、カネの切れ目は内部分裂、クーデターの大きな要因、起きない方がおかしい。

鎌倉弱体化に付け込んだのが、内裏の後醍醐《ごだいご》である。「恩賞を出せ！」武士の我欲を追い風に「正中《しょうちゅう》の変」（1324年）、「元弘の乱」（1331年）と二度にわたって兵を挙げる。慣れないことはしないほうがいい。せっかくのフォローの風を生かせずに反撃をくらってヘタを打つ。で、なんとか足利尊氏《たかうじ》と新田義貞《にったよしさだ》とを動かし、三度目のアタック。この執念が実って鎌倉に勝利。強制終了の北条一族はおおむね自害し、1333年、鎌倉政権が滅亡した。

私が「鎌倉幕府」と書かないのは、「幕府」という言葉は当時、存在しなかったからだ。「幕府」も「藩」も明治になっての造語だ。「幕」は、戦場で作戦本部を布で囲った、つまり「天幕《てんまく》」のことで、司令官の居場所だ。もちろん当時は「政権」という単語はないのだが、ちゃんとした組織などなかったことを伝えたいためにあえて、「幕府」とは書かず、現代風に「政権」とした。

武士によって武士を倒す。武士勢力を消耗させ、朝廷が横取りする。このビジネス・モデルに自信をつけた後醍醐は、自分中心の政治をぶち上げる。

しかし、北条氏の遺児、時行《ときゆき》（1325～53）の怨念《おんねん》クーデターが1335年に勃発した。

親の仇《かたき》、後醍醐を討つべく立ち上がる。すると冷や飯食いの武士団が呼応し、あれよあれよと大軍団に変貌《へんぼう》。

あわてて、後醍醐が北条鎮圧に送り込んだのが、エース足利尊氏だ。源氏の血を引く武闘派、この男も北条には恨みがある。自分の先祖、源氏の後継者を連続殺人で消し、鎌倉政府を、あっという間に乗っ取ったクソ野郎だ。敵も恨みならこっちも恨み、怨恨《えんこん》と怨恨の激突である。

利益供与と怨念報復で、より多くの軍事勢力の支持を受けた方が勝つ。決着は早かった。足利尊氏の勝利となる。

平氏時代→源氏時代→北条時代→足利時代

点と点が線でつながってきただろうか？

一番強い武士団との関係がよければ、すべてはうまくいくのが朝廷だ。と安心していたのに、なぜか関東に居座る足利。額にシワを寄せ、京都の後醍醐を睨みつけたのである。「なんだ！　なんだ！」とガンを飛ばし返す強気の後醍醐。足利尊氏は叩き上げだから人間の欲望を知っている。武士に気前よく領地をバラまき、多くの支持を集めはじめる。

後醍醐が三種の神器にしがみついた段階で勝負は見えていた。現実が見えない内裏。戦慣れしている足利尊氏は実力行使に打って出る。京都に移動、光明《こうめい》（1322～80）を擁立した。

現実が見えないのは後醍醐だけではなく、ここまでくると読者もなにがなんだか分からなくなっているかもしれない。ようするになにを言いたいかというと、歴史などなんのことはない。朝廷と武士の二段ロケットだ。

まず頭一つ出た国王が、シナ王朝の配下に納まり、プチ朝廷を創る。

で、列島に目を転じると、地方のいたる所にゴロツキ集団がいる。彼らはシナ王朝のことなど分からないから強奪の方法は権威などというめんどうくさいものではない。ただ一つ、腕力だ。ならばと地方に自分よりワンランク下の身内を送って強い軍隊を結成、地方ボスからミカジメ料を横取り。これが二段目のロケット。やがて二段目のロケットが強力になってくる。二段目が離れ、逆に一段目の朝廷を支配、軍事政権を樹立するのである。

一段目と二段目の180度のひっくり返りのまま、飛んできたのが日本だということをしっかりイメージしていただきたい。

信長✝にいたる、流れの理解にも重要なイメージだ。

鎌倉軍事政権はどうであれ、京都の朝廷では皇位継承争い、派閥争いは間断なく続いている。

後醍醐が立ち上がったのは、朝廷のためではない。足利軍事政権が自分を外し、ライバルの内裏、京都の光明を囲ったから奈良で、いわゆる「南朝」を自認し、兵を挙げたのであって、言うまでもなく、自分を擁立してくれたならば、絶対に歯向かわない。

くどいようだが歴史上の戦いは、内裏の跡目争いと武士の領土拡張争いがからんでいる。したがって内裏が京都から動かない以上、どうしても京都が主戦場となる。

## 南北朝時代の表記はイタい

現代でも、次期天皇の席を女系だ、男系だと対立しているが、この時も2人の内裏が「北」と「南」で激突した。

ことの発端は後深草《ごふかくさ》（在位1246～60）と弟、亀山（1249～1305）の後継争い。陰に陽に、鎌倉政府もほとほと手を焼くほど熾烈で、資料をあさっていると、いい加減にしろ！　という足利尊氏のイラ立ちが伝わってくるようだ。

後深草の子孫、光明「持明院統」―足利尊氏―京都（北朝）

VS

亀山の子孫、後醍醐「大覚寺統」―楠木正成《くすのきまさしげ》―奈良（南朝を自称）

で、足利尊氏は実力で、持明院統の光明を擁立。これが1336年に成立した足利政権である。京都室町を本拠地とした室町政府だ。

対して、後醍醐は南朝を宣言して、奈良に隠遁《いんとん》した。ここを間違えないでいただきたい。対抗して立てこもったのではなく、歯が立たないからたんに引きこもっただけである。

日本史では北の京都、南の奈良、二人の天皇が並立した56年間（1336～92）を「南北朝時代」といっているが、このネーミングはイタい。田舎に引きこもった後醍醐の持ち上げ過ぎだ。

どういう角度から見ても権力は、足利の室町。時代名を付けるなら南北朝時代ではなく、武家政権の「足利時代」だ。なんども言うが、日本史は明治政府が作った南朝皇国史観がベースだから、どうしても朝廷、それも「北南朝」ではなく、南朝が主役、「北」よりも序列を上に南北朝時代と名付けちゃうのである。

ここから戦国ワールドカップ、弱肉強食の時代に入ってゆく。

カヤの外に置かれた朝廷が極度に薄まって衰弱。新嘗祭、大嘗祭《だいじょうさい》も、15世紀半ばから江戸時代の半ばまでの間、途絶えている。これらは内裏が内裏であるための重要な儀式で、それを300年間も放棄するなど、アイデンティティの崩壊だ。

とはいえ、死に体でも、鼓動は止まっていなかった。生命線は「威光」。「威光」という得体の知れないパワーが、暗がりの中で細々と生き続けていたのである。

## 「威光財」とはなにか？

人間という動物は一度ひれ伏した相手には生涯、心を呪縛されるものだ。獰猛《どうもう》なピットブルが、どんなに虚弱なご主人様であっても首《こうべ》を垂れ、跪《ひざまず》くように、人もこの心理を宿している。この不思議なパワーが「威光」だ。

「威光」は脳に深く刷り込まれる。次の世も、また次の世も……世代を超えて漂う得体のしれない妖怪やバクテリアのようなもの。免疫ワクチンはただ一つ、「思考脳」しかない。思考し、真実、科学、正論をもってしっかり認識するまで人間の「仮想世界」に、まか不思議な「威光」が居座り、ひれ伏し続けるのだ。

裏を返せば既存の「威光」を確保し、身にまとってしまえば、思考脳の弱い圧倒的多数を盲目的に従わせてしまえるのである。

ここに「天皇擁立」、「玉を囲う」という策が成立する。

この「威光」、「権威」を理解しなければ、放蕩《ほうとう》入り浸りの内裏が、なぜ軍事政権下を泳ぎ切れたのかが分からないと思う。

今でもさまざまな「権威」が存在する。大臣、議員、社長……だが平安の古《いにしえ》より、「権威」の頂点は内裏だ。

私がここで、「天皇」ではなく、「内裏」と記しているのは前述したとおり、明治時代まで、だれも天皇と呼んでいないからだ。信長時代に渡来したポルトガル宣教師フロイスの12巻にもおよぶ大作、『日本史』でも表記は、「ナイリ」「オウ」「コクオウ」である。

少しでも当時の感覚で読んで欲しいので、「うれしいひなまつり」の歌詞（お内裏様とおひな様……）と同じ、内裏にした。

さて民衆が呪縛される「権威」とはなにか？

「権威」とは、他人を服従させる力だ。ツールは神話、呪術、武力、まがまがしい儀式、莫大な資産、豪華な建物、重々しい歴史……こうした多くの要素がミルフィーユのように重なってかもし出されるもので、マックス・ヴェーバーによれば、「権威」の源も一つではない。

（1）人格的カリスマ

（2）儀式に乗っ取った伝統や制度に対する神格視、それらの複合的なもの

血脈重視の内裏の場合、（1）のカリスマ性はどうでもいい。ボンクラでも二代目、三代目……直系ということの方が大切だ。

で、重要なのは儀式である。

まずはできるだけおごそかな儀式を創り上げる。で、各界の実力者をどっさり集める。この豪華なる儀式が終われば、その人物に超人的なカリスマが宿ってしまうのであって、

この時、なんどもいうが、本人に能力のあるなしは、関係がない。

そんなことより各界の実力者たちが、その「人物」にこぞって頭を下げることの方が大切だ。このセレモニーが肝心要《かなめ》の通過儀礼。頭の先からツマ先まで由緒あり気《げ》に正装すれば、頭を下げる方も、思考脳がないとまるで神に選ばれし者の前に立っているかのような錯覚におちいり、酔いしれてしまうほどのものだ。出演者が共通の宗教を持っていれば、神秘力はより強まる。

こう言ってしまえば身も蓋《ふた》もないが、「権威」の条件らしきものをあげるとすれば二つ。無口であること。もう一つはゆっくりした振る舞いだけ。黒柳徹子みたいに早口でしゃべったり、チャップリンのように早歩きをしなければOK。あくまでもゆっくりと、荘《そう》厳華麗《ごんかれい》な儀式。これで、だれにでも「権威」が身に付くのだからいたって簡単。あなたにでもできる。

こうして「権威」が宿れば、人々は自分の仮想世界に、その支配者を収め、理屈抜きにひれ伏す。実に扱いやすい。

「余のために戦ってくれるか?」と言われただけで舞い上がり、「もったいなきお言葉、御意《ぎょい》!」と死んでしまうくらいの威力だ。

一度宿った「権威」は継承できるし、代用品を作っていくらでもどこにでも配れる。皇室御用達なら、不味《まず》い饅頭《まんじゅう》や酒だって「権威」が移るからランクが二つ、三つ上がってしまうのである。これは人類進化途上のヨーロッパでも普通に見られる。たとえばルイ・ヴィトン、カルティエ、ゲラン……フランスの数ある老舗《しにせ》ブランドは、皇帝ナポレオン3世の皇后、ウジェニーのお気に入り、ロイヤルの「権威」を身にまとい一流ブランドに格上げされたのであって、すべては皇帝とのつながりである。ブランド品の輝きは、ラグジュアリーな「神話の化身」、皇帝が持つ「威光」のまばゆい反射だ。

むろん大名が武力で天下を取り、巨大な城の中で、紫色の着物をまとえば、あるていどの「権威」は生まれる。しかし武人の場合、基本は戦に強いか弱いかだから、だれが一番強いのか？　が「威光」のバロメーターなのだが、こればかりは、実際にやってみなけりゃ分からない。だからといって総当たりのリーグ戦で試すわけにもいかない。他の方法で、頭一つ出るにはどうしたらいいのか？　人にできないことをして、天下に知らしめることである。

てっとり早いのは饅頭のように古《いにしえ》よりの「威光」を身につけることだ。そう、内裏御用達の官位、「将軍」の位をもらえばよい。卑弥呼《ひみこ》が魏から「親魏倭王」の金印を賜《たまわ》ったようにだ。リーグ戦よりだんぜん低コスト。「内裏を囲う」「官位を得る」「勲章をもらう」とはこういうことをいうのである。

分かるだろうか?

分かりやすく言うならば、ナンバー・ワン芸者を囲った若旦那が、ハバを利かすようものだ。この場合、向島の芸者ではたいしたハバにはならない。歴史の化身、京都の「威光」が圧倒的で、他を寄せつけない。京都の超売れっ子芸子を囲っちゃえば、その羽振りのよさに他の旦那衆が、「かないませんなあ」とおおむね尻尾を巻く。

だれもかなわない「威光財」を買って、差別化をはかるわけで、これが平安から続く武将たちのビジネス・モデル。

一方の内裏の方は荘園(レンタル農地)という集金マシーンを武士に奪われ、すっかりヘタっていたので「威光財」の販売、「官位商売」を収入のカテとしたのである。持ちつ持たれつの関係だ。

内裏ブランド、京都ブランドを獲得した武将こそナンバー・ワンの証であるからして、多くの支持が集まり、天下人になれる。

その作戦を胸に、戦国絵巻から、飛び出したのが信長✝だ。ここに安土時代が幕を切って落とされるのである。

# 第2章　信長とイエズスの野望

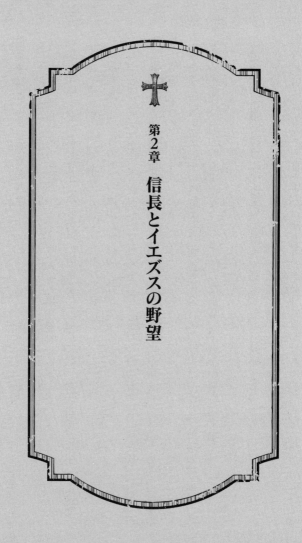

## 信長✝はどこから来たのか？

意外にも先祖は越前《えちぜん》（福井）、古くからあった織田劔《つるぎ》神社の神主《かんぬし》だ。

14世紀末、北朝武将、足利の有力一門である。斯波《しば》氏に従った先祖が、尾張国《おわりのくに》（愛知）に入国、それからが強烈だった。

斯波義重《よししげ》が守護職の時に、尾張八郡の守護代になる。

いつの間にか神主から、武士へのスライド。やり手だったのだろう、斯波氏のパワーが衰えると外敵、内敵、身内、織田一族のくんずほぐれつの争いを勝ち抜いたのが信長✝の父、信秀《のぶひで》（1511～52）だ。

今川与左馬之助氏豊《うじとよ》を策略で騙《だま》し、那古野《なごや》（名古屋）城を乗っ取る。田舎の神主が、あっという間に一国一城の主《あるじ》となってしまうのだから、下剋上の勝ち組である。

肥沃な濃尾《のうび》平野に点在する敵城の数々。それらをどう攻略するのか？

イデオロギーはただ一つ、領土拡張だ。

それにはまずカネ。富をもたらす港町の津島《つしま》。にぎわっている門前町の熱田《あつた》。この二か

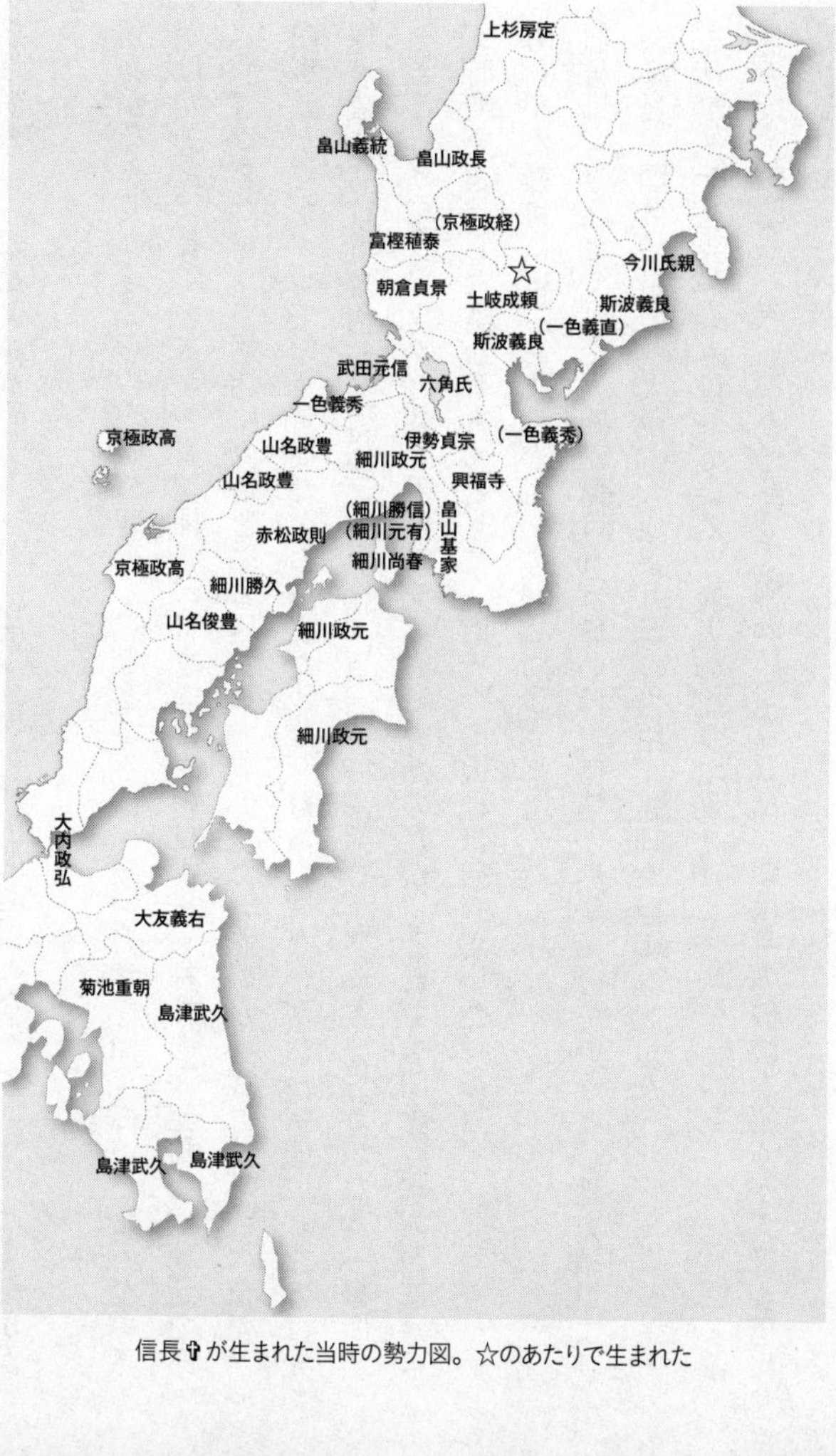


信長✞が生まれた当時の勢力図。☆のあたりで生まれた

所をおさえ、ミカジメ料を取る。二つの繁盛街《はんじょう》が経済的基盤となって、猛チャージがかかった。

信秀がそんじょそこらの盗賊の親玉と違うところは、政治力学を知っていたことだ。さすがは元神主、長年のスキルを発揮し、目を向けたのは古巣《ふるす》、神社の大元締め、朝廷である。手づるをたぐって朝廷にカネをぶち込む。で、いただいたのが「従五位下」の位だ。

「内裏」がくすぶっていた時期だから格安だった。むろん、ないがしろ状態にしたのは先の鎌倉政権。軍事政権が長く続き、朝廷は虫の息。雨漏りのする古色蒼然《こしょくそうぜん》たる「御所」に引きこもり、ウツウツと昔の看板でシノいでいたのだが、それでも田舎ッペ方面にかぎり、時空を超越した聖なるものとして「威光」の火種は残っていた。

もらった肩書には、おまけが付いている。「備後守《びんごのかみ》」だ。

肩書は、与えてくれた人間が偉ければ偉いほど価値が増す。今でいうと、地方議員より国会議員、国会議員より大臣、大臣より総理大臣、総理大臣より天皇だ。

これがタテ社会が染み付いている一般人の感覚である。

信秀は、「内裏」を、過大に盛って周囲に自慢した。嘘は身の破滅を招くが、野心男にそんなルールはない。

「都にいってみな。内裏は、将軍より偉い。ワシはその雲上人の偉いお方から、位をいただいたのだ。君たち頭《ず》が高い！」

　こう吹きまくって、「従五位下」と「備後守」というハクを付けた肩書きでふんぞり返る。

　朝廷にとっても、願ってもないことだった。こういうカッペの大ボラ宣伝が朝廷の地位をグンと押し上げてくれるのである。雲上度ランクが、根拠なく上がれば上がるほど収入源である「威光財」の値もつり上がる。官位をバラまけば、受け取った勲章人間が「どうだ！　どうだ！」と自動的に朝廷の地位を上げてくれ、同時に台所が潤う。一石二鳥だ。紙に書いただけだから、元手はゼロ。大繁盛である。

　さて、日本には忘れてはいけないもう一人の「王」がいた。将軍である。こちらも落ち目だったので「肩書き商売」に目をつけていた。

　そうなると、「内裏」と「将軍」の間で、こっちが「元祖」だ、いやこっちこそ「本家」だと火花を散らすのは時間の問題である。

　両者は、時にはガチ勝負に出、時には握手しながら、テーブルの下では蹴り合うという時代をずっと過ごしてきているのだが、しかしなにせ戦国時代であるからして、合理的な連中が多く、軍隊を持っている足利将軍の方が内裏より格上だ、と見る武将は多かった。織田信秀としても、将軍足利義輝《よしてる》✝（1536〜65）に拝謁《はいえつ》しなければカッコがつかない。

むろん強面《こわもて》のニューフェイスもあちこちから参加する戦国ワールドカップ開催時だから、かつて一世を風靡《ふうび》した将軍も、ガックリと力を失っている。強力な武将の支えがないと自立できないほどヨレヨレなのだが、これまた腐っても鯛、腐っても「将軍」である。信秀は義輝✝と面会。「内裏」につぐ「将軍」と、二重のハク付けに成功。で、さらに完璧を目指した。

関西地区限定の伊勢《いせ》神宮である。「威光財」なら手当たりしだいだ。莫大なカネを寄付し、伊勢神宮から「三河守《みかわのかみ》」もゲット。

さきほどから出てくる「守」というのは領主、いいかえればローカルの「王」というほどのものだが、織田信秀は三つの伝説の化身、「内裏」「将軍」「神社」の「威光財」を買って、周囲に存在感を示した。

内裏と将軍が「威光財」で張り合っている中、雨後《うご》の 筍《たけのこ》 のように育ったのが物騒な大名たち。それに寺社勢力も領地を広げてすっかり裕福になり、地侍《じざむらい》を吸収、完全武装に走っている。もはや混沌たるカオス状態である。

戦国時代、日本の権力グループは4つ。

武力勢力　寺社／大名

威光財勢力　将軍／朝廷

それぞれの関係は微妙だ。互いにシコリを抱えながら時にはツルみ、時には水と油、そして時には硝酸《しょうさん》とグリセリンとなって大爆発を起こした。

「官位」には「威光」以外にもう一つ、とんでもないパワーがあった。

それさえあれば、略奪した領地が超法規的に正当化され、侵略が侵略でなくなり、略奪が略奪でなくなるというマジック・パワーだ。

お分かりだろうか?

「強奪の正統化」だ。盗賊であろうが、海賊であろうが、「内裏」から官職を買えば、侵略した領地領民の由緒正しき支配者となる。

明治維新も同じ原理だ。薩長の反乱クーデターが、天皇を囲うことで正義の「官軍」となり、それに抵抗した勢力が悪党の「賊軍」となって正統性を失う。薩長は江戸城を統一教会よりひどいやり方で寄進させたのに、天皇が居座れば返還請求は不可能で、今でも「皇室財産」である。

「官位商売」を言い換えれば、盗賊への「正統権」販売業である。

この場合、他の実効支配者がいるかどうかは問わない。「内裏」がお気に召した証として「官位」を与えるだけ。これだけで、圧倒的多数の無思考人間にスリ込まれた「威光」が輝き、支持を得て優位になるのだ。これは大きい。

たとえば中共が、「沖縄は我々の領土だ」と主張したらどうか？

これだけで空が落ちるほどの大ショックだ。そのうえ、中共が、日本政府を無視し、沖縄県知事という「官位」をアメリカ大統領から買い、国連で発表したとしたらどうだろう。実効支配されなくたって内閣は吹っ飛び、みんなの頭の中には、中共が直接乗り込んできて、沖縄を占拠する悪夢がよぎりっ放し、しかもそれが国際的に認められてしまえば、その段階で抵抗力は失われるはずだ。

「俺の官位を見ろ！　備後守と三河守だ。つまりあんたはモグりってえことだが、まあ、今のところはみかじめ料だけで大目にみてやる」

信秀は、官位を振りかざし、相手にプレッシャーをかけて策略と武力を駆使しながら領土を増やしていったのだが、オヤジの横で、じっくり学んでいたのが息子の信長✞である。

## 信長✞が野望を持てた理由

次ページの群雄地図を見ていただきたい。一つの疑問が湧き起こってくるはずだ。

信長✞の尾張。見渡せば山また山、周囲を山に囲まれている。そんなローカルで、なぜ

天の下、つまり天下という認識を持ち、野望を膨らませたのか？　そんなことをしなくとも多くの武将は安全・安心を望み、現状維持路線を選んでいる。32歳の信長に、どうして大それた発想が生まれたのか？　山しか見えないのになぜ？　ということである。

　考えていただきたい。目下の状況は天下どころではない。山を越えた越前・北近江には、大地にしっかりと根を張る朝倉義景と浅井長政。三河・遠江の徳川家康、甲斐には一泡吹かせようと狙っている武田信玄、美濃は負けん気の強

1568年、信長が足利義昭を奉じて上洛した頃の勢力図。この時点でも周りは

い斎藤龍興《たつおき》（1548~73）、そのむこうには比叡山延暦寺という大勢力がガッチリと根を張っている。ぶ厚い四面楚歌《しめんそか》。いつ攻め込まれるか分かったものではない。身内だって、明日寝返るとも限らないのだ。常人ならストレスで不眠症になる。

生き延びる基本は三つ。

1　強力な軍隊を持つ
2　強力な親分の配下に収まる
3　周囲と友好同盟を結ぶ

緊迫した状況下でやることは山積みだ。戦闘訓練はむろんのこと、自軍の地固めと防衛。情報の収集、領地領民の管理、食料の確保、内輪モメの仲裁と家臣へのボーナス、反乱、造反防止、ご機嫌取りなどなど……目の前に現れる細かなあれこれに追われる日常だ。

普通なら、ささっと強力な親分の下にもぐり込んで安眠したいところだ。

しかし信長✝はそうではない。目指すは天下。「内向き」から「外向き」である。

内と外は紙一重に思えるかもしれないが、まったく別物だ。今でいうと、北海道の町長が突如、総理大臣、いやアメリカ大統領を目指しちゃうようなもので、そんなことはスーパー自己啓発セミナーでもムリだ。

飛躍の大きなきっかけはなんだったのか？　いったい何がどうなって、信長にコペルニクス的転回が起きたのか？

そう、引き金は、第13代将軍足利義輝✝との接触である。

1559年3月、信長✝、25歳の時だ。

はじめての京都入り。将軍との初会見である。この時はまだ美濃はおろか、尾張統一も未完成である。いったいぜんたいだれが仲介したのか？　なにが目的で敵陣内を突破、はるばる危険をおかし、京都までやって来たのか？

重要だったからに違いない。

調べるとすぐに判明する。目的は足利義輝✝との面会だ。が、この時の義輝✝はどんな状況下にあったのか？　これを捲《めく》ればつかめるはずである。

義輝✝、実は九州のキリシタン大名、正確にはイエズス大名だが大友・ドン・フランシスコ・宗麟《そうりん》✝からポルトガルの武器、火薬などを入手したのが5年前。この年には金品も受けとっていた。で、11月と12月にはイエズス宣教師ガスパル・ヴィレラ（1525?〜72）と面会している。すなわち将軍義輝✝にイエズスがしっかりとくっついていた時代なのである。これについては後ほどたっぷり述べるが、義輝✝を介して、信長✝とキリスト教が接触したと考えればすっきり見通せると思う。

結論から言えば若き信長✝に新しい考えを吹き込んだのはイエズスだ。私はそう確信している。

ようやく話の本筋にたどり着いたが、その前に、外国に目を向けていただきたい。日本にやってきたイエズス＝キリスト教（カソリック）とはなにか？　いかにして地球を席巻したのか？　これが分からなければリアルな戦国時代が浮上しない。

## ヨーロッパ

この時代、ヨーロッパに目を転じると、全土がキリスト教に征服され、巨大な「神聖ローマ帝国」が出現した少し後だ。皇帝カルロス一世がフランスの一部、ドイツ、オーストリア……など今のEUとまではいかないが、半分くらいの広大な面積と約6000万人ほどを束ねたのが1516年。

神聖ローマ帝国の統治は緩やかで、統合前の国々を、国家の中の準国家と認め、かなりの自治を保障していた。

この頃のヨーロッパの推定人口をざっくりと並べると次のようになる。

ポルトガル　120万人
スペイン　800万人
神聖ローマ帝国　6000万人

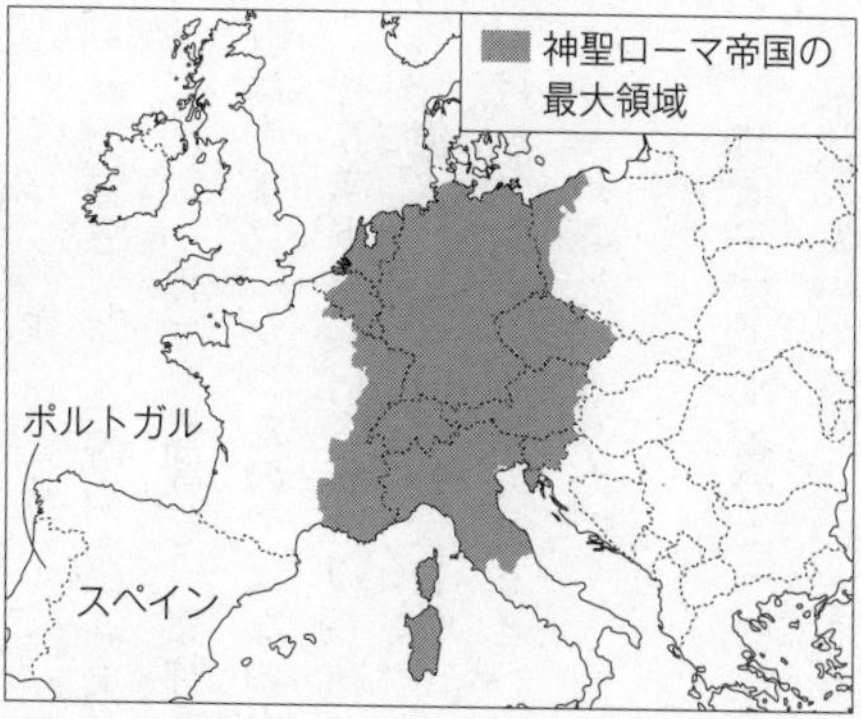


スペイン・ポルトガル、神聖ローマ帝国などキリスト教がヨーロッパの要となっていた

（オーストリア）１０００万人
（フランス）１６００万人（パリ　28万人）
（イタリア）１２５０万人（イタリアエリアの独立国合計）
（ドイツ）　１０００万人
その他
イギリス　３００万人
（ロンドン　15万人）
日本　１０００万～１４００万人（大
坂エリア　28万人）

## 中世のキリスト教

だれでも持っている恐怖心こそ、人類進化発展の原動力だ。恐怖の内訳は４つ。外敵、病気、事

故、自然の脅威だ。古代、これらを排除する方法は二つしかなかった。「腕力」、そして「呪術力」である。

人々が「神」を畏敬し、崇拝する根拠は恐怖心にあって、もし人間が不老不死ならば宗教は生まれなかったのではないか、という学者の話は傾聴にあたいする。

キリスト教の信者数は現在約24億人、世界最大の宗教だ。ちなみに二番目はイスラム教の16億人、ヒンズー教は11億人で、仏教徒は3億人といわれている。仏教徒の場合、葬儀だけを仏教スタイルで行うというナンチャっても数に入れているので3億人というのはかなり多めの見積もりだ。

信仰は、ウイルスのように放っておけば伝染して広がるかといえば、そうでもない。既存宗教と大小の競り合いがあり、昔はたいがい武力をともなっている。というのも、宗教自体、政治、軍事のツールだからだ。したがってできるだけ都合のよい「現実歪曲空間」を創り出せるカリスマ性のある宗教家を抱え、支配力を強める。支配者にとって不可能だと尻込みすることでも実現できると思わせる宗教は欠かせないのだが、そこに新しい別の強い神が現れると、弱い古株は追い出され、すべてを失う。生まれてこのかた密告と処刑の繰り返し。暗黒の世にうんざりしている人々。そこに突如、平和と神の前の平等、道徳、倫理を説くキリスト教が投げ込まれる。この時のインパクトはどうだろう。戦乱の無情に喘《あえ》ぐ下々が目覚めて、権力構造が一気に変わってしまう可能性が高い。

キリスト教はヨーロッパの勝者となるべく十字軍を結成した。

土着宗教の上に成り立つ異民族を次々とキリスト教に改宗、全ヨーロッパを呑み込み、神聖ローマ帝国が出現したのである。

言い換えれば、キリスト教が異民族間の接着剤となって集団と集団、国と国をくっつけたわけで、この稀代の宗教こそ大帝国の要、キリスト教がなければ神聖ローマ帝国は誕生しなかった。

十字軍の騎士

それだけに権限は絶大にして厳格、派閥を許さない。

自分たちが宗教で天下を取ったので、宗教の力は心底知っている。だからこそ、キリスト教の本部、ローマ（ヴァチカン）の意図と違う、修正宗教が芽生える兆候があれば、宗教裁判、魔女狩り、異端審問でその芽を摘んでいったのだ。

イエスは「善」である。5世紀くらいからこの定義が、西洋人の絶対的な共通認識として定着する。そうなるとイエスの代理人を名乗る審問官の「正義」もまた不動となる。だれも逆らえない。

「正義」が街から街を巡り、反体制的危険分子を見つけては、摘発してゆく。権力が増し、増長の度合いがふくれ上がり、気に食わない相手なら異端、魔女として害虫のように投獄、火炙りにする。イエス・キリストとは無縁の愚かぶりだ。

世界中が「悪」の時代、彼らだけに正義を求めるのは不公平だが、キリスト教はしだいにイエスの教えとは離れたものになる。

逃れる道は沈黙あるのみ。こうしてますますキリスト教が尊大になってゆく。

善人でも悪を行い、悪人も善を行う。人間など、かってな理由でどうにでもなるものだが、確実に言えることは、権力と特権は腐敗を招くということだ。

金銭欲、権力欲、性欲。既得権者は、定番のこの「三欲」にまみれながら安直な手法、すなわち恐怖政治に突入、形を変えた暗黒時代の到来だ。

しかし彼らには思考し、行動する要素があった。

遠い昔、紀元前508年、ギリシャでは成文法により平民の地位が守られた民主政治を確立しているし、民衆裁判での多数決による決定など古代ローマの共和政にも「思考」が見られた。つまり、ヨーロッパでは紀元前には「討論」と「多数決」が政治の場に登場し、「法」に基づく裁判所も作られているのだ。ポンペイは79年の大噴火で一瞬にして埋もれた古代の街だが、発掘調査で1万8000もの下々の意見、落書が確認されており、この数はポンペイの人口より多い。

内容は政治に関するものが大半で、民衆が高い政治的な問題意識を持っていたことが分かる。

落書は古代の新聞であり、投票であって、影響力があった。こうしてデモクラシーが芽ぶいてゆくのだが、キリスト教国は皇帝であろうと、王であろうと、キリストの教えに反するならば抵抗していいという思想が、やがて「抵抗権」として成立してゆく。13世紀のルネッサンス運動で顕著になるのだが、その後、あらゆるものを疑問視する科学、哲学、思想が根強く受け継がれ、1450年、ついに活版印刷技術が登場する。

知識を同時多発的に拡散する本は「知」の核兵器だ。1500年にはヨーロッパ全土で1000万点ほどの本が印刷され、110の都市で出版物が出回った。

ポルトガルとスペインはヨーロッパの西の果てから、大航海時代をリードした

で、どういうことが起こったのか？

政治の基盤であるイエスの言葉が、聖書を介して多数の手に渡ったのである。神の言葉をむさぼり読む多くの思考脳。その結果、神父の語っていることはかなりデタラメで、聖書との隔たりが世間にバレ、神父、教会への信頼がゆらぎはじめたのだ。

さまざまな国で、さまざまな言語で、さまざまな分野の本が出版され、それが「抵抗権」と結びつき、ついにルター、カルヴァンが拳《こぶし》を上げたのである。切り札は科学。

地動説と進化論を否定するのはナンセンスだとキリスト教に嚙みついた民衆、つまり「プロテスタント」運動である。プロテスタティオ（抗議）から生まれた、「改革派」だ。

巨大なキリスト教の分裂。ギリシャ語で普遍的を意味する「カソリック」と抗議を意味する「プロテスタント」の対立である。

「普遍」対「抗議」の対立が先鋭化、血を流さない戦争から、悪を倒すのは無頼《ぶらい》しかないとばかりに、ついには武器を持っての血みどろの戦《いくさ》に発展する。

イギリスとオランダがプロテスタントに改宗、あおりを受けた神聖ローマ帝国内部がガタガタになる。

ユダヤ系の大銀行家がオランダ、アントワープに居を構えていた関係上、貿易がさかんになり、アントワープがヨーロッパの中心都市となった時点で、オランダのプロテスタントが勢いづく。

じっと見つめていたのは南欧の二つの大国、スペイン、ポルトガルのカソリック王国だ。

プロテスタントの波及を拒みつつ国内を平定。いち早く混乱から抜け出し、死臭漂う内陸を避け、大海原に乗り出してゆく。手付かずの別天地に富を求めたのだが、船員はカソリック修道士であり、冒険家であり、戦士であり、商人の一人5役。携えているものは聖書、資金、武器、そして野望の重ね合わせだ。

## ポルトガルとスペイン

戦国ワールドカップの開催国日本に、ポルトガル人が入る。

なぜ来たのか？　ポルトガルとはどんな国なのか？　馴染みが薄いと思うので、この国について少々述べることにする。

ポルトガルの建国は1143年、我が列島でいえば平安政権末期のころである。ヨーロッパ全域が宗教戦争、民族紛争に明け暮れしている間、いち早くレコンキスタ（再征服）をやり遂げて国が安定、15世紀には海外に進出。この時点でも人口、わずか120万人で、1400万人ほどの日本の、10分の1以下だ。

「最初に足を踏み入れた者は、国に恩恵を運んでくる」

彼らの格言だ。高らかなマーチング・バンドと共に開拓者を送り出すポルトガル。スペインも負けてはいない。黄金の国ジパング発見を夢見て、コロンブスはイタリア人のくせに、スペイン王をたらしこんで予算を獲得、インドを目指した。

1492年、アメリカをインドだと思い込んで上陸。先住民族を無礼にもインド人、すなわちインディアンと間違って呼んだくらいならまだしも、「ゴールドを持ってこい！」

と命じて、3万から5万人を虐殺したらしい。キツネ狩り感覚だったというのだが、それがほんとうならばひどい！　と怒るかもしれない。

しかしそれは今の感覚だ。歴史に悪はない。その種の善悪で見ると世界に進出した文明国が絶対的な悪者となり、土着の現地人が善人となりやすい。すると西洋人＝悪のイメージが強調され、バイアスがかかる。非文明人だって人食い人種もいたし、女、子供を暴力で生贄《いけにえ》にする部族もいたわけで、進化の過程で、人類というものは狂気じみたおぞましいことを平気でやらかしてきているのだ。人種的色メガネを外し、もう二度とそういった非倫理的なモラルなき昔に戻らないために、人間の行ってきたことを感情抜きにクールになって調べるのが歴史という学問なので、そういう人は認識を改めていただきたい。

そのクールな目線で見てもなお「アメリカ大陸を発見したのは、コロンブスだ」と、言い張るのはイカレた話だ。

あたりまえの話だが、第一発見者は、ざっと一万年前にアメリカ大陸に移住したモンゴロイド。

第二発見者は北欧のヴァイキング。これは動かしがたい真実で、最近の調査ではヴァイキングはコロンブスより200年も早く到達し、カナダの東海岸で暮らしていたのが分か

子午線（昔のコンパス）

っている。

近ごろようやく、なぜ虐殺マニアのコロンブスを称えるのか？　コロンブス・デーを休日にするのか？　と異議を唱えるアメリカ人が増え、ボストンのコロンブス像破壊事件をはじめ、多くの像が倒されている。

それはさておき、「インド発見！」コロンブスの自主申告を信じたスペイン国王は、インド（アメリカ）は自分の領土だと主張した。

激怒したのが領土争奪戦の競争相手、ポルトガル国王である。

「おまえはバカか！　あれはインドではない。本物のインドはアジアにあって、我が国がすでに拠点を設けている」

と人口１２０万が、人口８００万人のスペインに一歩も譲らない。一触即発の危機。スペインは途中で自分の間違いに気づいたのだが、面子《めんつ》があるから引っ込みがつかず、ローマ教皇に解決を丸投げした。

「ご威光」にすがったわけだが、人類の発達過程では、法律が整備されていない時代、どこの国でも「ご威光」に頼るのが定番である。「法律」が「ご威光」を打ち負かすまでには、さらに下って300年後のフランス革命を待たなければならない。

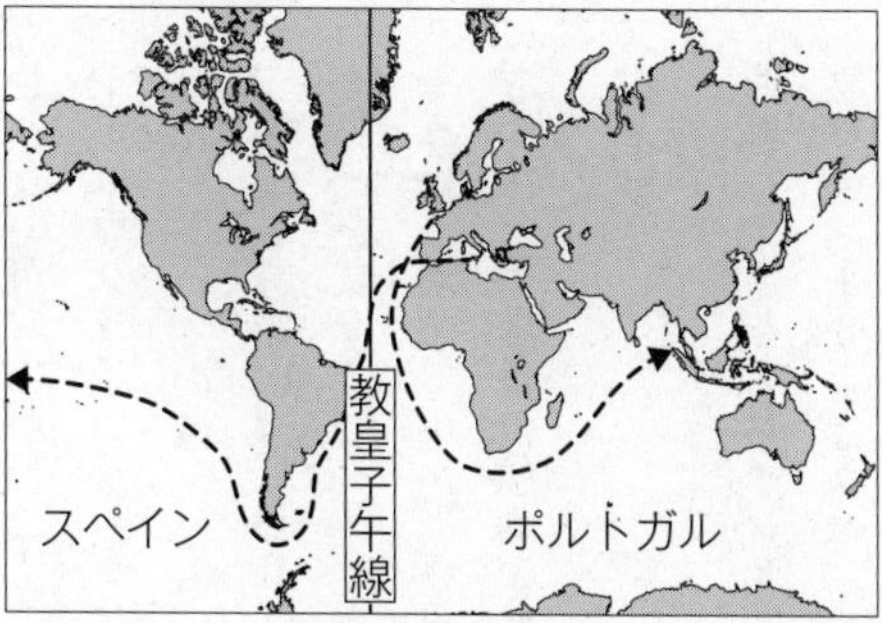

教皇子午線でスペインとポルトガルの進行方向が分けられた

頼りにされたローマ教皇は、上から目線で「おぬしたちはおたがいカソリック教徒であろう。争うではない」と即、境界線を設定した。1493年のことである。大西洋上の島、ヴェルデ諸島付近でまっぷたつの唐竹《からたけ》割りにし、東側がポルトガル、西側がスペインの探検クルーズ領域としたのだ。

これが「教皇子午線《しごせん》」だ。

昔のコンパス（羅針盤）は子《ね》と午《うま》が北と南だったから南北線を子午線と言う。

ヨーロッパ以外は比較にならないほど武力が劣っているので、未開地はぶん捕り放題、早い者勝ちである。これもまたヨーロッパ中心主義の身勝手な行為だと思うかもしれないが、しかしこんなことは近年でも見られる。シナの習近平は南シナ海を強奪、ロシアはウクライナからクリミアを奪い事実上自分のモノにしたが、国際社会は見て見ぬふりだ。あげくのはてに「太平洋は広い、我が国とアメリカで共有しようではないか」と、幾度も言い放っており、「教皇子午線」ならぬ、「習子午線」をハワイと日本の中間に引くことを試みている。

そういう理由でポルトガル船は南欧から東にアジアに進み、スペイン船は西に進むことになって、中南米の悲劇の幕が開いた。

## スペイン

西廻りで進むスペイン船団。

プロデューサーはスペインの豪商アロ、主役はポルトガル人のマゼラン（1480～1521）。早い者勝ちなので超スピードで大西洋を突破。ドンとぶつかったアメリカ大陸沿いを下り、1520年、南端の海峡を発見する。マゼラン海峡である。記録上、はじめてヨーロッパ人が太平洋に抜けたのだが、そのまま進んでポルトガルとは逆航路でアジアに突入、フィリピンに上陸した。

これでフィリピンがスペインのものとなる。

フィリピン人にスペインとの混血が多く、スペイン風建物が多く残っている理由がこれだ。マゼランはキリスト教のフィリピン布教に力を入れるものの、言葉の壁、土着宗教とのギャップなどでなかなか浸透せず、次第にいらだちはじめ、高圧的になった。短気は損気、この強引さがもとで、原地人の反撃をくらって人生に終止符を打つ。

残された部下たちは、その後インド経由で1522年に帰国。これがはじめての世界一周である。

マゼランの前に道はなく、マゼランの後に道ができた西廻りのスペインは、南米を総なめにする。

目指すはゴールド、それ以外にない。

甲冑姿のケサダ率いる一行は、今のコロンビア界隈《かいわい》をうろつく。ムイスカ族の村人と遭遇し、こっそり尾行。と、それに気付いた村人はボロ家の中から輝く飾りモノを差し出す。

まぎれもない黄金だった。息を呑むケサダ。村人は文明人の強欲さを理解せず、プレゼントすれば感謝して帰るだろうと踏んだのだがそうはいかなかった。火に油、下層階級でこれだけ持っているならば王はさぞかし、しこたま隠しているに違いない。

急に暴力的になって村人に案内を強制するケサダ。たちまち王を捕らえ、拷問の末に金のありかを聞き出す。640キロ、今の金額で580億円相当の強奪である。

上陸したケサダ隊は800人、王の元にたどり着いたのが150人というから、650人は途中で死亡した計算になる。原因は戦闘ではない。餓死、病死、事故死で、戦争による死者はゼロだった。

多くのアメリカ・インディアンがそうだったように、ムイスカ族もいたって平和な人々で、そもそも戦支度《いくさじたく》のスペイン人と違って、戦う、という発想が根本からなかったのではないか、という学者もいるほどだ。食い物にさほど困らない自然豊かな環境にいる人々にとって目の前の危機が、なにか現実味のない幻のように思え、ダラダラと従ってしまう特徴があったという。おそらく縄文人のように。

エルドラド発見のニュースはスペイン本国にもたらされ、あっというまのゴールドラッシュ。結果、奪った金は計80トンを超え、中南米金塊景気が訪れる。

逆の立場は悲惨だ。100万人ほどいたであろうムイスカ族は、一矢も報いることなく、スペイン人の暴虐と彼らが運んできた伝染病で、ほぼ消滅。1533年、わずか80

0名の上陸が元で、人口2000万人を誇ったクスコ王国（インカ帝国）が滅びたのだと主張する研究者もいる。

スペインはカソリック王国だ。

金の略奪など、愛と赦しのキリスト教と矛盾するではないか、良心の呵責《かしゃく》はなかったのか？　という疑問が湧くのは私だけであろうか？

しかし、人間は都合よく考える。

ムイスカ族は生贄を伴っていることから悪魔教であると断罪し、自分たちの行為を悪魔を撲滅する聖戦と位置付ける。神殿から没収したのは恐ろしい悪魔の黄金像だ。元よりキリスト教は偶像を禁止しており、キリスト教布教の善なる活動資金とすべく溶かした。こう思えば良心は痛まない。

生贄を除けば、中南米は平和でのどかだった。

食物も豊富だ。帰国を希望せず、現地でキリスト教の布教に努め、子孫を増やすスペイン人も多く、かくして現地語は滅び、中南米はスペイン、ポルトガル語となり、後世、コロンビア、チリ、コスタリカの「3C」は、混血美人の産地となる。

## ポルトガル人の九州上陸

スペインが西廻りの南米なら、東に進んだポルトガルはアジアを目指した。イスラム勢力を駆逐しながら、インドのゴアを制圧。ここをアジアにおける最初の植民地とした。

1543年、ポルトガル商人が種子島《たねがしま》（鹿児島）に漂着。これでなぜ、日本はスペイン人ではなくポルトガル人だったのかがスッキリ理解できたと思う。

島民のド肝を抜いたのが火縄銃、異次元の威力だ。

間合いは刀で1メートル、槍でせいぜい1.5〜2.5メートル、弓でさえ有効距離は意外に短く、平地だと30メートルほど。それに較べ鉄砲は50〜70メートルと圧倒的に長い。敵が射程内に入った瞬間に発射すれば、最前列がバタバタと倒れ、大パニックを起こした後続部隊は総崩れとなる。

けっきょく鉄砲を手に入れた者が勝ち、勝った者が富を得、富を得た者が天下人になる。あたりまえの三段論法があっという間に広がり、九州の武将はこぞって勝利の方程式、銃を手に入れるべく血眼《ちまなこ》でポルトガルに接近、密貿易に走った。

時は京都室町、足利政権時代末期である。

平戸《ひらど》（長崎）に堂々たる商館が設けられたのが１５５０年。本来なら13代将軍、足利義輝✝の許可が必要だが、もはや束ねる力どころか自分自身、近畿で逃げ回っているありさまでそれどころではない。そこで九州北部の実力者フランシスコ大友《おおとも》✝（まだ洗礼前だが、洗礼名を表記）が独断で開港した。

現場は元領主の家臣、松浦隆信《まつらたかのぶ》（１５２９〜９９）にまかせた。

ポルトガルはポルトガルで、日本に前のめりになるお家の事情があった。

スペインがモリモリと全盛期をむかえ、シーソーのようにポルトガルが衰退の一途。ポルトガルの沈下と日本進出が重なっているのは偶然ではない。起死回生の経済政策としてインド洋の制海権を確保、マラッカ、ホルムズと東進し、インド、シナの香料、日本からの銀輸入などのアジア貿易で潤うべく、九州の平戸、横瀬浦《よこせうら》などに定期航路開設を急いだのである。

ここからイエズス、フランシスコ、ドミニコ、アウグスチノ、４つのキリスト教団が、あいついで渡来、教会、修道院、学校、病院設置に情熱がそそがれることになる。

中でも群を抜いて力を持っていたのがイエズスだった。

安土桃山時代（1573〜1603）を含めた、ざっと50年間、日本に強烈なインパクトを与えることになるのである。

## イエズスとはなにか？

ルター、カルヴァンらのプロテスタント改革運動はローマ・カソリックの皇帝ファミリー、ハプスブルク家を揺るがし、ポルトガル、スペインなど南欧カソリック諸国にまで迫りつつあった。カソリック対プロテスタント。

我が国と大きく異なるところだが、あちらには「論戦に勝った側に民衆が従う」という言論文化が根付いているということだ。

言論と思考のワンセット。だからこそ文明国になれたのだが、貴族階級も「知」をステイタス・シンボルとし、論理的なディベートでの勝利は尊敬を集めた。

ここが大切なので念を押すが、武力も必要だが、なんといっても上・中流階級以上でハバを利かせているのが論戦の勝利だ。

神とは何か？　この難題にプロテスタントもカソリックも熱くなるのはとうぜんである。

神が創りたもうた創造物の分析は欠かせない。研究は動植物から自然科学、天文科学、医学……あらゆるジャンルに広がった。

こうなると宗教家はお呼びではなく、科学者の独壇場だ。

キリスト教が科学を生み、発達させたというのはほんとうの話だが、この科学というやつが、たちまち生みの親のカソリックの首を絞めることになったのである。

科学は、神父たちが都合よくねじ曲げた過去の遺物を追い詰め、科学と合致させた新しい宗教が育った。

プロテスタント！　考え方はこうだ。

〈科学に矛盾しない部分に限り、神を信じる〉

（表）1616年イエズス・コイン。全能の目（プロビテシスの目）とIHSは救い主イエス・キリストの略と言われるイエズスのマーク

（裏）「ローマ教皇の精鋭部隊」にふさわしく二本の剣のデザイン

それに対して、従来のカソリックは逆の主張だ。

〈宗教に矛盾しない部分に限り、科学を信じる〉

宗教を優先するのか？　それとも科学か？　これが分かれ目だ。

それに対して日本人はどうか？

両者は交わらない。科学は科学で、宗教の分野に触らないし、宗教も科学には踏み込まない。これ自体、非論理的なのだが、それを信じるのがカルトである。にもかかわらず、なぜかカルトを気にせず、科学の国であるはずなのに、生身の人間を「現人神《あらひとがみ》」だ、と信じてしまった世にもめずらしい人々なのである。

　プロテスタント運動に危機感をつのらせる若者が集まって、誕生したのがカソリック肝入りのイエズスだ。結成は１５３４年のパリ。奇しくも、織田信長✝の生まれた年だ。

　集まったのはパリ大学の学友６名だが、その中に28歳の若きフランシスコ・ザビエル（１５０６～５２）がいた。６名の国籍はそれぞれスペイン４名、ポルトガルとイタリア（サヴォイ）が各１名とバラエティに富んでいた。

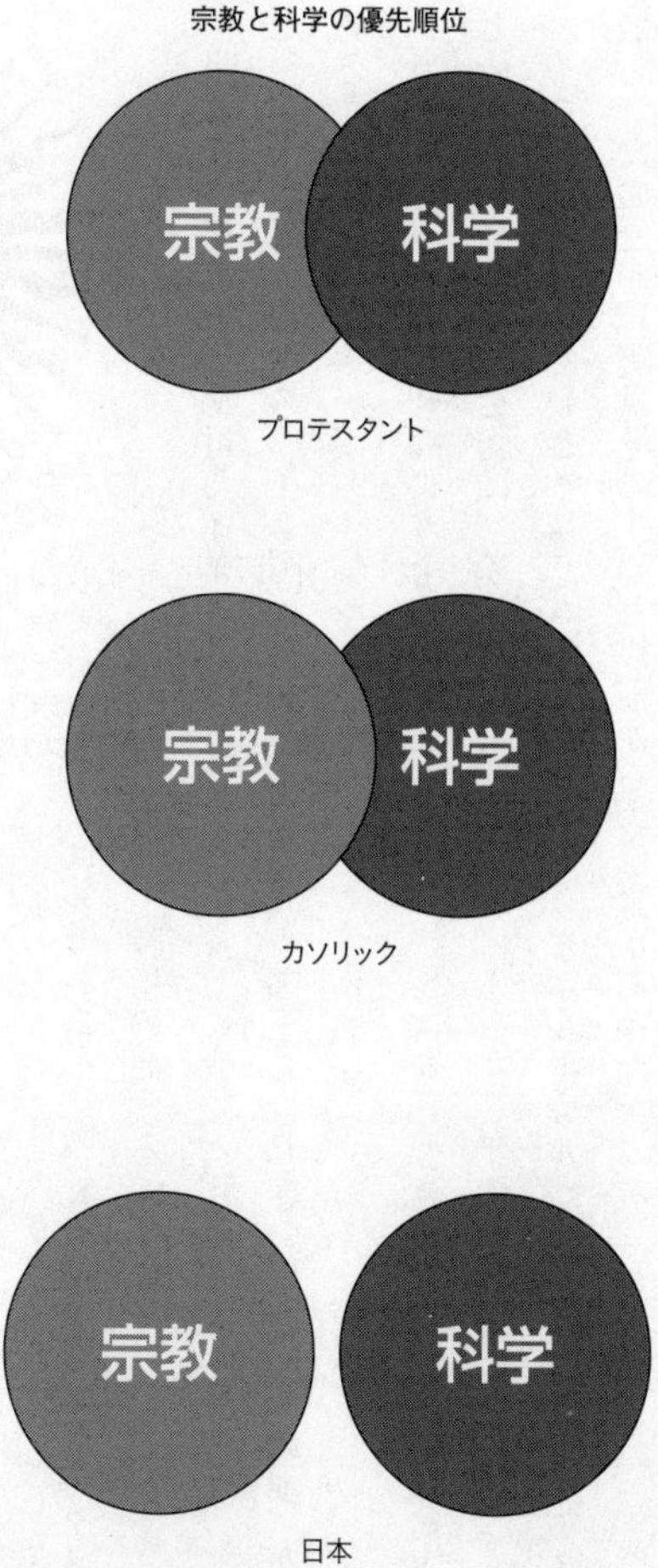
日本では両者が交わらない


彼らはパリ、モンマルトルの丘にあるサン・ドニ大聖堂に集まり、誓いを立てる。

「私の弟子を希望するなら、すべての財産を捨てて、ついてきなさい」というイエスの教えどおり、彼らは裸になって身を投じた。

イエス・キリストの「イエス」をラテン語で発音するとイエズス。ようするに「イエスの会」だ。

別名「教皇の精鋭部隊」。

勇ましいネーミングである。それも道理で、設立者のイグナチオ・デ・ロヨラ（１４９１〜１５５６）は騎士として長い軍隊生活を送っており、額面どおり命を懸けた精鋭部隊とみていい。

イエズスの紋章
IHSはイエス・キリストの略だとか、ギリシャ語のΙΗΣΟΥΣ（イエスース）からとったと言われているが真偽不明。下の3つの釘は、キリストの手足を十字架に打ちつけた釘

「エルサレムへの巡礼と奉仕。それがダメならローマ教皇の命ずる地に赴く」

世界布教をうたいあげるイエズスは、パトロン探しに奔走。現れたのがポルトガル国王だった。ザビエルはスペイン国籍だが、ポルトガル国王じきじきの要請で植民地、西インドを目指した。

自国の官僚が腐敗せぬようその指導者となり、アジアを正しきカソリックに染め上げるという誇り高き使命を胸に、インドのゴアに到着。１５４２年のことである。

インド洋は、もともとイスラムの縄張り、そこにポルトガルが海軍を投入し、彼らを蹴散らしたのだが、実はそのずっと以前からの伝説があった。

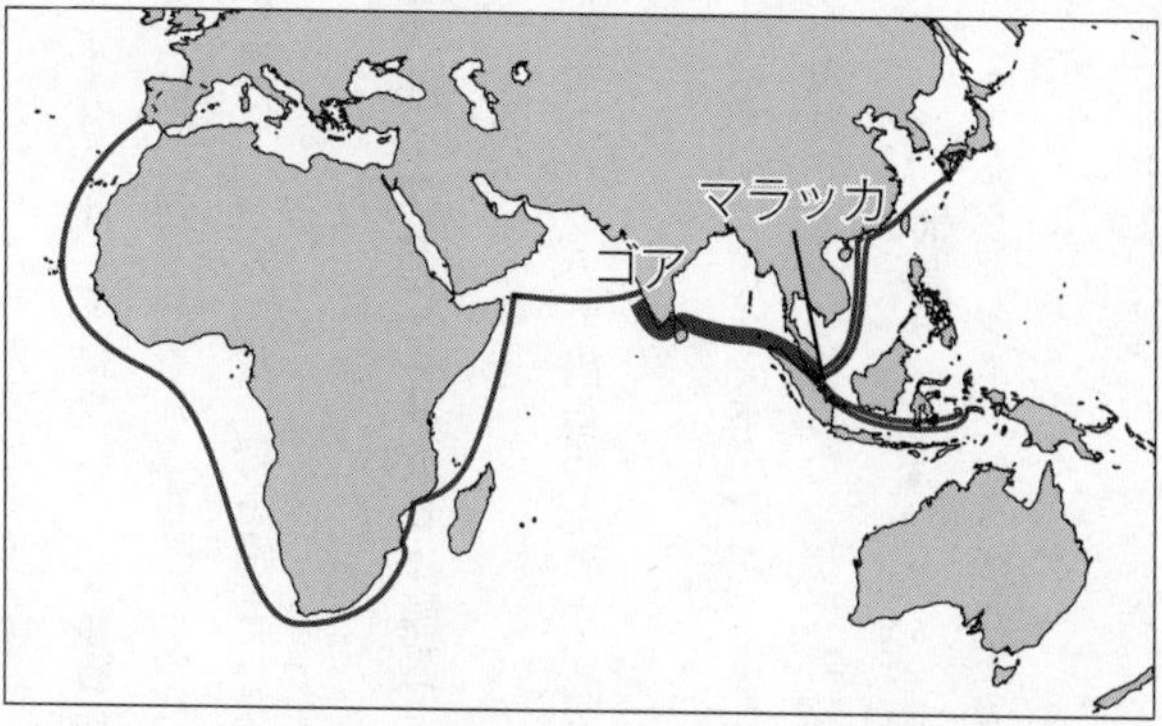


ザビエルの航路

ザビエル像があるマラッカの古い風景

男の名はマルコ。だれだって一度くらい耳にしたことがあると思うが、マルコ・ポーロ（1254〜1324）ではない。「マルコによる福音書」のマルコだ。西暦50年、キプロス経由でこの地にたどり着き、布教にあたった聖「マルコ」が、地名の「マラッカ」の源だという伝説は、ザビエル一行を励ました。

## パウロ弥次郎†がザビエルを日本誘致

ザビエルがマラッカで出会ったのが、歳は30代後半の日本人、パウロ弥次郎《やじろう》†（1511?〜50?）である。

弥次郎†は、すでにインド・ゴアで洗礼を受けており、初対面でパウロを名乗った。生まれ故郷鹿児島で、人を殺《あや》めたとザビエルに告白する。

「人を殺し、役人の手から逃れるため、国（薩摩）の僧院（修道院?）に隠れた。そこでジョルジュ・アルヴァレスというポルトガル商人と知り合って、船でマラッカに逃げて来ました」

この懺悔《ざんげ》は興味深い。

フランシスコ・ザビエル
アジアをカソリックに染め上げる使命を胸に、極東を目指したが、カッパのヘアーじゃない方がウケたのに

ザビエル以前に、修道院を思わせる施設が薩摩にあり、そこにアルヴァレスというポルトガル商人がいたというのである。ポルトガル人は一人ではないはずだ。仲間の5人や10人はいたと考えるのが自然だ。

その僧院には懺悔、告白を受ける資格を持った神父がいなかったのか、商人アルヴァレスは、殺人の赦《ゆる》しを得るようマカオ行きを勧めたという。信者による司祭ザビエルへの告白だから嘘はないはずである。

パウロ弥次郎†を一発で気に入ったザビエルは、ゴアのサン・パウロ学院に入れ、通訳兼アシスタントとして仕込むことにした。

見込んだ通り、呑み込みには目を瞠《みは》るものがあった。またたくまにポルトガル語を覚え、ラテン語で書かれた聖書を日本語に翻訳したという。

記憶力は桁違いで、聖マタイの福音書を一度の受講で、一章から最後の章までを暗記、学院トップの成績だったというから、ただものではない。

なによりも驚いたのは日本という国だった。孤立した極東の島国なのに裸同然で暮らしている他のアジアエリアの人々と違った。

これまではそういった国とは呼べない集落への布教がほとんどである。それに較べ、日本は千、万の軍隊を持つ１００以上の小国で成り立つ軍事国家。文字を持ち、仏教、儒教、神道、能、句、茶道などという特殊な宗教、文化があるというのだ。目を輝かせるザビエル。

故郷を話す観光大使のようなパウロ弥次郎†の話しっぷりに、すっかり魅了《みりょう》されたザビエルは、早期の出航を決意した。

二人の出会いが発火点となり、列島をゆさぶり、やがて３万７千人のキリシタン勢力が殺される「島原の乱」へとつながってゆくなど、この時だれが想像できたろうか？

１５４９年４月、心地よい風を切って船はゴアを出発。

ザビエルの盟友、コスメ・デ・トーレス（１５１０～７０　天草で病死）、ジョアン・フェルナンデス修道士（１５２６?～６７　平戸で病死）、そしてパウロ弥次郎†。さらに弥次郎†の弟のジョアン†、弥次郎†の召使いの日本人、洗礼名アントニオ†が一緒だ。

他にも弥次郎†は、マラバール人とシナ人の召使い2名を引き連れていた。マラバールとは現在のインド、ケーララ州の北半分を指す。

　ではパウロ弥次郎†とは何者なのか？　日本語の読み書きに長じ、勉強家で利発。弟と3名の召使いを伴っている。思うに上級武士、もしくは豪商……いずれにせよ頭の良いセレブだ。

　ザビエルたちのアシスタントもいるので、一行は十数名になっていた。

　いったんマラッカに寄る。

　そこには別の日本人が来ていたと書かれている。どこかの諸侯（大名）の使者だ。ポルトガルのインド総督と面会し、「自分の殿がキリスト教入信を希望している」ので、祭司を送ってくれるよう願い出ていたというのである。

　ザビエルの日本上陸前に、すでにキリスト教を熱心に学んだ大名がいた。九州の大名であろうが、大ニュースだ。

　差し障りがあるのか、フロイスの『日本史』には、諸侯の名は伏せられている。

　イエスについて、だれに教わったのか？　洗礼のための司祭派遣を希望しているところをみると、現地滞在のポルトガル商人を受け入れ、親しくレクチャーを受けている風景が目に浮かぶ。

ならば日本にカソリックをもたらしたのはザビエルではない。ポルトガル商人たちだ。ますますザビエルの思いが募った。


パウロ弥次郎✝の話から、二人の日本国王の存在が分かった。「内裏」と「将軍」だ。共に京都にいて、その近くには「学問所」なるものがある。「学問所」とは比叡山のことで、その影響下にある僧侶の数はおびただしく、民はみな彼らに従っているという事前リサーチ。

不安と期待を思い描きながら1549年6月24日、マラッカを出発、約二ヶ月の船旅で薩摩（鹿児島）に上陸（8月15日）した。

「ローマ教皇の精鋭部隊」が漠然と来るわけはない。目的は明確だ。カソリックを広め、イエズスが目指す「新世界」に日本を組み込むことである。ザビエル43歳、トーレス39歳、パウロ弥次郎✝38（?）歳。

問題は他のアジアやアメリカ大陸と違って、日本の軍事力だ。

独立した小国がたくさんあり、それぞれに王がいて屈強な軍隊を持っている。彼らは命を惜しまず地政学的に対峙する隣国とやたら戦争をくり返し、戦闘能力の高さは、これまで遭遇したことがないらしい。この国が一つにまとまれば40万、いやひょっとすると60万の武装兵を持つと聞かされ、その途方もない数字に腰を抜《ぬ》かすザビエル。ポルトガルでさえ、かき集めてせいぜい3万の軍。地獄の門の前に立った心境で、思わず倒れそうになったとしても不思議ではない。

だがこれもデウス（神）の啓示。どんな荒波でもかき分け、命がけで日本をイエズスで染め上げる。これぞ「精鋭部隊」だ。それにはまず二人の国王を信者にすることである。前に立ちはだかるのは既存の大勢力、仏教界である。彼らは国の隅々にまで深く浸透しており、法衣をまとった武装軍団だということが分かっている。どうすればよいのか？

目的は明確だが、方針が定まらなかった。

## 進撃のイエズス

タイミングがよかった。ちょうど薩摩の15代当主、島津貴久《たかひさ》が積極的なポルトガル貿易を望んでおり、まさにインド総督に親書を送った直後だったのだ。狙いはむろん鉄砲、火薬、鉛、その他西洋の品々だ。島津は、なんの前触れもなく現れたザビエル一行を歓待、ただちに領地での布教を許可。「オー・マイ・ゴッド！」天から栄光が注ぎ、デウスの祝福をいっぱいに浴びた心境である。

　パウロ弥次郎†は、日本語による聖書作成に取り組みはじめる。キリスト誕生からはじまって戒律、最後の審判……昼は説教、講話、夜は寝る間も惜しんで翻訳に打ち込む八面《はちめん》六臂《ろっぴ》の活躍だ。

デウス＝神　ヒイデス＝信心、信仰
アンジョ＝天使　スキリツウラ＝聖書
パライソ＝天国　イルマン＝修道士
インフェルノ＝地獄　パードレ＝伴天連＝神父
アニマ＝魂　ジュディ＝ユダヤ
スピリット・サント＝精霊　テンタサン＝試練、誘惑
アンダメント＝戒律　ノビシアド＝修練院
ビスポ＝司教　テンポロ＝寺院

ゴラリヤ　　　＝栄光　　サタナス　　＝天狗（悪魔）
オラショ　　　＝祈り　　デアボロス　＝天狗（悪魔）
アルタル　　　＝祭壇　　クルス　　　＝十字架
エケレジア　　＝教会　　ビルゼン　　＝処女
アポストロ　　＝使徒　　パション　　＝受難

現代ならだれでもスマホで、ササッとこうして書けるが、この時代は辞書もなく、そのうえ天使、聖書、天国、修道士、信仰……宗教単語そのものが存在しなかった。

懺悔、誘惑、試練……ないないだらけの漢字。しょうがないのでポルトガル語をそのまま使っているのだが、それにしても肝心要《かなめ》の「愛」という概念がない。「愛」という漢字は「愛宕権現《あたごごんげん》」で使われていたが、こちらは軍神のことでまったく意味が違ったし、古文書をめくっても「愛」という漢字は、お目にかからない。キリスト教の基本、「愛」をどうやって教えたのか？

手がかりになる一冊の本がある。『どちりいな・きりしたん』である。1590年、天正遣欧少年使節の帰国とともに持ち帰った活版印刷機で印刷した本だ。

「どちりいな」とはラテン語で「教義」を意味し、『信者教本』というほどのタイトルである。

愛という言葉がなかったので、キリストが説く愛は「お大切」とし、人間の愛は「大切」と表現している。

「キス」は「口吸い」という日本語があったものの、これはいけない。当時は性行為としてだけ使われており、イエスが跪《ひざまず》いてホームレスの足にキスをする敬愛の行為には使ってない。苦肉の策でハメたのが、「いただく」という日本語だった。「足をいただきたまいて……」などと使用している。

傑作《けっさく》は「自由」を「和《やわ》らげ」と訳したことだ。なんとなく伝わってくる。「希望を持ちなさい」は「頼《たの》もしく在じ奉じなされ」となる。

イエスの発音は、日本人の耳に「ゼス」と聞こえたのだろう、そう記されている。現代ポルトガル語の発音と同じだが、正確には「イエス」は「ジェズヮク」に近い。そう、「イエズス」のことである。翻訳は超困難な作業であった。

布教の第一歩は、周囲に溶け込むことだ。微笑みを絶やさないザビエルとフェルナンデスが振りまく愛と受容。手応えは充分だった。

当時の状況を想像して欲しい。サムライは死と背中合わせだ。現代は美化されているが実際には上の命令のままに動く兵奴《へいど》。彼らの魂を救い、天国へと誘《いざな》うキリストの話は魅力的だった。「神の前の平等!」武士からは犬のように扱われている下々も身じろぎせず聞き入り、「愛と赦《ゆる》し」に癒《いや》される。

年老いた武士がいた。洗礼名ミゲルをもらう。

島津の直参、新納康久《にいろやすひさ》の家臣だ。

新納は、丘の上に立つ事実上の鶴丸城主。使命感にあふれ、精力的に動き出すミゲル。ミゲルの案内で鶴丸城を訪問したザビエルは領内布教自由のお墨付きをもらって、さっそく城主新納康久の妻と息子以下、家臣17名に洗礼を施したのである。

ザビエルが年老いたミゲルに差し出した小さなマリアの絵。初めて目にする西洋の絵だ。感極まる老人に「それは霊魂《いまし》の薬だ」と伝える。もう一つ与えたものがある。小さな鞭《むち》だ。当時のイエズスは己を戒めるために自分の身体を自分で打つ、という今ではほとんど行われなくなった苦行を習慣として取り入れていたのである。

「わが子ミゲル。この鞭は肉体の薬だと信じなさい。異教徒でもかまわない。熱病を患った人を集め、そなたがイエスとマリアの聖なる名を唱え、愛を持ってその者を鞭で軽く5

つ、叩くがよい」

フロイスの『日本史』には、「マリアの絵、ミゲルの鞭」の噂は遠方まで広がり、たくさんの病人が、老人ミゲルのもとに集まってきて、鞭と祈りで健康を回復したと書かれている。病気の原因の多くが愛情エナジーの欠乏だ。周囲と断絶し、ストレスが増大、免疫力が低下するのである。ミゲルの愛による受容とプラシーボ効果があいまって治癒力が上ったのだろうことは想像をまたない。

イエズスと貿易は一体だ。活動費は貿易でまかなっている。ザビエルはこの段階で、すでに近畿の商業都市、「堺」の情報をくわしく握っており、〈堺に商館を作って、輸出入品に関税をかけ、それを活動資金に充てたい〉と、マラッカ長官に願い出ている。

品目は大砲、銃、火薬、鉛以外にもカボチャ、スイカ、トウモロコシ、ジャガイモ、パン、カステラ、たばこ、地球儀、眼鏡、望遠鏡などがある。記録によれば、最高に潤ったのは、ポルトガル商人が運んでくるシナ（明国）の生糸《きいと》。生糸は絹糸の素材だ。しかし本命はやはり火薬と弾の材料の鉛。こちらは極秘アイテムだから記録からカットし、どこの大名も「いやー、ポルトガル貿易などさっぱり儲かりません」とトボケ、あらゆる記録から消去したので、多くの研究者はダマされ、貿易量を甘くみている。

滞在十ヶ月、約１５０人を洗礼したザビエルが鹿児島を離れる。旅立ちの原因については諸説ある。

期待外れの貿易に失望した島津がドアを閉めた。これが一つ。危機感を抱いた仏教勢力が、反撃に出て、追放するよう島津を動かした。これが二つ目。いやいやそうではなく、ザビエルが先を急いだからだ、という話も伝わっている。

おそらく、その全部がからんでいるのではないだろうか。

## 消えたパウロ弥次郎†

あれほど熱心に布教に打ち込んでいたパウロ弥次郎†の足取りが、ふっと消える。どこへ行ったのか？

元海賊だから昔の稼業に戻り、最後はシナ近辺で殺害されたと綴《つづ》ったのはフロイスだ。違う口伝《くでん》もある。仏僧に迫害され、シナに逃亡、これまた海賊に殺されたという話。また別のストーリーは、昔の罪（殺人）で役人に追われたので鹿児島の西南、甑島《こしき》に潜伏。甑島には、「天上墓」という名のパウロ弥次郎†の墓があり、古くから島に伝わるクロ教は、彼の隠れキリシタン信仰だとするクロ教伝説も捨てがたい。

全体像がぼやけているものの、状況から追うと異なる姿が浮上する。

パウロ弥次郎†はサン・パウロ学院で学んだ信者。インテリである。ザビエルの渡来を促し、共に聖書翻訳と布教に打ち込んだ日本キリスト教の先駆者だ。

これだけ深く関わり、デウスに命を捧げた信者が突然気が変わって海賊に戻った、という話はピンとこない。愛と赦しの対極にある海賊にならなくとも、カネ儲けがしたいならば、ポルトガルとのコネクションを生かして、いくらでも願いはかなったはずである。

信者にとって、祈りは日々口にする食事と同じだ。祈ることは生きること、生きることは祈ること、祈りがなければ生きられない。

そんな男がそもそもザビエルとなぜ別れたのか、そのいきさつすらイエズスに報告が上がってないというのは、いったいどういうことなのか？

そう考えれば、なんらかの密命をおびて次の目的地へ一足先に出発したとしか考えられないのだ。それならば記録がないのもうなずける。

京都へ向かうザビエルのための地均《じなら》しではないだろうか？　しかし、途中で消息が途絶えた。殺害されたのか？　ザビエルは一縷《いちる》の希望をもって探すが、しだいに絶望的になる。大失敗だ。逸材を失ったとなれば汚点だ。だから口を閉じた、というのが真相ではないだろうか？

## 平戸

ザビエルが日本を訪れたとき、信長✞は15歳。ここでなーんだ、まだ子供じゃないかと思った読者はアマチュアだ。あなどってはいけない。13歳で初陣《ういじん》を飾り、14歳で斎藤道三の娘と結婚、武将デビューほやほやではあるものの、立派な大人だ。イエズスと接するのはまだ先だが、平戸はすでにポルトガル人たちが暮らすキリシタン・ゾーンになっていた。

当時の平戸は肥前（佐賀、長崎）の大名、松浦隆信の支配地で、ボスは豊後（大分）の殿様、フランシスコ大友†である。

松浦は数年前からはじめたポルトガル貿易で稼ぎまくっていただけに、鹿児島からきた大物のザビエルはウエルカムだ。

布教と情報収集、自由に動き回るザビエル。多くのポルトガル商人、ポルトガル船員、日本人貿易商、各地からやってくる大名の貿易担当と面談し、犬のように嗅ぎ回る大量の

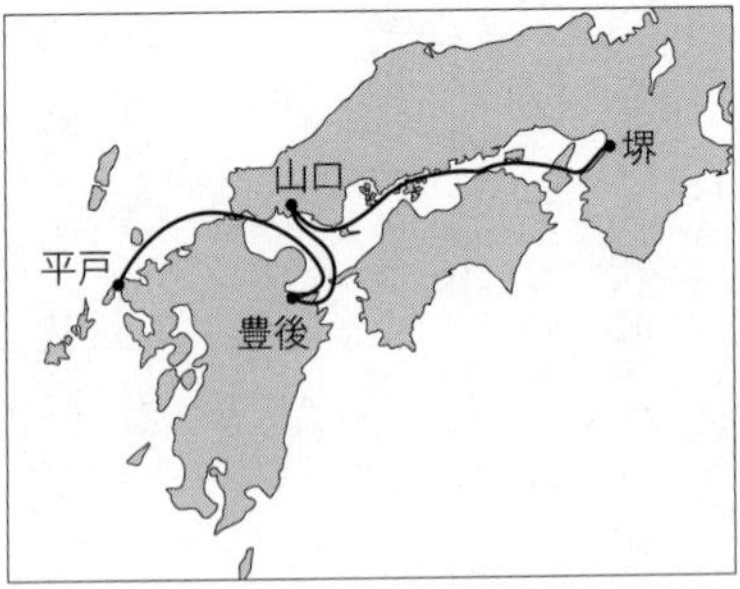


ザビエルの日本国内での布教ルート

スパイとも会う。玉石混淆《ぎょくせきこんこう》の裏を取り、本物を選び、不確かなものはわきに避ける。

やはり国王は二人だ。これまでもさんざん聞かされてきたことである。

一人は「内裏」。

実力のない名目上の国王だ。「威光財」の恩恵を受けている取り巻きが、高嶺の花として持ち上げているから、その「威光」はまだ健在のようである。ローマ教皇も似たようなところがあり、プロテスタントが台頭《たいとう》してもまだ、沈まぬ摩訶不思議な「権威」については、サビエルにも理解できることだった。

もう一人、ボロは着てても、「将軍」には高い知名度があった。

欲しいのは「内裏」と「将軍」のダブル布教許可。これがミッションである。これさえもらえば、あとは若い神父を自分のリリーフとして送り込めばよい。

直接訪れても、ドアは開けてもらえない。ならばどうするのか？　紹介者が必要だ。

「内裏」のツテはなかった。しかし将軍ならなんとかなる。将軍と遠縁筋にあたるフランシスコ大友†が太いパイプを持っていたのである。「将軍」からの布教ＯＫサインをもらうためにはギブ・アンド・テイク。こちらからもそれ相応の手土産が必要だ。

考えるザビエル。

古今東西、手土産はカネかモノに決まっているので準備は万端《ばんたん》だ。しかし問題は運ぶ手段。カネ、モノを京都まで運ぶのは危険だ。道中、目立つ白人は盗賊の餌食《えじき》になる。奇怪な服装も追いハギの標的で、会う人、会う人、物騒だから貴重品は置いていけの連呼。で、けっきょく高価な献上品は平戸の教会にしまった。

では、なにを与えればよいのか？　思案を巡らせ、「安住」をひねり出したのである。

暴力の時代。「隣人を愛し、人を殺《あや》めてはならない」というイエスの教えで、モラルの向上をはかれば荒れた支配地は鎮《しず》まり、安全と安定につながる。

じっさいにヨーロッパでは週末、人々が教会に足を運ぶだけでも殺人や盗みが減り、安定したではないか。きっと悦《よろこ》んでくれるに違いない。この路線で行こう。

この国の魂を救済する。運がよければ「内裏」「将軍」の改宗も夢物語ではない。もしそうなれば、極東にカソリック大国が出現する。それも50万の軍を持つ大国だ。キリスト教国となったあかつきには、ローマ教皇の命により、東洋の十字軍を結成して海を越え、シナ大陸に進軍する。

「明」の皇帝など名ばかりだ。実体は数百の盗賊野合集団である。マカオ、ゴアで明国の情報を得ていたザビエルは、そう心でうそぶく。

なんでも250年も前に、モンゴル帝国の14万が海を渡って、この地に来たというではないか。それを全滅させた底力にも驚嘆《きようたん》だが、ザビエルはふと14万の兵を送ったモンゴル帝国の輸送力に注目した。今のポルトガル軍船の性能は高い。建造ノウハウと航海術を教えれば日本十字軍のシナ侵攻はムチャな話ではない。日本十字軍が東から、イエズスが西から邪悪なイスラム世界を挟み込んで地上から撲滅する。

そうなればザビエルの名は、大聖人としてヴァチカンに永遠に刻まれるはずだ。

ザビエルの足取りは、否が応でも早まった。

## 適応主義

京都に向かう途中、周防国《すおうのくに》（山口）の大名大内義隆《よしたか》（1507～51）との面会が叶った。むろん豊後のフランシスコ大友†の紹介だが、本番前の肩慣らしである。

富の源泉は石見《いわみ》銀山。大内は先祖を倭と連合を組んだ百済の聖明王《せいめいおう》（？～554）の第三子、661年に百済から山口周防に渡来した琳聖太子《りんしょうたいし》と公言している名門で、山口県から北九州一帯を支配する地方の王、大内の名は遠くアジアまで鳴り響いていた。

が、ここでつまずく。当時の日本は、男色《だんしょく》が娯楽として根付いており、それに真正直なザビエルが嚙み付いたのだ。

生死を共にする武士の契《ちぎり》として行っている、と悪びれない大内。「教皇の精鋭部隊」は、引き下がらない。

「武士以外にも町人にいたるまで、おおっぴらに行っているではないか。キリスト教では罪。まして児童まで遊びの対象にしているのは黙認できない」

カソリックではレズビアン、ゲイ、バイセクシュアル、トランスジェンダー、いわゆるLGBTは罪だ。その傾向は今でも変わらない。だが現代、皮肉なことに教会内で事件が発生しているのは周知の事実で、正統派が頭を痛める問題である。

さて、それに対し烈火のごとく怒った大内は、即刻ザビエルを追放した。

葛藤が続き、現実路線に立ち返るザビエル。感心しないが、これからは現地の習慣、風習に合わせる「適応主義」はしかたがないと思いはじめる。郷に入っては郷に従え、誇り高く撤退するより、賢く布教拡大を選択した。

追われるように貿易ルートを逆になぞりながら瀬戸内を北上。1551年の1月、厳寒の堺に入った。九州の「平戸」、そして近畿の「堺」。二都はポルトガル・コネクションで直結した港街である。

迎えたのは堺の豪商、日比屋・ディオゴ・了珪《りようけい》✝(1575年、今井宗及茶会の出席以後不明)。ポルトガル貿易で地位を築いた男である。

本物に魅了されるディオゴ日比屋✝。賢く、勇敢な男で、司祭ガスパル・ヴィレラから洗礼名ディオゴをもらうのは10年後だが、ザビエルと会った瞬間、化学反応が起き、堺のキリシタンを統括する中心人物となる。

## 堺の支配者

堺の支配者はだれか?

すでに足利の室町政権など影も形もなく、時の天下人は三好長慶《ながよし》✝(1522〜64)である。

地元では「堺幕府」と言われていたと書かれている本もあるが、前述したとおり、「幕府」は明治の造語なので、誤認だ。しかし、長慶✝の「堺」こそ日本の「中心都市」であったことは間違いない。

いったん堺に腰を下ろしたザビエル一行は、ディオゴ日比屋†の取り巻きから、レクチャーを受ける。一方のディエゴ日比屋†もイエスの教えと布教のノウハウ、ポルトガルやローマの様子を聞き、集会所、教会、病院、修道院建設の可能性について大いに語った。

「ザビエル来たる！」

噂は狭い堺の街を走った。ロック・スター顔負けの人気で、西洋の貴族神父に物見遊山《ものみゆさん》の人々が集まったという。

天下人

三好長慶時代―1548（20年間）
↓
織田信長時代―1568（14年間）
↓
豊臣秀吉時代―1582（16年間）
↓
徳川家康時代―1598

## 京都入り

いよいよ念願の京都。

街は想像以上に荒れていた。ディオゴ日比屋✝はザビエル一行を案内、京都在住の仕事仲間、小西・ジョーチン・隆佐《りゅうさ》✝（?～1592、洗礼1565年）の邸宅へ向う。

ジョーチン小西✝も堺の豪商である。取扱い品目は薬。当時は火薬も薬屋が扱っているようで、いわば武器商人なのだが、後に信長✞の家臣となり、堺奉行に出世する人物である。

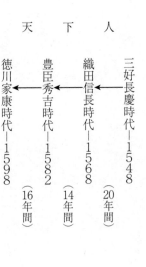

息子がすごい。しばらくして信長✞軍団の海軍大将となるイエズス大名、小西・アゴスティニョ・行長《ゆきなが》✝（1558～1600、洗礼1584年）である。妻のマクダレナ✝も後々豊臣秀吉の妻ねね、北政所《きたのまんどころ》に仕え、政権上層部にキリスト教をまき散らすことになる。

ちなみに北政所の呼称は、昔の貴族邸のデザインに由来している。寝殿の北に、渡り廊下でつながっている正妻の居住棟があって、そこがプライベートな仕事場になっている。数十名のアシスタントを抱えたねねの発言力がしだいに増したので北の政庁、「北政所」と称されたのである。

ディオゴ日比屋✝とジョーチン小西✝。これで内裏の住む「京都」、商業都市の「堺」、二大都市の財界トップがイエズスのバックについたことになる。これほど心強いものはない。

ところがそれから先が進まなかった。先の「内裏」との仲介者が、なかなかのしたたか者で、ポルトガルの手土産品を要求したと書かれている。

手ぶらのザビエル。ならばと、用意していた例のイエスの「愛」と「赦し」による「安住」の確保で説得を試みるも、クソの役にも立たず、門前払いにあう。

ターゲットを変え、権勢を誇っていた「学問所」、比叡山の僧侶とのディベートを試みる。手土産要求をなんとか乗り越えて面会に漕《こ》ぎつけるも、通りいっぺんのあいさつでトボケられ、こちらもアウト。あきらめたザビエルは、再び山口経由で平戸に帰った。

苦《にが》い体験が思考を育てる。

なにごとも仲介者への袖《そで》の下と、本丸ターゲットへの上納品がなければ話にならない。こうした風習は西洋にもあるから、時代的にモラルに反することではないのだが、しかしこれほど強烈だとは思わなかった。ならば、かんたんだ。ザビエルは、平戸の教会に保管してあった品々を携え、もう一度山口の土を踏んだ。

三度目の山口。

前回、男色バトルで自分を追い出した山口の雄、大内と再び面会したのは1551年4月。改めたのは心構えだけではない。見た目重視のザビエル一行は、外観をチェンジ。前回と打って変わって煌《きら》びやか装いで登場した。

再訪問するザビエルもしぶといが、大内も、あれだけ怒ったのに献上品に目を細めてしまうほどのシンプル・マインド、利を求める人間ほど扱いやすいものはない。

一つ一つを、うやうやしく献上するザビエル。

インド提督とゴア司教の親書、鉄砲、望遠鏡、置時計、ガラスの水差し、眼鏡、鏡、絵画、書籍……口元がほころんで、前のめりになる大内。

ただちに信仰の自由を認めたというのだから、やっぱり武士に二言はないという格言など、あてにならない。

西洋モノは、垂涎《すいぜん》の的だった。

戦乱の世、鉄砲に目の色が変わるのは分かるが、ガラスの水差しなどに、大名たるもの子供のように食らいつくのは奇異な感じもする。しかしこの感覚は、現在で言えば、アンディ・ウォーホルの絵をアメリカの国務長官から直々に、もらった感覚かもしれない。

世にも珍しいものを手に入れたというむじゃきな喜び。格上国からの貢物に自尊心をいたくすぐられる。他の大名ではなく、自分だけが、かくも遠き西洋からはるばるやってきた貴人に敬意を評されたのだ。そのへんの大名とはワン・ランク、トゥー・ランク上なのだという自己承認欲求が満たされる。

そのへんの心境は、武家社会に身を置けば分かるはずだ。

タテ社会。加えて面子社会である。とりわけ殿様が宿しているのが家臣、領民から褒められ、畏怖されたいという願望である。

したがっていつも贅沢品《ぜいたく》に埋もれている自分でありたい。それを見て家来は「さすがはお館様《やかたさま》、豪気、勇敢、目利きまでもが素晴らしい」とイイね！を連発するのだが、殿の方は下々の大げさなヨイショには飽き飽きしている。むろん家来も、こんな社交辞令は聞き飽きているだろうな、ということくらい知っている。知っていても言わないと機嫌を損《そこ》ねるので、言う。口にする方も、される方もお互いアキアキのウンザリだが、しかし続けなければならないというイタい関係。

つまり殿は、称賛の最上級、本物のスッゲーには目がない。常々下臣には、見境なしに国中探し回れと命じている。

そこに登場したのがザビエルだ。

だれも行ったことのない異国からの使者。天から舞い降りたような金髪碧眼《へきがん》の白い人間が、自分に会いに来ること自体自慢だし、前回、叩き出してやったのも鼻高々だ。そして今回、さらに頭をたれてやって来たのだ。で、世にも珍しい貴重品の数々を謝罪品として居間に並べれば、たとえそれが聖書であっても晴れがましいトロフィーとなる。家臣たちがゾロゾロと見物に来る。

「どうだ、まいったか！」

「まさにお宝！」

品物に手を叩き、お館様を讃《たた》える下々。

大内は上から目線で、ザビエルにうなずく。

「良きにはからえ！」

まんまと落ちたのだが、お言葉に甘え、大内のお膝元、廃寺となっていた大道寺で一日に二度、良きにはからうことにした。記録によれば二ヶ月で500人の信者を獲得したというのだから一日平均10人の洗礼。大した成果である。

それにしても八百万《やおよろず》の神から一神教へ、仏教徒からキリスト教徒への変わり身の早さは、感心する。前述したとおり、日本人というのは科学もキリスト教も仏教も神道も、すべてを同居させる非合理的な脳を保持しているので、そのへんはことのほかユルい。

山口の街角で布教講演を熱心に聞く、琵琶《びわ》法師がいた。盲人である。

暗黒の世界に差し込む一条の光。盲人はそこに天国を見た。震えるようにザビエルの手を握り、栄光の洗礼を授かったのが25歳のロレンソ了斎《りょうさい》†（1526〜92）である。肥前国白石（佐賀県白石町）生まれだ。頭脳明晰、その後の活躍は目覚ましい。

けっきょくザビエルは、近畿に再び足を踏み入れることなく豊後（大分）のフランシスコ大友†の地元で1年ほど宣教を続け、日本を脱する（1551年）。その間にメキメキと頭角を現したロレンソ了斎†は、ついに修道士（イルマン）となる（1563年）。日本人初のイエズス正式メンバーだ。

パウロ弥次郎†が日本におけるキリスト教の先駆者なら、盲人ロレンソ了斎†は日本キリシタンの父だ。


ザビエルが去って4年後、一人の有力者がやってくる。

イエズスのポルトガル人、ガスパル・ヴィレラ。兄弟と共にインド・ゴアに移動、そこで司祭となった途中入会組だ。インド副管区長バレトと一緒に豊後府内（大分）に上陸。1558年、ガーゴ神父に代わって平戸布教を担当、たちまち1500名ほどに洗礼をほどこしたトップ・セールスマンである。

その年、危機感をつのらせた仏僧が反撃に転じた。難クセをつけ、平戸の領主、松浦隆信を動かす。そのプレッシャーで松浦はあっさりと追放令を掲げた。

松浦は信者でもないし、シンパでもない。したがって松浦が変節したわけではないのだが、それでも普通はこれだけ貿易で稼がせてもらっているのだから恩があるはずだ。ところが、えらいノンポリ。松浦はドアを開けてイエズスを通し、都合が悪くなると叩き出してピシャリと閉じたのである。勢いづいた仏僧が教会を襲って放火、これで平戸でのポルトガル貿易が終焉した。

ここにフランシスコ大友†の不可解さがある。松浦は自分の家臣だ。配下の者が、キリスト教を弾圧したのである。ふつうなら、謀反だから切腹命令でもおかしくはない。にもかかわらず行動を起こした形跡がない。

松浦のバックがヤバかったのか、それともフランシスコ大友†の弱さなのだろうか？　私は争い事をあまり好まないフランシスコ大友†の性格だと思うがこの人、どうも気が優しい。

が、しかし、禍《わざわ》い転じて福となす。イエズス本部は平戸から「堺」に移転。これがきっかけになり、近畿一帯にキリスト教が広がってゆくのである。

主な流れをざっと確認しておく。

1548年　　　三好長慶✝、天下人となる
49年　8月　ザビエル、パウロ弥次郎†、鹿児島上陸
50年　　　ザビエル、山口で大内と男色激怒面談。京都入り
51年　9月　ザビエル、大分でフランシスコ大友†の庇護の下で布教
　　　11月　ザビエル、離日
52年　　　ザビエル、シナ広東で死去
54年　　　フランシスコ大友†、足利義輝✝に鉄砲、火薬の調合を教え関係を強化
56年　　　ヴィレラ、バレト、大分上陸
58年　　　松浦、平戸からキリシタン追放。イエズス本部「堺」に移転
59年　　　信長✝、京都で義輝✝と面会

ザビエルの後を託されたのが、盟友トーレスである。

まじめなトーレスもせっせと種撒きに余念がなかった。ザビエルがなしえなかった「将軍」、および「内裏」への面会を新任の部下、ヴィレラに命じる。

立ちはだかったのが、仏教勢力。巨大な富、名声を誇る近畿の大武力勢力である。

# 第3章　第六天魔王信長、登場

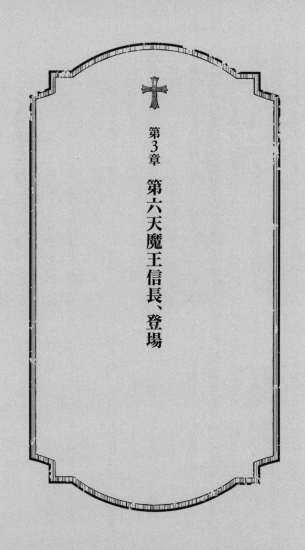

## 寺院という名の軍事基地

1571年、信長✝の比叡山延暦寺焼き討ちは有名だ。

たいていの人は、丸腰の僧侶に対する攻撃はむごいと感じる。だから信長✝は残虐なのだ、と思い込んでいる。

現代の平和な比叡山を見ているから同情してしまうのであって、真実を知れば、信長✝の行動に納得するはずだ。

仏教徒。この三文字からは、本当の姿は伝わってこない。現代とはまったくの別物で、一口に言えば、法衣を着た軍隊である。

大規模な仏僧軍団は5つ。そのうち三つが紀伊《きい》、現代の和歌山県にあった。

当時の寺町というのは静かな佇まいではなく、治外法権を有する桁違いの軍事国家。フロイスは、どんな武力をもってしても滅ぼすことができない存在だと説明している。いやいやだからと言って、比叡山を焼き討ちにしていいのか？　と怒る人がいる。そういう人は歴史の読み方が違う。まず、感情を持ち込まないことが肝心だ。持ち込むと反発心が湧き、クールな分析ができなくなる。学問にとって、これほど危険な接し方はない。

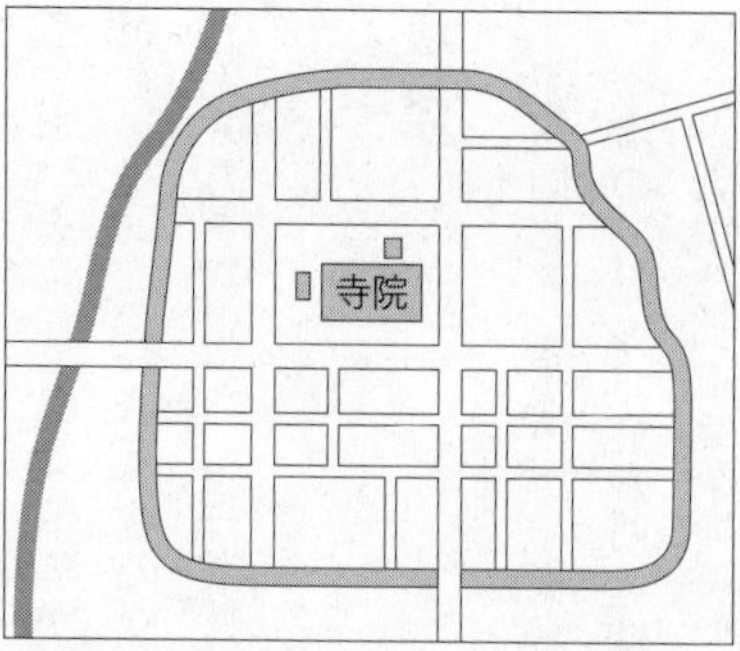

寺院寺を中心として町を抱えこみ、形成された要塞集落

もう一つの注意点は、現代の組織や団体と無関係だということ。比叡山の名前が同じだからといって一直線につなげてはならない。大日本帝国と日本国がまったく別モノなのと同じで、似《に》て非《ひ》なるものだ。また自分の先祖を極悪に書かれたと立腹する人がいるが、歴史という学問はそんなところにない。おそらく腹を立てる人は、先祖の晴れがましくも絢《けん》爛《らん》たる世界だけを身にまとっていたいのだろうが、そんな良いとこ取りのツマミ食いは都合がよすぎる。もし先祖を自慢したいのであれば、必ず負の部分もついてくるということを知るべきであり、一般人が言うところの清濁併せ持つ史実を覚悟すべきだ。それが嫌なら、先祖自慢などしない方がいい。

## 高野山僧兵

場所は現在の高野町（和歌山）。山々に囲まれた標高８００メートルに位置する高台に、3千から4千人の僧侶がいた。商工業、金貸し……高い経済力と軍事力を誇っており、完全なる独立国である。

フロイスいわく、女は穢《けが》れているという理由で女人禁制であり、「それがために周知のように、ここの仏僧たちは忌《い》むべき（男色の）輩《やから》たちであり、その生活は淫猥《いんわい》をきわめたものとなっている」とこき下ろしている。

高野山は空海《くうかい》（弘法大師）の真言宗の本山。比叡山と並ぶ信仰の中心で、信長✝は1577年、そして1581年から82年の二度にわたって攻撃。僧兵、雇われ地侍などの傭兵《ようへい》が激しく抵抗。ただ当時のくわしい資料がなく、戦力規模のほどは不明。信長✝の軍勢3万～8万を撃退、一年ほど持ちこたえている事実から、同程度の戦力を有していたと思われる。

## 根来衆

紀州国北部（和歌山）、根来《ねごろ》寺を中心に居住する僧だ。

空海の分派寺、最盛期には坊舎2千700（450説あり）が立ち並び、寺領72万石という一大宗教都市を築いていた。

根来衆と呼ばれる僧兵1万5千人を数え、日々の戦闘訓練を絶やさず、大量の鉄砲を保持した根来鉄砲隊は近代的な軍団だった。信長✝側に付いて共通の敵、本願寺教団と戦った石山合戦では、ガッツありすぎで、その名を周囲にとどろかせている。

## 雑賀衆

雑賀衆《さいかしゅう》は紀伊国北西部（和歌山市から海南市）の地侍だ。

僧籍を有していないが、一向宗《いっこうしゅう》の信徒。雑賀城《さいかじょう》を持ち、大坂の石山本願寺のボス、ラグジュアリーな顕如《けんにょ》（1543〜92）を主君と仰ぎ、従っている。

リッチな農民たちが多く、フロイスいわく、〈ヨーロッパの富裕な農民と違うのは、雑賀衆は海陸両面での軍事訓練では、ライバルの根来衆となんら変わらず、戦場ではつねに勇敢であり、勇猛にして好戦的な名声を得ていた〉とあるようにアニマル・スピリッツ兵。

## 浄土真宗本願寺教団

顕如率いる本願寺教団の本山だ。場所は現在の大阪城。本願寺と言っても趣《おもむき》はがらりと違って、当時からすでに「大坂城」と呼ばれ、防衛力抜群の要塞城である。

見上げる台地にそびえ立ち、川に囲まれた自然要害に加え、深い堀、高い石塀で寺町ごとすっぽりと囲い、難攻不落、摂州《せっしゅう》（大阪北中部から兵庫南東部）随一の名城と言われていた。

淀《よど》川と大和川の合流地点にあって、内陸と瀬戸内をつなぐ水運のハブ港。また堺、住吉、紀伊、和泉《いずみ》、京都、山陽をつなぐ陸運拠点でもある。

ヴィレラは〈日本の富の大部分は、この坊主の所有だ〉と言い切ったが、仰せのとおり資金は潤沢だった。信長✝はこのリッチな聖域を許さなかった。税金を要求し、戦端を開いたのである。

宗教界の無税特権は現代すら聖域で、政府は恐くて手を出せない。さすがは、あらゆる旧勢力の権威を憎悪する信長✝、立場を鮮明にして敢然《かんぜん》と立ち向かったのである。

信長✝を仏敵と呼び、全国の門徒に檄《げき》を飛ばし、決戦を挑む顕如。戦《いくさ》上手の信長✝を相手に、一歩も引かず10年を持ちこたえたというのは他に類がなく、強固な城と中国は毛利のバックアップのたまものである。後半戦になって、信長✝は10か所に及ぶ包囲城を建てて兵糧《ひょうろう》攻めを行うも、顕如も負けじと3か所に出城を設けて対抗、一年半も耐え続けた。

信長✝に降伏した後、出火、2日間で全焼。この石山本願寺の跡に建てたのが今の大阪城である。

## 比叡山延暦寺

天台宗だ。信長✝との対立が激化。君臨していたボス（座主《ざす》）は内裏正親町《おおぎまち》の弟、覚恕《かくじょ》である。アニキが「内裏」だから、鼻息は荒かった。

有名な信長✝の延暦寺攻撃の35年前。この宗派は、なにをしたのか？

京都の日蓮宗（法華宗）殲滅《せんめつ》軍事行動に打って出ている。全兵力を結集して下山、日蓮宗寺院11本山に対して、延暦寺の末寺となることを命じ、上納金を迫った。

腕ずくでカネを巻き上げるのは、立派な盗賊行為だが、驚くことはない。被害者の日蓮宗だって、京都の他の宗派寺に対して、ゆすり、たかりでカネをせしめており、この時代では見慣れた光景である。

日蓮宗は強気に拒否。なめられた比叡山は、元僧侶で南近江エリアの大名となっていた六角定頼《ろっかくさだより》（1495～1552）に援軍を要請。ざっと9万（6万～15万の説あり）の大軍で京都の街もろとも襲った。

延暦寺による京都襲撃だ。

この戦闘で3千とも1万ともいわれる人々が殺害され、下京は全焼し、上京の3割が焼失。放火による損害は、なんと応仁の乱を上回った。
で、延暦寺の勝利。日蓮宗（法華宗）が京都追放となる。
6年後に六角定頼が仲介に入って和解が成立し、15の寺の再建を許されたが、これらはみな坊主のやったことである。いくら崇高なごたくを並べようが、やっていることはヤクザとほとんど変わりがない。京都の街を我が物顔で歩き回り、女も抱けば酒もくらう、博打《バクチ》も打てば、ミカジメ料もとるといったありさまで、武士のような軍隊的規律がない分、イカレ度は手に負えない。ザビエル京都訪問の3年前の出来事である。

これで、信長✝の比叡山攻撃の背景が見えたのではないだろうか。

ゴロツキを排除する。信長✝の警告で、ボスの覚恕は非常口から武田信玄（山梨）の元に逃亡。ほどなく予告どおり比叡山に押し寄せる信長勢。

ほとんど記録がないので、参戦した僧兵の規模は不明だ。信長勢3万が比叡山をぐるりと囲み、全山焼き討ちという荒技に出、殲滅したことは伝わっている。

本書の「はじめに」で述べた武田信玄の「天台座主沙門信玄」挑発手紙と、信長✝の

「第六天魔王」のやりとりはこの時のものだ。

私は以前、比叡山延暦寺の大僧正と対談本を出版したことがある。その時、延暦寺焼き討ちについて聞いてみた。すると大僧正は、「坊主が武士の真似をすれば当然の結果を招く。信長✝の警告で、多くの僧侶が、前もって宝物を盗み逃げ出しており、しばらくたつと、おびただしい仏像が京都の骨董屋から湧いて出たほど堕落していた」と語ったのが印象に残っている。現在の延暦寺には、寺内の反対を押し切って、「信長✝がいたからこそ今の比叡山がある」と、この大僧正が中心となって建てた、仏敵、信長✝の立派な供養碑がある。

## 日蓮宗（法華宗）

延暦寺との死闘、そして和解。日蓮宗の復帰は早かった。10年で再び古巣、京都で一大勢力に戻り、フロイスに言わせれば、イエズスのもっとも身近な天敵になっていた。刺客を送ったり、難クセをつけて暴行を働くなどモラルの欠片《かけら》もない堕落した悪魔で一番タチが悪い、とボロクソである。

京都での競争相手だったので、なにかにつけ摩擦が多く、直接肌で感じた嫌悪を記したものだが、しかし、これが日蓮宗への一般的なキリシタンの目線である。

『日本史』には１５７９年、安土城下の事件が載っている。浄土宗の坊主が行っていた街頭説法に、日蓮宗の僧が嚙みついた事件だ。この騒動が信長✝の耳に入り、中止を命じた。浄土宗の方は引き下がったが、日蓮宗側は仲裁に耳を貸さず、公開論争を要求したとある。

日を改めての対決。質素な身なりの浄土宗は４名。煌《きら》びやかな装いの日蓮宗側は５名。審判席には京都五山屈指の博学長老を含め、３名がつく。それに仰々しく３人の奉行とお目付け役が一人加わった。

その結果、日蓮宗が敗れた。

で、主《あるじ》の信長✝が、その場に下りてくる。

「一群一国を支配する身分でもすべきではないのに、おまえは俗人の塩売り町人だ。にもかかわらず論争をふっかけ、京都、安土内外に騒動を起こした」

日蓮宗の３人を斬首にしたと書かれている。

## 仏教撲滅に出る第六天魔王

信長✝の仏教嫌いは強烈だ。

原因は若いころから山のように積み上がった苦い体験だ。中でも浄土真宗本願寺教団信徒が起こした反乱、長島一向一揆（１５７０年）はトラウマである。

一揆といっても我々の思い描くものとは違う。一般のイメージは、手拭《てぬぐ》いほっかぶりの百姓たちがクワやスキなどを振り回して、ワーワーと素朴に役所に押し掛ける風景だが、レベルが異次元だ。先にも述べたが、背後にいるのは資金潤沢な仏教界。武器はピカピカに研ぎ澄ました槍と刀、そして鎧。最新式の鉄砲部隊まで整え、そんじょそこらの大名など手に負えないプロ集団である。その数万人が36歳だった信長✝陣営の長島城を襲って、陥落させたのだ。

勢いは止まらず、小木江《こきえ》城に突入、信長✝の弟信与《のぶとも》を追い詰めて自害に追い込む。さらに桑名城を守っていた信長四天王の一人、滝川一益《いちます》を敗走させるといったぐあいで立て続けに三つの城を攻め落とす強烈さだ。これが「長島一向一揆」である。おそらく「一揆」とか「僧兵」にたいするイメージが１８０度変わり、あなたの頭の中でパラダイム・シフトが起こったと思う。

法衣をまとった軍隊をもう少々説明する。

仏僧は、士農工商に属さない特権階級だ。公家と武家の仲介者として、封建政治の顧問的なポジションにおさまり、葬式、信心はどこにでも浸透するので地域的な広がりが大きく、宗教的呪縛と武力でカネを集め、強固な治外法権を確立していた。

どれほどの治外法権かというと外部からうかがい知れない覆面《ふくめん》要塞都市でわかる。警察権、裁判権、徴税権、それに徴兵権。外部を遮断し、街そのものを石積み城壁ですっぽりと囲っているのだ。

鉄砲、刀、槍などの武具工場を備え、酒屋、油屋、材木屋、石屋、菜園……エリア内でなんでもまかなえる自己完結型コミューンである。そのうえ地方の大名にも武器を売るといった、死の商人顔負けの連中もいたし、高利貸しもいた。

よく時代小説には女も抱けば肉も喰らうし、酒も飲めば脅しもする、というユスリ、タカリ集団として描かれていたりもするが、おおむね正しい。

信長✞がフロイスに、「キリシタンは肉を食するか?」と聞き、フロイスが、「大いに食べる」と答えると、満足気に頷いた話が書かれている。口では菜食主義だと言いながら、肉を食う仏僧を「嘘つき」だとさげすみ、徹底的に嫌った信長✝の一場面である。

信長✝にとって寺社勢力がやっかいなのは、資金力である。

商行為を必要とせず、あらゆる階層からカネをかき集める恐るべき仕組みを持っている。「檀家《だんか》」という自動集金システムはその典型だが、悪質な宗教団体の常とう手段、穢《けが》れ、疫病、災い、祟《たた》りで脅しておいて、祈禱《きとう》、お祓い、お守りという「霊感商法」「宗教財」をマッチポンプで売りつける。これは信じる、信じないのグラデーションはあるものの、おおかたの人間は、論理的ではない。つまりたとえカルト的なことであっても、メンタル的圧がかかり、「払っておいた方が無難」と気休めでカネを出す。

そのうえ免税だからカネがうなるほどあった。

そしてもう一つ、大名が手を出しにくいバリアがあった。朝廷とつながっていたことだ。

比叡山の座主《ざす》は内裏正親町の弟だし、本能寺の日承《にちじょう》は伏見宮邦高《くにたか》親王の子供。そして石山本願寺の顕如の場合は、困窮する関白九条稙道《たねみち》（1507〜94）から「猶子《ゆうし》」（養子）という「威光財」を買っている。

カルト的な寺院のイメージは、今でも多くのそうしたカルトに囲まれている日本人にとって、なかなかつかみづらいと思う。

暗黒時代、敵を警戒して、ヤバそうなつながり、事実は残さなかったし、残す場合でも、当事者しか理解できない書き方をしており、後世、真実を探るうえで障害になっている。

また事実を詳しく綴るという技法が、まだ発達していなかったせいもあり、歴史探求は骨の折れる作業なのだが、それはまたそれでおもしろいとも言える。

ヨーロッパでは13世紀ルネッサンスが花開き、活版印刷技術が発達。これは人類史上もっとも革命的な事件なのだが、本の普及により、多くの人々が事象を認知、大衆の意識が磨かれ、国のあり方を大きく変えてゆく。同時にダンテの『神曲』、ボッカッチョの『デカメロン』、マキャヴェッリの『君主論』、モアの『ユートピア』などおびただしい著作物が印刷物で拡散、文章力そのものと、記録法、表現法などが格段に向上した。

そうした環境でフロイスも腕を上げ、12巻にも及ぶ『日本史』という、安土桃山を活写した奇跡的な記録本が残せたのである。

宣教師と信長✝との面会は、50回以上だといわれている。

分かっているだけでポルトガル人5名、イタリア人4名、スペイン人2名。会見場所は岐阜4回、安土12回、京都15回。ものの本によればフロイスは計18回会っている。

外国資料はフロイスの『日本史』だけではない。スペイン人の商人アビラ・ヒロンが書いた『日本王国記』。イタリア人のイエズス巡察師ヴァリニャーノ（1539〜1606）の『日本巡察記』は、当時のイエズスが日本人にどう接し、どう統治すべきか、日本人の取扱説明書的ガイドブックとなっている。

これら海外の文献は、各武将の動き、仏教各宗派、人々の暮らし、街の様子……安土桃山時代の少し手前から江戸初期のおよそ40年間の風景を網羅し、歴史研究では欠かせないものだ。

なぜ信長✝はイエズスに傾倒したのか？　いやいやその前に、ザビエルが選んだ最初の大名、フランシスコ大友†を知ればこの時代の謎は解ける。

ザビエル渡来の様子を描いた「南蛮屏風」

## 大友・ドン・フランシスコ・宗麟†

本拠地は豊後（大分）。洗礼は1578年夏。領地に十字架を建てたのは、洗礼の25年近く前である。つまり、ザビエル日本上陸、3年後の1553年には、確信的キリシタンになっていた。

支配地は博多湾。

紀元前の古《いにしえ》より、大陸に開かれた我が国の玄関口だ。1500年を過ぎて、力の泉、ポルトガル貿易の拠点となる。

新式銃はもとより、より重要だったのは硝石。火薬の材料である。これがないといくら飛び道具を持っていても役に立たない。ところが、肝心の天然硝石が日本にはなかった。どこにあるかというとシナ大陸である。

輸送ルートには朝鮮半島が考えられた。しかし半島は支配関係が乱れていて、治安は最悪、そこら中、追いハギと盗賊だらけで危険度は高い。で、琉球（沖縄）を手なずけ、南廻りルートを確保したのが島津（鹿児島）である。

貿易は富と改革をもたらす。琉球貿易がなければ薩摩藩が、あれほど力を持つことはなかったし、幕末に英国とつながらなかったら、薩長は徳川を倒せなかった。ようするに、島国というのは貿易で西洋の「近代兵器」と「富」と「革命のノウハウ、統治システム」を手に入れ、外国とつながった者がノシ上がれるのである。

中世、入り込んできたのがポルトガルだ。マカオ・ルートの通称南蛮貿易。フランシスコ大友†は博多湾を押さえ、莫大な利益と軍事力を蓄えてゆく。

ポルトガル貿易には、もれなくキリスト教が付いてくる。

デウスの創造物である人間は、救われる価値と特権を持ち、霊魂と人格は平等に尊い。キリスト教のヒューマニズムはイエズスの真髄をなしているが、この平等思想こそ、日本にこれまでまったく見られない斬新な考えだった。近代的要因である人としての権利認識と世界的視野の拡大がもたらされ、意識が変わりはじめる。ポルトガル商人による啓発セミナーで、はじめて世界に目を向け、世界が見えはじめたのである。

そこにザビエルの上陸だ。スペインはナバラ大国のザビエル城で生まれた貴族、パリ大

学で学んだだけあって、品もあれば頭もよかった。（発音はザビエルではなく、シャビエルに近い）

ローマ大学よりも早く、山口になんとコレジオ（大学）創立を計画。資金難のために実現できなかったが、ここに低文化圏に対する植民地的布教とは異なる、日本への評価が見られる。

フランシスコ大友†の目下の敵は、ザビエルが最初に上陸した鹿児島の大名、島津だった。

さすがは「教皇の精鋭部隊」の創立メンバー。多くの家臣たちと面会しているので、一年間の布教で得た情報は正確である。ザビエルはフランシスコ大友†に肩入れし、攻略法を教える。

キリスト教の愛と赦しが、敵領民の心を開き、憎悪の心を和らげる。そのうえ島津がイエズスに胸襟《きょうきん》を開けば、和解のチャンスも生まれる。仮に先鋭化しても、鹿児島の信者から情報が入るはずで、敵を知れば100戦70勝くらいはできる。そのうえ政治力のあるイエズスがポルトガル商人に圧力をかければ敵への経済封鎖も可能だ。前途有望である。頭の良い大名ならば、だれだってイエズスとの共闘を考える。

おそらく、ザビエルが九州キリシタン王国という構想を持ち、セミナーを開いてフランシスコ大友†を引っ張ったのではないかと推測している。

ザビエルとの交わりは秘中の秘。おおっぴらになれば、領内の他宗教を刺激する。それに島津もザビエルに警戒し、出入り禁止にするはずである。したがって互いに無関係を装っておけば鹿児島布教が再び許されたとき、自ら偵察のチャンスが生まれる。

ところがザビエルは唐突といった雰囲気で日本を離れた。

なぜか？　個人的にはシナ入りは、硝石の輸入がからんでいると睨んでいる。というのもザビエルの行動だ。京都、堺、山口を回り、フランシスコ大友†と豊後で会った直後、あわただしく出航、マラッカに向かっているのだ。マラッカではガーゴ神父と密着、入れ変わるようにガーゴはその足で来日している。1552年9月7日のことだ。で、ガーゴが直行した先の人物がフランシスコ大友†である。早速、ドでかい十字架を領地に建て、イエズスがフランシスコ大友†のバックについたことを周囲に示したのである。

一方のザビエルはマラッカからシナに入ろうとし、入口の島で倒れ、46歳でこの世を去るのだが、豊後を中心としたイエズスの激流のような動きから、ザビエルはフランシスコ大友†支援と、イエズスの資金作りのため、いくらあっても足りない硝石開拓でシナ入りを計画した、というのが私の推理だ。

ここで思い出されるのが、ザビエルと弥次郎†の日本行き直前のマラッカでの出来事だ。

例の、とある日本の諸侯の使者が来ていたという記録である。

〈ポルトガルのインド総督に、自分の殿がキリスト教に入信希望なので、祭司を送ってくれるように願い出ていた〉『日本史』

この大名は、フランシスコ大友†以外には考えにくいと思うが、どうだろう。

## 日本初の総合病院

キリスト教の導火線、ザビエルの日本滞在は2年と少し、決して長くはない。しかしその火は1552年、離日と入れ替わりに入った、ポルトガル商人ルイス・デ・アルメイダ（1525?〜83）に点火する。

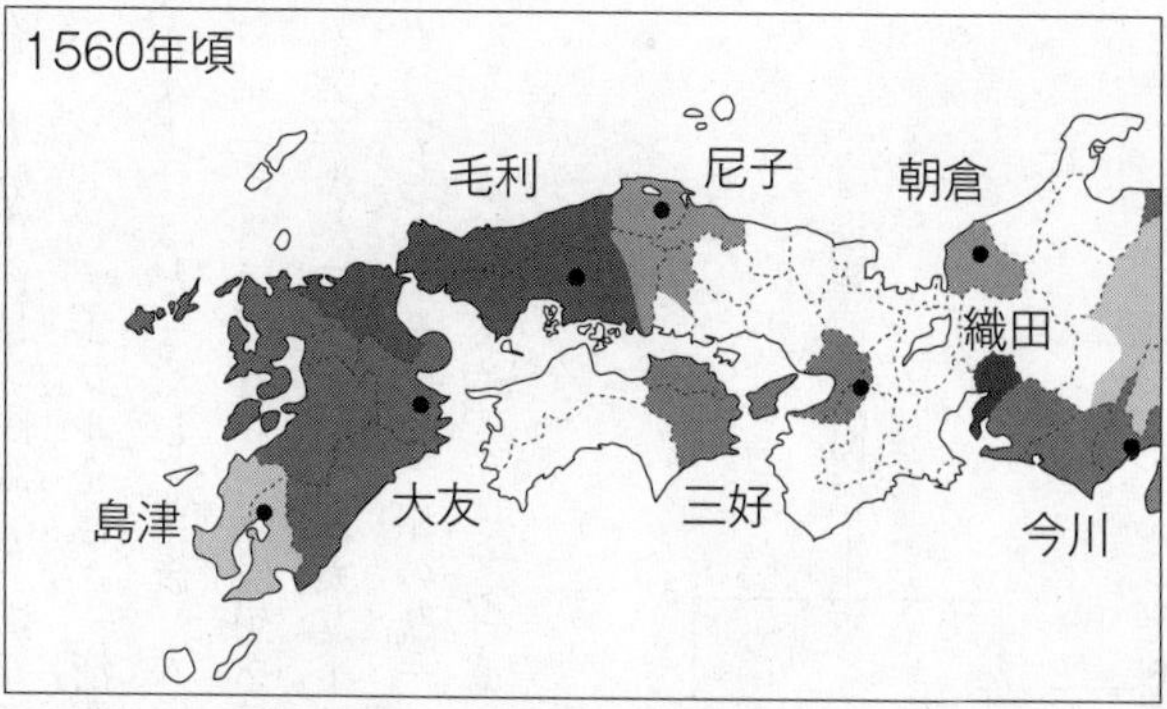


フランシスコ大友†の勢力は九州を席巻し、九州キリシタン王国目前に迫る

きっかけは山口の大内。アルメイダは男色激怒後からすっかり変心した大内と武器弾薬の商談を済ませたあと、布教活動中のヴィレラと合流、その足でフランシスコ大友†を訪問している。

目に映ったのは荒《すさ》んだ街だった。社会が見捨てた下々に胸を痛める。手を貸したい。もともと医師だったアルメイダは、日本で広く行われていた「間引《まび》き」という赤子殺しにショックを受け、私財を投じて幼児病院を開設。二頭の牛を飼って、子供たちにミルクをふるまいはじめた。

貿易と病院の二足の草鞋《わらじ》。共感したフランシスコ大友†から、広い土地を譲り受け、そこに本格的な外科、内科、ハンセン病科……総合病院を建設したのである。

日本初の西洋医学病院だ。それを記念して、現在、大分市には「医師会立アルメイダ病院」がある。

ベッド、テーブルを置き、清潔な食事をふるまう……イエズスに熱狂するフランシスコ大友†。ほどなくして豊後（大分）にザビエルの夢、キリシタン王国が出現した。

　イエズスは、具体的な構想を練っていた。

第一歩がフランシスコ大友†による豊後キリシタン王国の実現。ことのほかあっさりとクリアした。続いて九州の統一。宿敵はなんといっても島津だが、強敵だ。どうやらイエズスなしの琉球貿易で火薬をばっちり蓄え、大隅《おおすみ》、日向《ひゅうが》、薩摩《さつま》など九州東南部を広範囲に

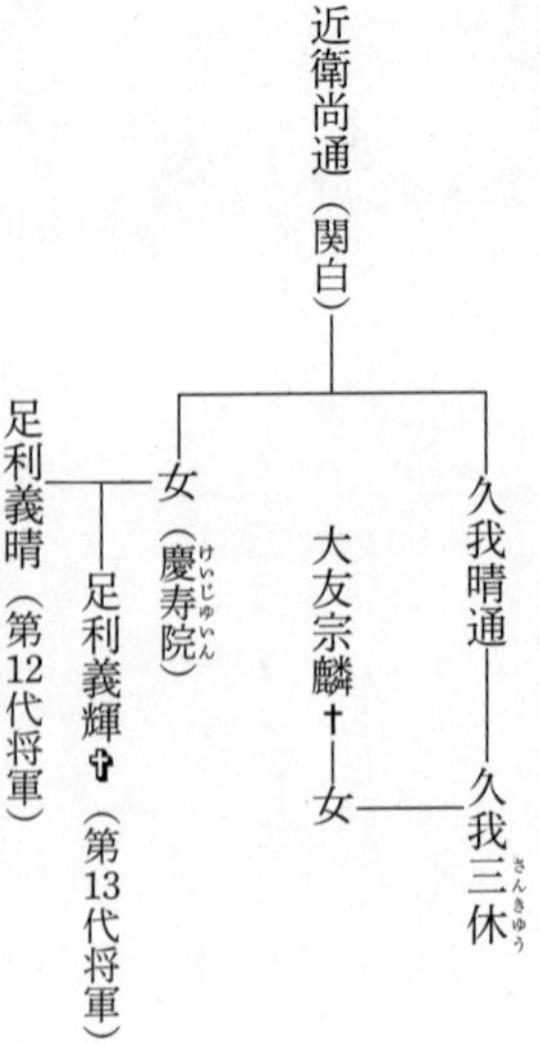

支配する大勢力である。

ザビエルを誘って捨てた島津。「教皇の精鋭部隊」としても異論はない。シナリオが固まった。

資料を読めば分かるが、この時、フランシスコ大友†は突如レベルアップをみせ、日本の中枢、近畿に手を伸ばしている。天下人、三好長慶✞への接近だ。むろん背後で糸を引いているのはイエズスの軍事顧問で、そうでなければ一地方の大名が、思いっきり海を渡っての大胆な中央工作にまでいたることはない。

将を射んと欲すれば、馬を射よ。まずは三好長慶✞の軍門に下っていた第13代将軍足利義輝✞接近にトライ。幸いなことにフランシスコ大友†と義輝✞とは娘婿筋でつながって

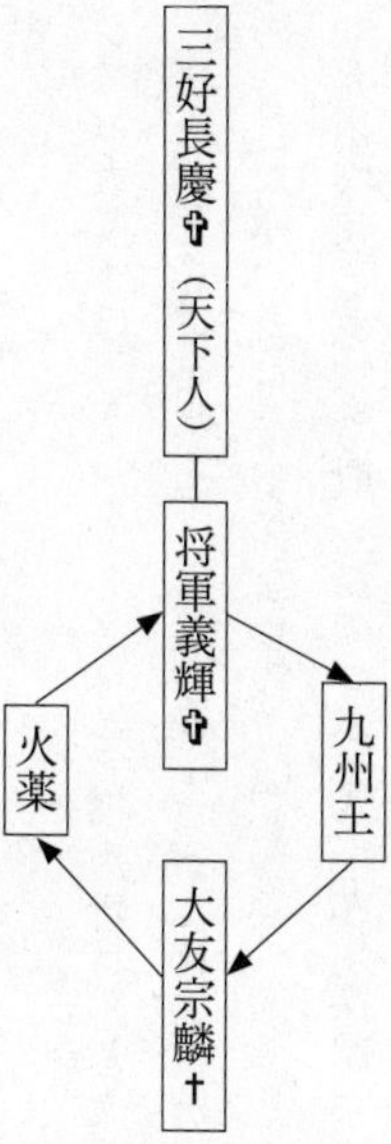

いる親戚だ。

フランシスコ大友✝は、ポルトガル貿易で得た新兵器と火薬の調合マニュアルを義輝✞に献上し、密な関係を構築した。宣教師ガーゴが豊後にドデカい十字架を建てた翌年、1554年のことだが、さらに多額な金銭をぶち込む。で、1559年、義輝✞から、「威光財」の「九州探題」を勝ち取ったのである。「九州探題」は九州全域を統括する王の官位だ。

ようするに九州王である。実態はどうであれ、将軍の名において島津に税を納めろ！と命じられる立場になったということだ。島津にしてみれば、朝起きたら自分の頭上にフランシスコ大友✝が乗っかっていたようなもので、大事件である。

フロイスは、このころの豊後を、クリスマス（誕生祭）も盛大なら、イースター（復活祭）も華やかに行われる西洋の一都市のようだと描いている。

フランシスコ大友✝ばかりではない。

肥前（佐賀、長崎）の大名有馬晴純の次男、大村・ドン・バルトロメウ・純忠《すみただ》✝（1533〜87）も信仰は厚く、なんと支配地、横瀬浦（長崎県西海市）をそっくりイエズスに贈与した。つまり長崎がイエスズ港になったのだ。どのようなスタイルで運営されたのか詳しくは分かっていないが、江戸時代の「出島」とは違って、輸出入関税はイエズスに納められたと考えるのが妥当だ。

バルトロメウ大村†本人は１５６３年、洗礼を受けており、記録上、日本初のイエズス大名である。佐賀、長崎の領内には、最盛期６万人の信者がいたというから、これがほんとうなら住人の７、８割に相当する。

研究家の中には、バルトロメウ大村†の目当ては南蛮貿易の利益で、信仰は薄かったという見方の人がいるが、その解釈は外れている。

貿易収入が魅力的だからといって、領民のほぼ全員を信者にする必要はないし、なにより本人の生活態度がキリシタンとしてふさわしいものに変化しているのだ。側室を清算し、妻以外との交わりを断ったうえに、祖先の仏教墓を廃棄。で、仏僧勢力の武力蜂起を抑えるべく寺社の閉鎖、破壊をやっている。どうみても筋金入りのキリシタンだ。

バルトロメウ大村†の兄、大名有馬・ドン・アンドレス・義貞《よしさだ》†（１５２１〜７７）も、１５５２年ごろからキリシタンのシンパ（同調者）として振る舞っており、入信は１５７６年だ。

ザビエルが日本に上陸してからわずか10年、九州北西部は、人口の半分近くがキリシタンとなっていた。どういうワザを使ったのか？　これからそのタネを少しずつ明かすが、選挙のない時代、人々は入信によってキリスト教の支持を表明した。

## 正式な京都布教許可

時代を少し巻き戻す。

1559年、九州王、フランシスコ大友†の根回しで、ヴィレラが将軍義輝✝と面会。場所は京都。珍しいポルトガルの砂時計をもらった義輝✝は、上機嫌で酒をふるまい、三か条からなる正式な布教許可書を発行した。

1　宣教師の住居は、緊急時であっても武士の宿舎として調達しない
2　税金、町内の見張り番などは免除する
3　何人《なんぴと》もキリシタンを非難虐待してはならない

不可侵と免税の特権。これらは仏僧と同じ扱いだが、他にも破格の待遇があった。将軍の義父、内膳頭の進士《しんじ》美作守《みまさかのかみ》晴舎《はるいえ》がヴィレラの個人的な保護者となったことだ。これ一

つとっても形式だけではなく、義輝✝がいかに傾倒していたかが分かるはずだ。

『日本史』には、将軍お墨付きの立札を街角に設置し、その横で手に十字架を持ったヴィレラが誇らしげに布教する様子が描かれている。白人は目立つ。さらに赤いツバ広のビロード帽子に黒マント。宣伝効果満点だ。娯楽のないたいくつな時代だから、通りは一目見ようと、人だかりでいっぱいになる。手を叩き、ハヤシまくる街の人々。噂が噂を呼び、キリスト教が京の話題をさらった。

むろん義輝✝にも思惑がある。「威光」という同じ土俵で、角を突き合わせている朝廷に対する牽制《けんせい》だ。あちらのバックには寺社勢力がいる。寺社勢力が担いでいるのは、何百年も将軍と対立している朝廷なのだ。共に盛りが過ぎているのだが、永遠のライバルであることには変わりはない。将軍は対抗上、イエズスにチップを置いたのだ。

将軍（イエズス）
VS
内裏（寺社勢力）

日本のヴェニス、自由都市・堺の港

## 堺政府三好長慶✞

将軍の台頭《たいとう》、地方大名の急成長、イエズス上陸、九州北西部キリシタン王国の建設と歴史の流れを述べてきたがそろそろ近畿の天下人、三好長慶✞について話せばなるまい。何者か？

三好の出身は四国の阿波《あわ》（徳島）。特産物の木材、藍でパワーアップ、上筋の細川一族を押し退け、1539年、長慶✞の代で本拠地を大坂に移す。居を摂津（兵庫県西宮市）、越水城に構えた。京を睨《にら》み、国際都市、堺に寄りかかるためだ。まだ17歳だったが、亡き父、元長《もとなが》が次期将軍を約束されていた足利義維《よしつな》を囲って堺に数年住んでいた関係上、ポルトガル貿易の威力を知っていたのである。

越水城を居城にしたとたんにテンションが上がって堺を支配したのではなく、逆。もともと堺とのつながりがあったので、手の届く越水城に入ったと考えると理解しやすい。
ようするに島津しかり、フランシスコ大友✝しかり、三好長慶✝しかり、３人は南蛮貿易で軍備と戦費を貯えながらノシてきたのであって、そのための「鹿児島港」であり、「長崎港」であり、「堺港」なのだ。勝負は、貿易港を押さえられるかどうかだ。

長慶✝は、堺を自由都市のままにした。

自由都市といっても一定程度の税を取っているし、利のいい業種は、数人の豪商に仕切らせて上前《うわまえ》をはねており、ヴェニスのような完璧な免税、商売やり放題とまではいかないが、それでもかなりユルかった。

堺を牛耳《ぎゅうじ》れば、軍事物質独占も夢ではないのだが、だからといって独り占めはマズい。
統制をギシギシにすると、全国の大名御用達、武器商人をシャットアウトすることになる。それでは潤わないので、税も減る。そのうえ、密貿易に走るから情報が閉ざされるのだ。

表玄関で堂々とやらせる。すると鉄砲、大砲、火薬の購入先が判明。各大名の戦力と思惑がきっちりと見えてくるのだ。堺に引き込んでこそ、全国の動きが手に取るように分かるというもの、それゆえの自由都市である。

平和より戦争を好む時代だ。

手強い相手にはこと欠かず、戦《いくさ》に次ぐ戦の下剋上。堺を入手してから戦うこと13年、メキメキと力をつけた長慶✝は１５５３年には仏教勢力と奇妙なバランスを保ちながら事実上、京都を支配。同時に京都に近い芥川山城（大阪府高槻市）に移動した。越水城には、獅子《しし》身中《しんちゅう》の虫、口のうまい家臣の松永久秀（１５１０〜７７）を入れて、周囲の城の監視下に置いた。

将軍足利義輝✝を京都に引き戻し、完全に囲い込んだのは１５５８年のことである。

「堺政権」

軍閥入り乱れるモザイク国家日本。将軍、内裏、寺社勢力……どの勢力に入るか？　どの武将を味方に付けるか？　この判断は大名にとっても、商売人にとっても死活問題だ。負け犬に命は預けられない。間違ったチョイスは身の破滅だ。

長慶✝の選択は迷わずイエズス。

父元長が10万の一向一揆軍（浄土真宗本願寺派）に追いつめられて自害した苦い経験から信長✝同様、仏教界には不信と恨みしかない。四国からの新参者という点も見逃せない。すなわち近畿の仏教勢力は、主だった大名とすでにつるんでおり、古株から見れば長慶✞は余所者《よそ》だ。そのうえ各宗派の争いは激しく、うっかり手を出せば複雑で厄介な世界に巻き込まれる。それより放置して、共食いさせればよい。

また、キリシタン・シンパ、将軍義輝✞からの働きかけもあった。

1539年　三好長慶✞、堺に隣接する越水城に入る。堺支配の攻防戦開始
50年　細川政権が崩壊、三好政権誕生
51年　ザビエル京都入り
53年　長慶✞、居城を芥川山城に移し、京都支配
54年　フランシスコ大友†、将軍足利義輝✞に鉄砲、火薬調合書を譲渡
57年　義輝✞、フランシスコ大友†を南九州各地の守護職に任命
58年　長慶✞、義輝✞を囲い、公に近畿の天下人となる
　　　松浦、平戸からキリシタン追放
59年　義輝✞、フランシスコ大友†を「九州王」（探題）に任命。ヴィレラ、ロレンソ了斎†、堺に移動、京都入り、布教開始

信長✝、京都で義輝✝と面会

６０年　ヴィレラ、義輝✝と面会、布教許可を得る
ヴィレラ、長慶✝と面会、布教許可を得る。ヴィレラ京都定住
京都初の教会（礼拝堂）建設

６１年　ヴィレラ堺移住、ヴィレラ、義輝✝と二度目の面会

６２年　京都でクリスマスを祝う。バルトロメウ大村†、横瀬浦（長崎）をイエズスへ寄進

６３年　ヴィレラ堺に入る。バルトロメウ大村†入信、ダリオ高山†、息子、ジュスト高山†、アンリケ結城《ゆうき》†、公家、清原枝賢《えだかた》†入信、フロイス長崎に上陸

６４年　長慶✝死亡、ディオゴ日比屋†入信
比叡山が朝廷に宣教師追放を働きかけ、あいまいなキリシタン禁止令を出す

堺のイエズスのホームタウン化はご覧のとおりだ。それもこれもイエズスによる義輝✝

と長慶✝への根回しの賜物である。

## イエズスの信長✝接触

尾張をほぼ支配した信長✝が、いきなり京都に入った（１５５９年）。奇《く》しくもヴィレラ、ロレンソ了斎†が京都で、布教を始めた年である。

護衛兵、約１００名。その少ない数から、三好長慶✝の許可を取っている。しかしこの時、二人の接触記録はない。史料から分かるのは、三好長慶✝が囲っている義輝✝と信長✝の面談だけである。

会談の日数、内容……詳細は不明なのだが、大きな疑問はなぜ、強敵、美濃の斎藤龍興の支配領地突破という大リスクを冒してまでわざわざ京都入りを強行したのか、という点だ。

私の目線では、義輝✝が差し出したポルトガルの武器ではないだろうか？　上昇志向の強い25歳の若き信長✝が、ポルトガルの大砲、鉄砲、火薬を渡す、共闘しないか？　と誘われれば、テンション爆上がりだ。義輝✝の横にオープニング・セレモニーとしてヴィレラ、ロレンソ了斎†、イエズスのメンバーがいなかったなどとだれが言えよう。

遠い国で鉄砲と大砲を製造、日本に運んでくる噂のイエズス。会ったとたんに、丸い地球儀、羅針盤、時計、望遠鏡……ミケランジェロ、レオナルド・ダ・ヴィンチ、ラファエロ……バロック音楽を生んだ数万キロ離れた文明国の話に、心が釘付けになる。

全国大名リストを持っているイエズス。軍事力は、大砲と鉄砲の数に比例するから、軍事力はおおむね把握していた。その中から敵、仏教勢力と必死にぶつかっているポテンシャルの高い大名、古い習慣、仕来《しき》たりを破壊できる男を捜す。

尾張に、若きタイガーがいる。うつけ者だという評判だが強さと忍耐力は光っていた。ターゲットを絞った。

イエズスは信長✞と面会し、メキメキと九州で力をつけ、短期間にキリシタン王国を創ったフランシスコ大友✝を語った。なぜ飛躍できたのか？　キリスト教がもたらす愛と赦しの力でモラルを向上させ、領内を安定させる。民を悲劇から救うイエズスの成功セミナーで徴税能力をアップし、ヨーロッパ式の戦闘法を授け、鉄砲、硝石で軍事力を高めたおかげだと説く。時代遅れのゾンビ、既得権集団を蹴散らし、そこから富を移せばよい。

勢力拡大には莫大なカネがかかるが、イエズスは無料だ。みかえりはただ一つ、布教許可だけである。それだけで政治アドバイザー、軍事アドバイザー、経済アドバイザー、ポルトガル貿易の優先権、情報網の提供……利ははかり知れない。両者の利害は一致した。

おまけにヨーロッパ式人生設計講座まで設け、勝利の香りをたっぷりと嗅がせる。

イエズスとの共闘こそ天下取りの秘訣である！「天下布武」＝天下を「信仰」と「武力」で取る。


イエズス→フランシスコ大友†→足利義輝✞→織田信長✞

では、信長✞と将軍義輝✞の面談を具体的にセットしたのはだれか？

重要人物は二人。

まずは細川藤孝✞。１５４６年、12歳にして将軍足利義輝✞の元服名、義藤《よしふじ》から偏諱《へんき》を受け、藤孝✞を名乗った義輝✞の側近である。元総理、細川護熙《もりひろ》の先祖だ。

出自はあいまいだ。義輝✞の父、つまり12代将軍義晴（１５１１～５０）の隠し子ではないか、という噂がある。事実だと思う。そうでなければ、どこの馬の骨か分からないガキンチョに将軍直々、偏諱など与えないし、幼いころから養子に引き取る特別扱いはしないはずだ。義輝✞の深い寵愛から、私は間違いなく実子だと見ている。

では、藤孝✞の母親を見てみよう。清原宣賢の娘、智慶院である。ならば藤孝✞はキリ

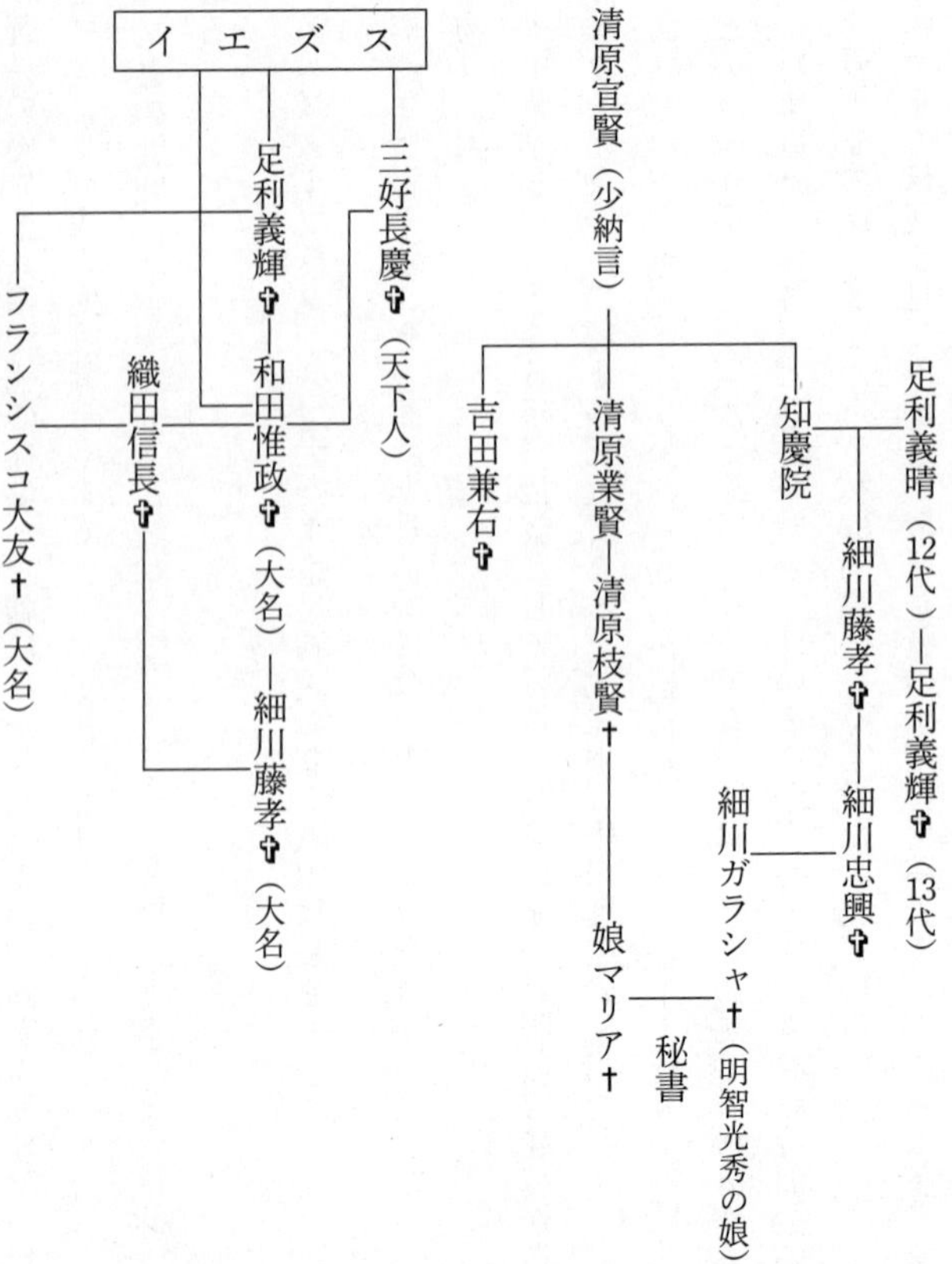
足利義晴（12代）
足利義輝✝（13代）
知慶院
細川藤孝✝
細川忠興✝
細川ガラシャ†（明智光秀の娘）
清原宣賢（少納言）
清原業賢
清原枝賢†
娘マリア†
秘書
吉田兼右✝
イエズス
三好長慶✝（天下人）
足利義輝✝
和田惟政✝（大名）
細川藤孝✝（大名）
織田信長✝
フランシスコ大友†（大名）

シタンの公家、清原枝賢《えだかた》†（1520〜90）の従兄弟ということになる。

枝賢†はすごい。歴史上重要な役回りを演じているので、後ほどたっぷり述べる。

細川藤孝✝はキリシタンではない。しかし行動を追ってゆくと、信長✝の死ぬ5年ほど前の1577年くらいまではシンパ的行動をとっている。

そしてもう一人、信長✝には欠かせない男がいる。

フロイスが絶賛してやまない和田惟政《これまさ》✝（1530〜71）だ。義輝✝が1553年に奉公衆《ほうこうしゅう》、つまり親衛隊に取り立てているのだが、信長✝が目を付け、おそらくイエズスとのパイプ役としてあてがった担当大名である。

和田✝の親衛隊抜擢は、ちょうど長慶✝の京都支配が濃厚になってきたあたりだ。野心がなく、思慮深く、ムダ口を叩かないタイプなので誰からも信頼され、義輝✝、長慶✝、信長✝、さらにはイエズスの4者をつなぐ重要人物となる。

イエズスの方針は明確だ。力を持つ有望な大名と組み、支援し、共闘する。九州ではフランシスコ大友†であり、近畿では長慶✝、そして中部は若き、尾張の信長✝であった。

## 三好長慶✝の衰弱

長慶✝の弟の十河一存《そごうかずまさ》（1532〜61）が急死。もう一人の弟、三好実休《じっきゅう》（1527〜62）が戦死する。世に出た者は、いずれ消え去る運命だが、近畿の支配者、長慶✝の衰弱も早かった。燃え尽きたようなウツ状態。安定を失った政権はたちまち死に体となる。野心を募らせる側近たち。大和一帯をまかされていた口の達者な松永久秀がかなりヤバい。十河一存の急死のさいに同室していたという噂があり、推定有罪男である。

筋金入りの法華宗の信徒だ。博識と辣腕《らつわん》を兼ね備えていたバリバリのアンチ・キリシタンで、長慶✝がウツ病で床に臥《ふ》したとたんに思い上がって、義輝✝と怒鳴り合いまで演じる始末、どこか破綻している。

メキメキ勢いを増し、近畿は松永久秀帝国になりつつあった。さっそく陰から表舞台に出てきたのが仏教界だ。

「イエズス、追放！」

仏教界の声援を背に、アドバルーンを上げる松永。イエズス守護神長慶✝が弱っているいじょう、このアナウンスにリスクはない。利点の方がどっさりあった。仏教界から山のようなカネが入ったのだ。長慶✞に邪険にされていたゾンビ朝廷の機嫌もよくなった。そして次が一番肝心である。バテレン追放のゆさぶりで、大名の立ち位置が鮮明になったのだ。どの武将が隠れミノを脱ぎ、キリシタン庇護に回るのか？　巻き込まれたくない穏健派は？　それを見据えることで、畿内勢力図がくっきりと色分けでき、次の手が打てるというものである。

自分が仕切る新しき京都。松永帝国誕生は目前だ。

「バテレン追放！」

ためしに部下のアンリケ結城《ゆうき》†を動かしてみる。アンリケ結城†は、まだキリシタンではない。しかし、キリシタン擁護の義輝✞直属の親衛隊長も兼ねているからして、イエズスと通じているかもしれなかった。外からは重ね合わせ、踏み絵が必要だ。この命令に不義を働くのか、忠誠を貫くのか、見ものである。動きによっては始末をつけなければならない。松永は目を凝らした。

当のアンリケ結城†は腕を組んだ。キリシタン追放令は、衰えているとはいえ、義輝✞、さらに病床に臥している君主長慶✞への謀反だ。かといって、松永には勢いがある。神儒仏勢力をバックに長慶✞家臣団の多くにプレッシャーをかけ、もはや畿内（大和、山城、摂津、河内、和泉）は松永の手にあって、逆らうことは難しい。

板挟みになったアンリケ結城†は安全策、中立の姿勢を取った。で、一計を案じ、イエズスとの公開討論会を松永に提案したのである。

「なに、公開討論？」

松永は一瞬迷ったが、すぐにニヤリと笑った。なぜなら神儒仏の大家、清原枝賢†をかかえていたからだ。

枝賢†は大物だ。大外記《げき》というポジションから明経博士、少納言、宮内卿……朝廷儒教学者として順調にキャリアを積み重ね、ついには内裏の師となった有名な公家である。松永久秀の居城で『大学』『中庸《ちゆうよう》』などを講釈する知らない者はいない大スター。この理論家をぶつけ、大衆の面前で赤っ恥をかかせ、味噌汁で顔を洗って出なおしてきやがれ、とイエズスを追い出す。これならだれにも文句は言えまい。

## キリスト教 VS 神儒仏

場所は奈良のアンリケ結城†邸。

1563年8月10日、畿内のセレブ達が見守る中、ゴングが鳴った。リングに上がったのはイエズスは盲目の論客、ロレンソ了斎†。それに堺の豪商ディオゴ日比屋†。迎え撃つのは公家、清原枝賢†である。審査員はアンリケ結城†と、これまた洗礼前のダリオ高山†の２名だ。

長い論争の果《は》て、タオルを投げたのは朝廷の頭脳、清原枝賢†の方だった。その場でアンリケ結城†、ダリオ高山†、なんと清原枝賢†までもがこっそり入信。枝賢†は立場上、入信を隠したのだ。

これが『日本史』に書かれているストーリーだ。だが二、三度読み返すとなにやら話が整い過ぎている。終わってみれば主要登場人物がみなキリシタンになっているのだ。臭い。そんなにすぐ馴染《なじ》めるだろうか？　なにかが匂っている。つまり、最初からイエズスがこのバトルを企画し、ハメたとしたらどうだろう？

掘り下げて説明する。発火点は法華経の信者、松永久秀だ。

武断的専制支配者と、その思想的支柱をなしている神儒仏勢力にとって、イエズスの説《と》く、神の前の平等、合理的な思考、さらにはヨーロッパですでに定着していた、良心を失った君主に対し、民衆は抵抗する権利を有する、という抵抗権思想など視野の拡大は危険極まりない思想である。古くから多くの特権を有してきた仏僧が、不満顔で訴える。

「イエズスは、日本で敬《うやま》われている伝統ある仏教に有害だ。下々だけではなく、僧侶にまで手を伸ばし、改宗をそそのかしておる。日本人の崇高な心を南蛮人が汚《けが》せばどうなるか、追放をためらってはなりませんぞ」

最初はイエズスを甘く見ていた内裏も、足並みをそろえた。

アバウトな松永はアンリケ結城†に相談。私の推理では、以前からアンリケ結城†は、松永のイエズス担当窓口になっていたのだと思う。

「責任を持って追い出せ！」

協議するアンリケ結城†と清原枝賢†。実は二人は5年前の1559年ごろから一緒に動き回っており、両者はキリシタン・シンパになっていた。つまりイエズスのアンダー・カバーだ。

密かにイエズスと連絡を取る。で、逆手に取って宗教論争に持ち込めというミッションが下り、二人はそれぞれ自分の役回りを演じたという筋書きである。

アンリケ結城†がボスの松永に水を向ける。

「理由なく追い出せば、イエズス大名をいたずらに刺激し、連中の結束をまねくだけでございます」

「…………」

「公開討論はいかがでしょう。はっきりとした決着は、仏教の正しさが広がって追い風になります。恐れることはありません。こちらにはキリスト教を粉々に吹き飛ばす秘密兵器、清原枝賢先生がいるではありませんか。インフルエンサー的著名人を集め、目の前でバテレンをきびしく責めたて、ぎゃふんと言わせる。これほど天下に、正しき道を示す策はございますまい。そうすれば、民には帰巣《きそう》本能があり、必ずや日本の神仏に戻ってくるでありましょう。カムバックサーモンのように」

正面からの討論で、かのイエズスを成敗したとなれば、松永様の名は死んだあとも語り草になる、とかなんとかおだてられた松永久秀はその案にノッた。キリシタン追放令をいったん引っ込め、論争イベントを選んだのである。

人の性格など元素レベルまでバラしてみないと分からないが、松永はその場の気分次第というところがあり、客観的じゃないし、口はうまいが理詰めには弱い。信長✝に追いつめられた時、大切にした名茶釜、平蜘蛛《ひらぐも》茶釜《ちゃがま》を信長✝に渡したくない一心で叩き割り、爆死したというクレージーさを持っている。

京都の有力者に最前列のチケットを用意、数日間のロングラン論争が行われた。で、ロレンソ了斎†の完全勝利。後半はロレンソ了斎†が教師で、枝賢†が生徒のように質問する一方的な展開だったというから、学問の最高峰、内裏が師と仰ぐ神仏界の博士、枝賢†が崩れに崩れたのだろう、傍聴人が驚き、その噂は、わっと京都に広がった。松永の下した判断が、逆に神儒仏の首を絞めてしまったかっこうで、イエズスとしては、宣伝効果満点のイベントであった。

## 最強の武器、カテキズム

イエズスは武器を持っていた。「カテキズム」だ。

ギリシャ神話で「下へ向かって語る」というほどの意味。異教徒をいかにして論破し、こちらに引き込むのか？　この想定問答集が「カテキズム」である。ご利益《りやく》で茶を濁し、呪い、祟りで民衆を縛る万国の土着のカルト宗教を粉砕する武器だが、さすがは科学者ぞろいのプロテスタントとの論争で培《つちか》った組み立ては見事だ。

バトルの様子が、『日本史』で述べられている。ざっと500年前、イエズスはどうやって日本人の疑問に答え、戦い抜いたのか？　大変おもしろいので、原文を翻訳した現代語版を要約する。

1

仏僧「デウス（神）はどんな材料で、霊魂を創造したのか？」

イエ「世界を創造したのはデウスだ。元素、天、その他のものを創るのに材料は必要ない。なぜならデウスは自らの意思と言葉で、新たな存在を創造したからだ」

2

現代版は「元素」と書かれているが、当時「元素」などという単語がないから、「この世で一番小さなもの」とでも説明したのだろうか？

仏僧「霊魂の色と形を言え」
イエ「色、形があるのは物質だけだ。霊魂は物質ではないので、色、形はない」
仏僧「霊魂に色がないなら、それは無だ。ならば霊魂など存在しない」
イエ「空気は存在するか？」
仏僧「存在する」
イエ「では、空気に色はあるか？」
仏僧「……ない……」
イエ「物質的な空気に色がないならば、物質的でない霊魂に、色がないのは当然である」

「空気」という言葉もなかったはずで、どう日本語で表現したのか興味深い。

3
仏僧「デウスに身体はあるのか？」
イエ「物質は、すべてデウスが創造したものだ。したがってデウスは体を持つことはできない。もしデウスが肉体を有するなら、デウスは創造主ではありえなくなる」

4

仏僧「善人の霊魂は、死んで肉体を離れると、デウスを見るか？」

イエ「善人にもよる。もはや浄化を必要としない、高度の善人は見る」

仏僧「ならばなぜ、この世の善人は、デウスを見られないのか？」

イエ「宝石は、どんなに輝いていても泥の中に埋まっていれば、光らない。同様に、我らの霊魂も肉体中に固定している限り、視力を行使できない。したがって、どんな善人でも、この世ではデウスを見られないのだ」

5

仏僧「悪魔とはなにか？」

イエ「自分の傲慢さで、栄光とデウスを敬う資格を失くしたルシファー（悪魔）と多くの天使たちだ」

6

仏僧「悪魔はなぜ人間を誘惑し、多くの災いを及ぼすのか？」

イエ「デウスは栄光のために人間を創った。悪魔はそうした人に嫉妬《しっと》した。それで人間にも悪魔（自分）と同様に、デウスを敬う資格を失わせようと、人々に災いを与え、欺くのである」

7

仏僧「デウスが創造したもののすべてが善ならば、なぜ傲慢な悪霊、ルシファーを創ったのか？」

これは現代人だって、聞きたい質問だ。

イエ「デウスは天使たちを創ったとき、明白な理性を与え、天使がしたいことを選び得る自由意思を与えた。善を選べば栄光を、悪を選べば地獄を与えるためだ。だが、与えられた自由意思を悪用し、デウスを超えられると傲慢になり、悪魔になったのである」

ここに「自由」という単語が二度出てくる。当時のシナにも、日本にも「自由」という漢字はない。1591年発行の『どちりいな・きりしたん』では、「自由」を「和らげ」あるいは「のがす」と記している。

8

仏僧「デウスは、なぜ悪魔が人間に災いを及ぼすのを放置しているのか？」

イエ「悪魔は人間に対して、悪をなすよう教唆《きょうさ》する以上の力は持ち合わせていない。そそのかすだけだ。人間は、善悪を識別する能力、そして行動の自由を持っている。悪魔に誘惑された結果の災いは、人間本人に責任がある」

イエズスの回避能力は高く、どこで手法を変えるかを熟知している。

9

仏僧「慈悲深いデウスが、人間を創ったのならば、デウスの説く栄光への道はなぜ、こんなにも険しく困難なものにしたのか？　デウスの言う禁欲（姦淫、欲、虚飾、窃盗、憤怒、……などの禁止）を、多くの人々が嫌悪しているではないか」

この質問は正直で、面白い。

イエ「人間には食べたい、休みたい、眠りたいという気持ちがある。そしてデウスは断食せよとか、眠るな、奇跡を行え！　と命じているわけではない。そうではなく、人間を創り、罪から救い、霊魂を救済してくれる方（デウス）を敬いなさい、隣人を愛しなさい、と命じているだけである。その実行は困難なことではない。またデウスは禁欲家になれと命じたことはない。ただ妻は一人しか持ってはいけない、と言っているに過ぎない」

10

仏僧「ゼウスが世の統治者であり、救い主ならば、なぜ今ごろ、のこのこ日本に来たのか？　どうして宇宙創造の時から明示されるよう取りはからわなかったのか？」

もっともな問いだ。しかし、見事に切り返している。

イエ「デウスの教えは、世の初めから今にいたるまで人間の知性の中に明らかにされている。たとえ、だれもいない山中で育ったとしても、隣人に害を与えることは罪悪であることを識別し、悪というものを心得ているではないか。自分が他人にこうあって欲しいと望むように隣人たちに振る舞うことは、教わらなくとも、生まれながらにして我々にそなわっていることだ」

長年にわたって、内外の異端、異教徒、科学者と闘ってきた百戦錬磨のプロ。挑んだ相手は、ことごとく手玉に取られ、言葉に窮する。

日本宗教界の大家、あの枝賢†がコテンパンにやられたという話はすぐさま街中に知れ渡った。恐れをなす者、共感する者、たいへんなプロパガンダだ。既存勢力はキモを冷したであろうが、イエズスへの支持は広がってゆく。

支持は広まるが、最終的には武力がモノをいう時代だ。では長慶✝が、具体的にどうやって近畿を支配し、キリスト教をガードしていたのか？その布陣を眺めると、教科書には一行たりともでてこない分厚いイエズス大名ネットワークが浮上する。

## 三好長慶✝の黄金時代を支えたイエズス大名

長慶✝全盛期の1560年、本部を芥川山城（大阪府高槻市三好山）から飯盛山《いいもりやま》城（大阪府大東市、四條畷《しじょうなわて》市）に移した。近畿一帯に睨みが利く絶好のポジションである。ここならば長慶✝の出身地、四国の阿波も近く、イザという時の援軍も、堺港経由で二日で到着する。

山城、丹波、和泉、阿波、淡路、河内、大和、堺……畿内を領土化した長慶✝は、周囲をイエズス大名で固めた。

## 三箇《さんが》城（大阪府大東市）＝三箇・サンチョ・頼照《よりてる》✝

まずは三箇城。長慶✝の飯盛山城から西にわずか5キロの地点、現在の大阪府北河内にあった。

今は埋め立てられているが、かつては深野池と呼ばれた巨大な淡水湖があり、その「中の島」に、美しくそびえ建っていたのが三箇城だ。

1564年、ヴィレラが、サンチョ三箇✝に洗礼を施す。教会を建てると、それまで夢遊病のように惰性で日々を暮らしていた人々が殺到し、たちまち3000名を超える家臣がキリシタンになったという。のちのち河内キリシタンと呼ばれることになる面々だ。

サンチョ三箇✝の入れ込みようはハンパではない。宣教師の宿泊所付き教会も建設し、自邸を修道院に改装している。

イースターとクリスマスには、周辺諸国からのキリシタンであふれかえり、特に1572年のクリスマスは、蠟燭《ろうそく》イルミネーションが壮大だった。

サンチョ三箇✝は日本の諸事情に詳しかった。キリスト教の造詣も深く、話上手だったためいつも人の輪の中にいた。フロイスは妻のルシアもすばらしい人柄だったため、信者たちは常にサンチョ†を尊敬し、父のように見ていたと述べている。

## 岡山城（大阪府四條畷市）＝結城・アンリケ・忠正†

飯盛山城の5キロ北にある岡山城。柳生新陰《やぎゅうしんかげりゅう》流の達人、アンリケ結城†が城主だ。1563年、親友の公家、清原枝賢†と共に討論イベントを開催、入信。信長✞が将軍義昭✞を伴っての京都入りの際にも、ぴったりと付き従ったイエズスのホープだ。

アンリケ結城†は南蛮寺（京都イエズス教会）の建設にも従事している。

## 岡山城＝結城・ジョルジュ・弥平次《やへいじ》†（1544?〜1615?）

アンリケ結城†の甥だ。岡山城をアンリケ結城†からゆずり受ける。共に南蛮寺の建設に従事。妻はマルタ†、池田・シメオン・教正†の娘である。二人の娘のモニカ†も信者というキリシタン・ファミリーだ。

信長✞が死ぬと秀吉はイエズス大名を近畿から遠ざけ、九州に追いやるが、ジョルジュ結城†もその一人である。イエズス大名の猛者《もさ》、アゴスティニョ小西†が九州に入国した後、ジョルジュ結城†は熊本の愛藤寺《あいとうじ》城代を任されて移り住む。自宅を教会にし、400

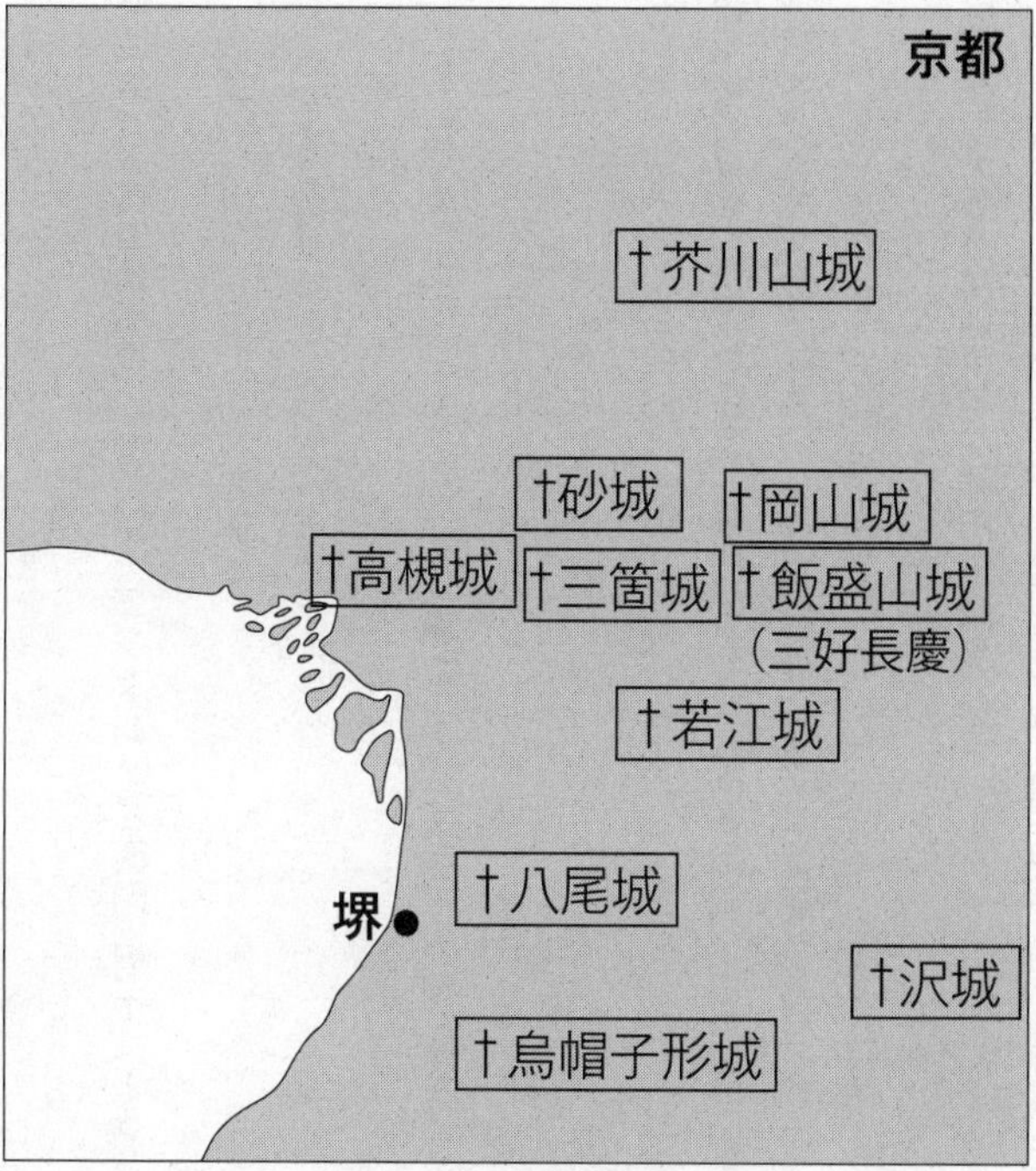


イエズス城による近畿包囲網

0名の信者を集めた。

砂城（大阪府四條畷市）＝結城・アンタン・左衛門尉《さえもんのじょう》†（1534〜65）

父　　　　　　　　　　子
アンリケ結城†（岡山城）―アンタン結城†（砂城）
X
ジョルジュ結城†（岡山城）
モニカ†
マルタ†

アンリケ結城†の息子で、父と同じ時期に入信。飯盛山城から約5キロ西（大阪府四條畷市）の砂城の主。イエズスにきわめて高額な寄付をして教会を建てたが、32歳で毒殺される。

高槻《たかつき》城（大阪府高槻市）＝和田惟政《これまさ》✞

高槻城は信長✞の側近中の側近、和田惟政✞の居城だ。洗礼は受けなかった。しかし、会うたびに、時間ができればぜひ入信したいと口癖のように語っていた潜在的信者である。フロイスの記録では、バテレン追放命が出た時、兵力を展開して堺のイエズスを保護、輝きを取り戻したとある。信長✞が将軍、内裏などとの外交担当職につけていたために深入りできない立場にあったのだが、１５７１年、和田✞が戦死、フロイスは彼の生き様を絶賛し、その死をいたく悲しんでいる。

沢城（奈良）＝高山・ダリオ・友照†

飯盛山城から30キロほど南、現在の奈良にある沢城の城主だ。

１５６３年、アンリケ結城†と共に洗礼を受け、その直後、ダリオ高山†はヴィレラを沢城に招き、10歳だった養子のジュスト高山†を入信させている。この子が有名な高山右近†である。

高槻城（大阪府高槻市）＝高山・ダリオ・友照†、ジュスト・右近†

和田✞の配下だったダリオ高山†とジュスト高山†親子が１５６７年、そのまま高槻城にスライド、主となる。

十字旗を立てたジュスト高山✝の十字軍はかなりの戦力を有し、勇姿は遠くとどろいていた。本能寺の変直後、ヴァリニャーノの指示により、明智光秀軍を山崎の合戦で打ち破っている。その後、危険を感じたジュスト高山✝は、安土のセミナリヨを高槻に移した。

とりわけ茶の湯を愛しており、千利休《せんのりきゅう》✞の高弟、七哲の一人である。

城下には20か所の教会と人口の60％、1万8千名の信者がいたといわれ、1998年の発掘調査では、城跡から190あまりのキリシタン集団墓地が出現している。

## 八尾《やお》城（大阪府八尾市）＝池田・シメオン・教正✝

1564年洗礼のシメオン池田✝が八尾城の主だ。

楠木正成の子、正行《まさつら》（1326～48）の子孫というのは伝承に過ぎないが、私はこの説を支持する。娘の夫がジョアン結城✝だ。

『河内キリシタンの研究』（松田毅一著）によると、1563年くらいから領内でもキリシタンが増えはじめ、1576年には立派な教会が建っている。

だが、家老のシメオン池田✝は茶の湯を愛し、津田宗及《そうぎゅう》✞の茶会にたびたび登場している人物だ。

八尾城は廃城になるが、所在は今の大阪の八尾市内にあったとだけしか分からず、廃棄時期も信長✞の死後というだけで、徹底的に歴史から消されている。

**若江城（東大阪市）＝池田・シメオン・教正†**

もともと三好義継《よしつぐ》（１５４９〜７３）が若江城主。その時の家老がシメオン池田†だった。

三好義継はその名でわかるように天下人、三好長慶✞の甥。しかし伯父とは似ても似つかぬ先を見通せないタイプで、長慶✞が死んだ翌年の１５６５年、なんと将軍義輝✞を暗殺、即キリシタンを弾圧した男だ。

だが、シメオン池田†は信長✞と通じていた。信長✞軍が若江城の三好義継を攻めた時、内部から扉を開き、シメオン池田†が加勢。その功績で城主にスライドしたのが、１５７３年である。

豊臣秀吉の弟、キリシタン・シンパの秀長自決の後に、秀吉の命で処刑されたともいわれているが、秀吉が城もろとも痕跡を破壊したので、資料が極端に少ない。おそらく秀吉にとっては、それほど危険極まりないイエズス大名だったのではないだろうか。

### 烏帽子形城《えぼしがた》（大阪府河内長野市）＝甲斐庄正治《かいしょうまさはる》✝

築城は、かの楠木正成。楠木七城の一つだ。

ご存じのとおり城というのは、攻めづらい山頂、高台、そしてこの城のように交通の要衝《ようしょう》にあった。京都と堺と高野山を結ぶ東高野街道、河内国から和泉国へ抜ける河泉街道、紀伊を結ぶ九重道の三街道が交差し、睨みをきかしていた。

紆余曲折《うよきょくせつ》があって、ついに楠木の血を引く甲斐庄正治✝が城主となる。洗礼名は不明だが、立派なイエズス大名。城下でキリスト教を奨励したため、南河内全体がキリシタンで大いに賑わったとある。途中でアンチ長慶✞になった畠山高政✝（1527〜76）の配下にいたため、甲斐庄✝も立場上、根来衆などを入城させ、長慶✞に抵抗ポーズを取った時期もあった。

君主、畠山高政✝の動きは落ち着かない。長慶✞についたり、離れたり、そのたびに河内の高屋城の主に収まったり、追い出されたりと忙しいのだが、信長✞には付き従っている。ちなみに畠山高政✝自身も晩年、50歳に近づいてキリシタンとなった。

イエズス城の図を振り返って見て欲しい。まるでイエズス大名による堺イエズス本部守備シフトだ。こんな風景は、これまで目にしたことがなかったと思う。教科書の日本史には主役はあくまでも朝廷と仏教と武将だけで、キリスト教が支配し、はびこった歴史はない。真実などどうでもよく、ただただマズい部分はインペイする。秀吉、家康が可能な限りイエズス大名の城、文献を破却、そして明治以後も都合のよい皇国史観の上書きを続けた結果である。

彼ら城主以外にも近畿には黒田・シメオン・官兵衛†（1546〜1604）、前田・オーギュスチン・利家†、細川忠興✞などイエズスの息のかかった有名大名が目白押しで、ザビエル日本上陸10年ほどでナショナリズム一色だった既存の組織、機関による支配システムが崩されていたのである。

近畿は、イエズスにおさえられていた。いや、ブームになっていたといってもイカレた主張ではなく、そこにはこれまでとはまるで違う、十字架旗たなびく戦国の地図が広がっている。

## イエズスの朝廷接近

イエズスの工作には漏れがない。ターゲットはもう一人の国王、幾度も生き返るゾンビ朝廷、内裏正親町である。

キーマンとなったのが、先ほど述べた討論イベントでコテンパンにやられた清原枝賢†。もはやイエズスの朝廷担当といっていいので、この人物をもっと深掘りする。

由緒ある出身だ。祖は鎌倉時代の武家のルールブック「御成敗式目」の注釈書を手掛けた儒家の家系、太政官《だいじょうかん》外記《げき》を代々世襲している。「太政官」というのは朝廷の司法、行政、律法の最高機関であるからして、頭のテッペンからツマ先まで朝廷にズッポリと漬《つか》っていた家柄だ。

「外記」とはなにか？　太政官から上がってくる文章を作成する部門である。外記の機嫌をそこねると「公文書」であることないこと貶《おとし》められかねないから、周囲からのおべんちゃら、貢ぎ物は絶えず、かなりの権力を有する高級官僚だ。

清原家はその中の「局務」、すなわちトップで、「内裏」が学問の師と仰ぐ側近中の側近、華麗なるポジションにいた。

注意しておかなければならないのは、昔の官僚の立ち位置だ。朝廷の従業員なのだが、守備範囲は広く、自分の上筋の個人的下僕でもあるからして、なんでもやる。昔は朝廷に限らず、あらゆる組織の部署が公私ごちゃまぜで、上司の使い走り、引越手伝いは普通のこと、はっきりした線引きはなかった。

枝賢†の場合、外界の野獣のような大ボスどもと渡り合う、内裏のプライベートなアドバイザー兼秘書官といった方がピンとくる。

大納言万里小路《までのこうじ》惟房《これふさ》の『惟房公記』では、前述したようにすでに1559年（6月24日条）、アンリケ結城†と行動を共にしていることが分かっている。同じ年の吉田兼右《かねみぎ》✝（1516〜73）の著『兼右卿記』にも、こういうくだりがある。

〈将軍義輝が三好長慶と和睦し、京都妙法寺に落ち着くと、さっそく（吉田）兼右があいさつに伺う〉（12月15日）

吉田兼右✝が訪問したら、そこには清原枝賢†とアンリケ結城†、この仲良し二人組がいたとある。

枝賢†は1563年、ロレンソとの宗教論争に負け、ヴィレラから、アンリケ結城†と共に洗礼を受けたのだが、つまり、前に述べたようにその4年前の京都布教（1559）がはじまったあたりから、イエズスと密着していたものと思われる。

1587年に洗礼を受けた清原†の娘マリア†は、明智光秀の娘で大名、細川忠興✞の妻、美貌の細川ガラシャ†に洗礼を授けたインフルエンサーだ。頭が良かったのだろう、マリア†は忠興✞とガラシャ†の子、細川・ジョアン・興秋†（1583〜1615）も入信させている。宣教師がマリア†を高く評価し、「賢く思慮分別があり、母親と同じくらい、よくキリスト教の教義を理解している」と評したほどで、すなわち枝賢†の妻も含め、清原家は360度どこから見ても完璧なキリシタン・ファミリーなのである。

朝廷内キリシタンは清原†ばかりではない。叔父の公家、吉田兼右✞も近かった。朝廷での清原†、次に述べる吉田✞は重要人物なので、頭にメモっておいていただきたい。

## 神道はキリスト教をミックスした

幕末、英・米・仏などの領事が集まって日本の宗教、とりわけ神道について議論したことがある。彼らから見ると実に摩訶不思議な宗教だった。人間が神になったり、仏になったり、また仏が神にもなる。キリスト教の神は創造主だが、神道の神は、なにかに宿っているだけで、いわばキリスト教における聖霊のような存在でもある。調べれば調べるほど「神」や「仏」の概念が定まっていないことが判明。けっきょく、これは宗教ではなく、支配者が支配するためのカルト・ツールだという結論に達っした。

キリスト教はイエス、仏教はシャカ、しかし神道を説いた始祖《しそ》はだれか？　だれも知らない。強《し》いていうならば各地に発生した原始宗教が始祖といえば始祖だ。

「魚や獣や木の実がたくさん採れますように！」

古代人が食料の産みの親である自然にお願いする。ただそれだけが原始宗教だ。で、時の支配者が先住民族の心を摑《つか》み、かつまた自分達の心の不安を取り除くために時代を下りながら外来の占い、儒教、仏教、古代キリスト教、ユダヤ教の都合のいい部分をツマんで肉付けしたものだという説には、うなずけるものがある。

たしかに社殿の造りなどはソロモン神殿の配置に似ているし、手を洗う手水舎《ちょうずや》はカソリック協会と同じで、それに大陸からきた儒教、八卦《はっけ》、易などさまざまな要素とさまざまな儀式がごちゃまぜに入っている。

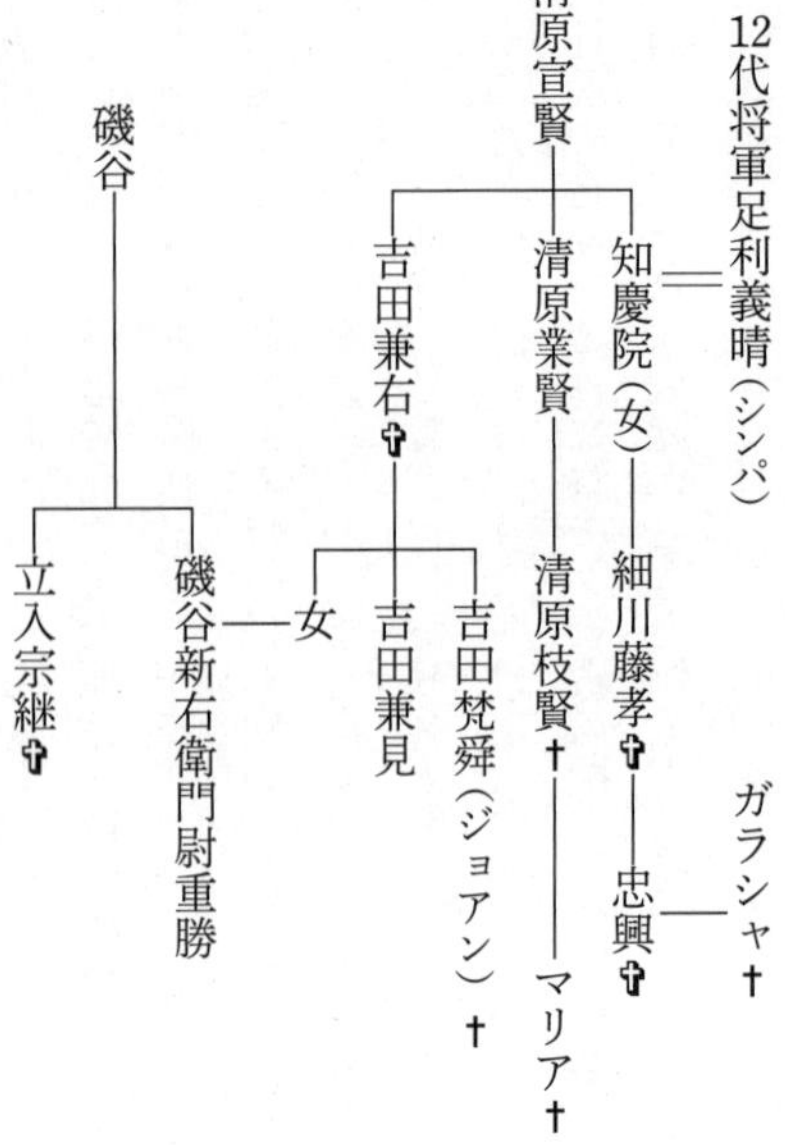


吉田兼右✝の先祖は、それらを天孫降臨など絢爛《けんらん》たる神話と称する正統性をアピールするために作った物語で包み、諸宗教をまとめ、矛盾するものはとっぱらって、より神秘的に儀礼を味付けすることによって重みを増し、朝廷をリード。これが元祖「吉田神道」で、現在につながっている。

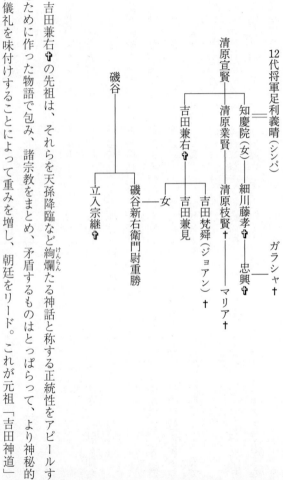

吉田家は神道のオーソリティなのだが、そんな吉田家の血を引く兼右✞の頭は柔軟だから、キリスト教に好奇心を持つのは当然の流れだった。

全能のデウスと、今まで我々がこしらえてきた神はどう違うのか？　信仰に携わる者として真剣であればあるほど、探求心は止まない。

吉田神道の担い手の一人、甥の清原枝賢†がキリスト教の虜になる。続いて兼右✞の次男、梵舜《ぼんしゅん》も洗礼を受けたのではないかと言われている。証拠は名前で、昴庵《ジョアン》†を名乗った時期が決定的に怪しい。

兼右✞本人は、１５６９年、ヨーロッパ製のガラスの水差しを小田原の領主、北条氏康に贈り、礼状をもらっている。神道の大家が、ポルトガル人脈を誇示したのか、それとも、なんの考えもなくキリシタンの品を不用意に贈ったのかは分からないが、イエズスの朝廷浸透は想像以上だ。

イエズス朝廷人脈にはもう一人登場する。立入宗継《たてりむねつぐ》✞（１５２８～１６２２）。

清原枝賢†、吉田兼右✞、そして立入宗継✞の三人は親戚である。

立入宗継✞を過小評価してはならない。後ほど「本能寺の変」で触れるが、なんと信長✞を仕留めた重要な場面でかかわっているのだ。

イエズスの戦略はだんだんと具体的になってゆく。

将軍「義輝」には親衛隊のアンリケ結城†と和田惟政✝を張り付け、「正親町」には公家の清原枝賢†と立入宗継✝。そして天下人の「長慶」✝にはダリオ高山†と和田惟政✝だ。

近畿をイエズス城で埋め、日本をキリシタン王国にするというミッションに現実性が帯《お》びてくる。

## 三好長慶✝の死と信長✝へのシフト

しかし三好長慶✝の治世は長くは続かなかった。

相次ぐ戦闘と兄弟の死、身内の裏切り……喪失感、不安、恐怖……１５６４年、ウツを引きずっての病死。

跡目を奪ったのが三好一族の長老、三好長逸《ながやす》だ。それに山城、摂津、丹波の守護、細川家臣団とのパイプ役だった三好宗渭《そうい》。加えて有力家臣の岩成友通《いわなりともみち》。通称「三好三人衆」の台頭である。

残念ながら小粒な三人組ではムリ。役不足だ。畿内のパワーバランスが一気に崩壊。昨日の友は今日の敵、時は戦国、野心を燃やす近隣諸国。反乱、奇襲、破壊工作……脅しとすかしの神経戦。秩序が乱れ、仏教勢力も活発になる。ニュースの届かない下々はなにがなんだか分からないまま夢遊病のようにつき従うだけである。クーデターの季節到来だ。「内裏」「将軍」を囲って操る古典的手法が復活する。どんぐりの背比べであるからして、なつかしい伝説の化身「威光財」の争奪戦となる。朝廷の稼ぎ時だ。積極的にパトロン探しに動く。

その時、信長✝は、まだ尾張にいた。

東海道随一の大名との異名を持つ静岡の今川義元を近代兵器、鉄砲で破り、徳川家康と同盟を結んでホッとしているところである。

当面の脅威は美濃（岐阜県南部）の斎藤龍興（1548〜73）。ガキンチョだが、なかなかガッツがあって戦火を交えるものの、角《つの》突き合わせたままの膠着《こうちゃく》状態。どういう策がいいのか、どこと手を組んだらいいのか……と考えていた矢先だった。予想外の使いがやってくる。

内裏、正親町の勅使だ。記録によれば1564年、密書を持参したのは清原家とつながるやはりこの暗躍男、立入宗継✝である。

前にも述べたが、清原枝賢†と吉田兼右✝の親戚だ。

立入家のスタートは金融業者。1500年ごろにはすでに朝廷に食い込んでおり、金銭の出し入れ、年貢《ねんぐ》の管理をまかされている。その後、正式に御蔵職《みくらしょく》におさまる。朝廷は困窮の打開策として、ヤリ手商人を財政担当の高級官僚に引き抜いたのである。

今や朝廷の財務長官みたいな宗継✝。信長✝訪問目的はなにか？　歴史本によれば専門分野、カネの算段だとある。

ようするに古文書には「応仁の乱以降、すっかり荒れた京都御所修理のため、ぜひ京都に来て欲しい」というふうに書かれている。

が、これは妙で、改装費なら寄付をもらえば済む話であって、信長✝にわざわざ山から山へといくつも越えた京都まで足を運んでもらう必要はない。

本筋話は、登場したタイミングで察しがつく。

京都支配を継承したのは三好三人衆、烏合《うごう》の衆だ。器《うつわ》でもないのに、一族の長が病死したため、タナボタ式にボスの座が転がり落ちてきただけで、「都」をどう扱っていいかも分からないボンクラぞろい。ネズミにトラの真似はできない。だから本物のトラに、治めていただきたいというのが真実だと思う。早い話が、囲って欲しい、パトロンになって欲しい！ ということだ。

ここで読者は奇妙に感じるはずだ。パトロンならもっとほかにも白羽《しらは》の矢《や》を立てる大物武将がいる。なぜ大名ランキングトップ10圏外の信長✝なのか？ という疑問である。

尾張でチョロチョロしている信長✝など二軍の控《ひか》えベンチ、妙な話だ。

しかし、ここまで読めば私の読者は鋭いから、イエズスが朝廷人脈を使って「内裏」を動かし、要望書を書かせたのではあるまいかと気付くはずである。そうでなければ、プライドの高い「内裏」が、ようやく尾張を抑えたばかりの実績乏しい若造にシャカリキになるはずはない。

イエズスによるスカウトとみて間違いはない。

相手は盛りは過ぎていても「内裏」だ。とうぜん立入宗継✝の口からはイエズスの話も出た。エキサイティングな話に、信長✝は色よい返事をしたものの、まだ美濃すら支配下にない。京都は美濃のさらに山向こうだ。今はまだ動けないが、いずれ時期が来れば……。

つまり、もっと嚙みくだいて言うとこういうことである。

京都はドン底だった。秩序崩壊、深刻な不況、食料不足。ウツ病で寝たきりの長慶✞だけではなく、街全体が灰色、今にも死にそうである。

そこを突いて比叡山延暦寺が巻き返しに動いた。1564年、三好三人衆と組み、正親町を説得、イエズスとキリシタンの京都追放を試みたのである。

イエズスは巻き返し工作にでる。帰巣本能が働いて、仏教に戻る傾く内裏を仏教嫌いの信長✞に「囲わせる」べく、息のかかった清原†、吉田✞を動かす。

同時に立入✞を信長に送り、共闘を持ちかけた。危ういイエズス、仏教嫌いの信長、仏教回帰の内裏、それぞれの状況を分析すればすっきりと見えるはずだ。

この時はフランシスコ大友†とタッグを組んでいる将軍義輝✞が、正親町による「イエズス京都追放」を食い止めたのだが、状況はきびしい。

仏教勢力がいきり立って三人衆のケツを叩く。世は戦国。選択肢は一つだ。てっとり早く義輝✞暗殺に動いた。

1565年、6月17日、三好三人衆が一万の兵で二条城を奇襲。第13代将軍義輝✞殺害に成功した。

主導したのは三好三人衆の武闘派、法華宗信者の松永久秀だ。かつてバテレン追放にトライしたのだが、「宗教論争」という悪夢の一手に破れ、公衆の面前で赤っ恥をかかされ

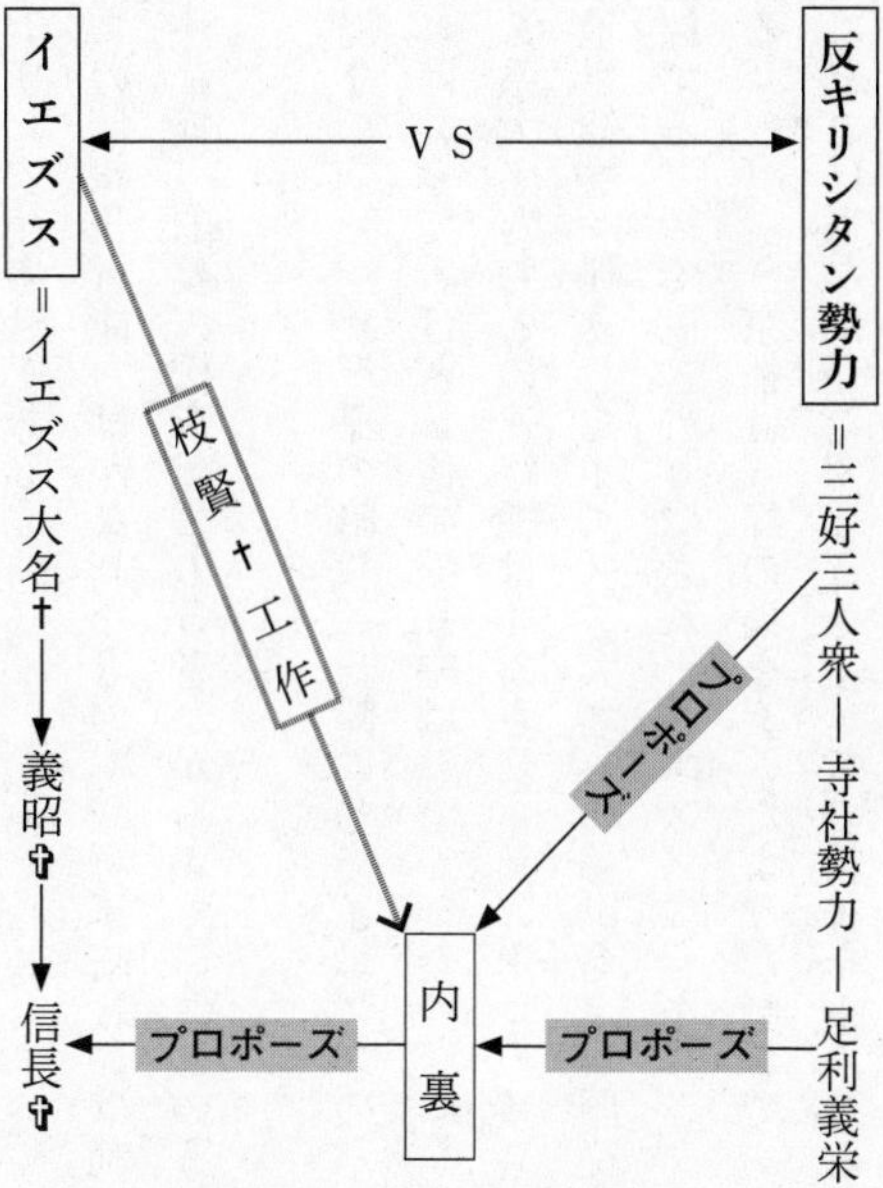

たアドレナリン依存症男である。

　イエズスの情報分析能力はかなりなもので、将軍暗殺には利害が一致する三好三人衆、比叡山、法華経、内裏、松永、この5者がからんでいたというフロイスの読みは信頼できる。

　三好長慶✝の病死、義輝✝の暗殺。一瞬にしてイエズスのバリアが粉々だ。布教がうまくいってればいってるほど仏僧の振り幅はひどかった。

　イエズス系大名たちとの連絡網は寸断され、シンボルの教会が破壊され、京都と堺に降りかかる地獄絵巻。孤立したイエズス大名への移動命令、服従命令が矢継《やつ》ぎ早《ばや》に出されて情報が錯綜する。裸で置き去りにされたイエズスに、キリシタン追放の二波、三波がおし寄せてくる。死臭漂う京都は、蜂の巣を突いたような騒ぎである。

　非常口はどこにもなかった。今こそイエスの精神を重んじる時だ。

「善が悪に追いやられる屈辱を、デウスの試練として受け入れなさい。主の栄光は試練の天地に満ちている」

　聖地は邪悪な人間どもに汚《けが》されたが、イエスに祝福されているのだと女、子供が嗚咽《おえつ》をもらす。

追放される宣教師一団。物騒な法華宗の寺の傍らに差し掛かると、仏僧たちは集団で外に出て、苦難を喜び、大声で嘲笑を浴びせかけたと記されている。

民はただでさえ飢《う》えている。支配権の混乱は食糧流通のさらなる寸断を招き、ますます飢える民衆。極限状態におちいると、それまでの自分ではない別人となり、思いもよらぬ行動を取りはじめる。犬のように金品を嗅ぎ回る強盗団、暴れ回る流れ者、目を光らせる人さらい……教養の欠如と貧困は次の犯罪を生み出す。恐怖の無法地帯。

京の都は暴動の火を噴いた。

三好三人衆は、空になった席に次なる将軍を用意。自分たちの傀儡《かいらい》、足利義栄《よしひで》（1538～68）である。足利一門、義輝✝の親戚だ。

そしてライバルは消す。殺した義輝✝の弟、足利義昭✝の首も狙い始めた。

ガードに回ったのは足利の血を引く細川藤孝✝、忠興✝親子だ。加えて義輝✝の親衛隊であり、元長慶✝の家臣、和田惟政✝である。

そうはいっても君主を失った和田✝は裸同然だった。鉄砲、大砲、最新武器は倉庫ごとそっくり三好三人衆に押さえられてしまっており、資金ルートも絶たれていた。

義澄（11代）―義晴（12代）―義輝✝（13代―長慶✝）
　　　　　　　　　　　　　　　└義昭✝（15代―信長✝）
└義稙《よしたね》（10代）―義維―――義栄（14代―三人衆）

ならばだれを頼るか？

ヤボな質問だ。信長✝である。

ここで重要になってくるのが6年前の1559年の義輝✝と信長✝の会談だ。どの研究者もこれに注目していないが、私の意見を述べると信長✝の意識がヨーロッパという異次元の世界に到達し、人生を「起動」させた重要な場面である。

イエズスにより世界的視野が拡大し、実証的精神が増加、科学的知見を得るきっかけになった瞬間だ。

その時義輝✝は、親戚筋のフランシスコ大友†経由で得た鉄砲、火薬などをどっさり信長✝に流していたというのが私の見立てで、外れていないと思う。しつこく言うが、フラ

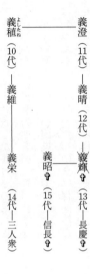

ンシスコ大友†による将軍懐柔《かいじゅう》工作は、日本のキリスト教化を目標とするイエズス戦略以外考えられないのだ。

むろん私の意見が常に賛同を得られるとは限らない。だがイエズスは日本上陸時点で、最大の敵が仏教だという認識で統一しており、早々に反仏教派の大名リストを作っている。アンチ仏教の数人の武将に目星をつけ、たどり着いたのが信長✝だった。

不屈の精神で仏教界に闘いをいどむ男など、この国では品薄だ。というより、九州ではフランシスコ大友†、本州では信長✝しかいなかった。珍しいからそれだけ目立っており、最初から的は絞られていたのである。

私の深読みかもしれないが、最初から信長✝に渡すべくポルトガルの飛び道具、火薬などを義輝✝に送っていたのではないかと思いたくなるほどだ。あくまでも義輝✝は中継点。そう推測しなければ資料に残るフランシスコ大友†から義輝✝に渡った大量の鉄砲と火薬弾薬の行先が不明になり、１５５９年の革命的な面会の一年後、信長✝は桶狭間の戦いに勝利。わずか5千の軍が4倍の今川2万を破ったのは、義輝✝から渡った大量の鉄砲、大砲のおかげだと考えるとスムーズだ。

すべてはイエズスのプログラムである。この目線で見れば、名古屋という田舎にいた信長✝が突然京都に姿を見せたことにも合点がゆくし、内裏の使者がいきなり、ランク外の尾張に出現したり、将軍足利義昭✝を囲っていた細川藤孝✝と和田✝が、さっさと信長✝の元に走るわけはない。内裏と将軍、両者が両者ともイエズスの推す信長✝を求めているのである。

同時ラブコール。イエズスがいなければこんな確率は万に一つもない。

１５６６年7月付、書状が発見されている。潜伏中の義昭✝から和田✝への手紙だが、信長✝説得工作を命じる内容である。

和田✝の要請を受け、大まかを呑んだ信長✝は美濃攻略で忙しい最中の１５６６年９月、これまた突然兵を挙げ、京都を目指した。正親町が仏教勢力に動かされてキリシタン追放に動いた直後だ。それに敏感に反応したわけだが、これはもう、十字軍ではないか。なんとしてもイエズスへの借りを返す。まだムリかもしれないが、少なくとも姿勢は内外に示さなければならない。たとえポーズでもいい。そうでも思わなければ、ヤンチャな斎藤龍興の支配地、美濃を飛び越えての都攻めなどバカげた話だ。

案の定、途中で宿敵、龍興が立ちはだかる。想定内の伏兵。途中で引き返す信長✝。イエズスへの義理は少し果たした。自分はイエズスとつながっていることを示し、そして見切り千両。このへんが大革命家、信長✝の真骨頂である。

１５６７年11月、三好三人衆が、あやつり人形の義栄に対する将軍任命を朝廷に要請する。が、目玉の飛び出る金額をふっかけられる。懐が寂しい三人衆、資金繰りに難航。朝廷主流派にとってはゾンビとして起き上がる絶好のチャンス。「威光財」の安売りはごめんだ。

右に義昭✝、左に義栄の両天秤。条件のいい方に付く。こう言えば主導権を握っているように見えるが逆だ。人間、欲の皮が突っ張ると板挟みになって意外に弱い。三人衆にはふっかけておいて、本命、信長✝の返事を待ちながらすったもんだと引き延ばす内裏。イエズスの朝廷工作がきいている証拠だ。

この時代、何かを見落としたら命取りになる。永遠不滅でいたい朝廷としては、ここは一つ、慎重にいきたい。信長✝のバックには底知れないポルトガルがついている。ところが肝心の信長✝はまだ尾張の山の中だ。京都との間には斎藤龍興という頑強な強敵が立ちはだかっており、身動きがとれない。

で、朝廷主流派は苦し紛れに転んだ。翌年の３月10日、三好三人衆の要求を呑んだのである。

第14代将軍、足利義栄が誕生。第一ラウンドは仏教界の勝利である。

流れを追うと次のようになる。

64年　立入宗継✝、信長✝に接触、三好長慶✝死亡
　　比叡山が朝廷に宣教師追放圧力
　　↓
65年　フロイス堺着、京都入り
　　三好三人衆が内裏を掌握、あやつりの義栄を擁立
　　↓
　　比叡山と正親町、イエズス追放令の動き
　　↓
　　将軍義輝✝が、イエズス追放令を阻止
　　↓

将軍義輝✝暗殺

↓

正親町、比叡山の働きかけで、キリシタン禁止令

↓

66年　信長✝兵を挙げ、京都攻めを決行。斎藤龍興に阻まれる

ヴィレラ、堺を出発避難

フロイスは堺で粘り、敵対する将兵たちをも集会所に招き、クリスマスを祝う

事は収まらない。畿内には分断されたとはいえ、まだイエズス系中小の大名がひしめき合っており、事態はますますこじれ、中立を保っていた旗色《はたいろ》不鮮明な勢力までもがうごめき始める。

信長✝にパトロンになって欲しいと懇願したのに時期尚早だと袖にされたので、パッとしない男に身売りした正親町。一度身を許すと、三好三人衆の言うがままだが、朝廷内イエズス派の巻き返し工作は止まらない。彼らにとって本命はあくまでも信長✝、狙いはキリスト教による朝廷乗っ取りである。大胆に言い換えれば、朝廷のイエズス化ではないだ

ろうか？

その最中、もう一人の国王、義昭✞からも和田✞を通して本格的なパトロン要請が信長✞に届く。

信長✞はどんな気持ちだろう。朝廷を動かし、同時に将軍をも動かすイエズス。イエズスの力をまざまざと見せつけられたのではないだろうか？　組めば天下が取れる。この時「重ね合わせ」の気持ちからイエズス戦略のすごさをはっきり認識した。

その前にどうしてもかたづけるべきミッションは、一向宗と気脈を通じる目障りな美濃のクソガキ、斎藤龍興だ。決着の時期である。

名闘牛士は元気な牛は相手にしない。頭脳プレーで消耗させてからだ。

信長✞は工作員を送った。敵、美濃国の曾根城主、北方《きたがた》城主など「西美濃三人衆」と密かに内通、この離反作戦がまんまと成功。ベタな手口だが、敵陣工作で相手は城を二つ失い丸裸、勝負はついたも同然だ。

1567年9月、稲葉山城から打って出た信長✞は、斎藤龍興が立てこもった井の口城を急襲、乗り込むと岐阜城と改名、そこにドッカと居座ったのである。

尾張、美濃は完了した。次は京都デビューだ。

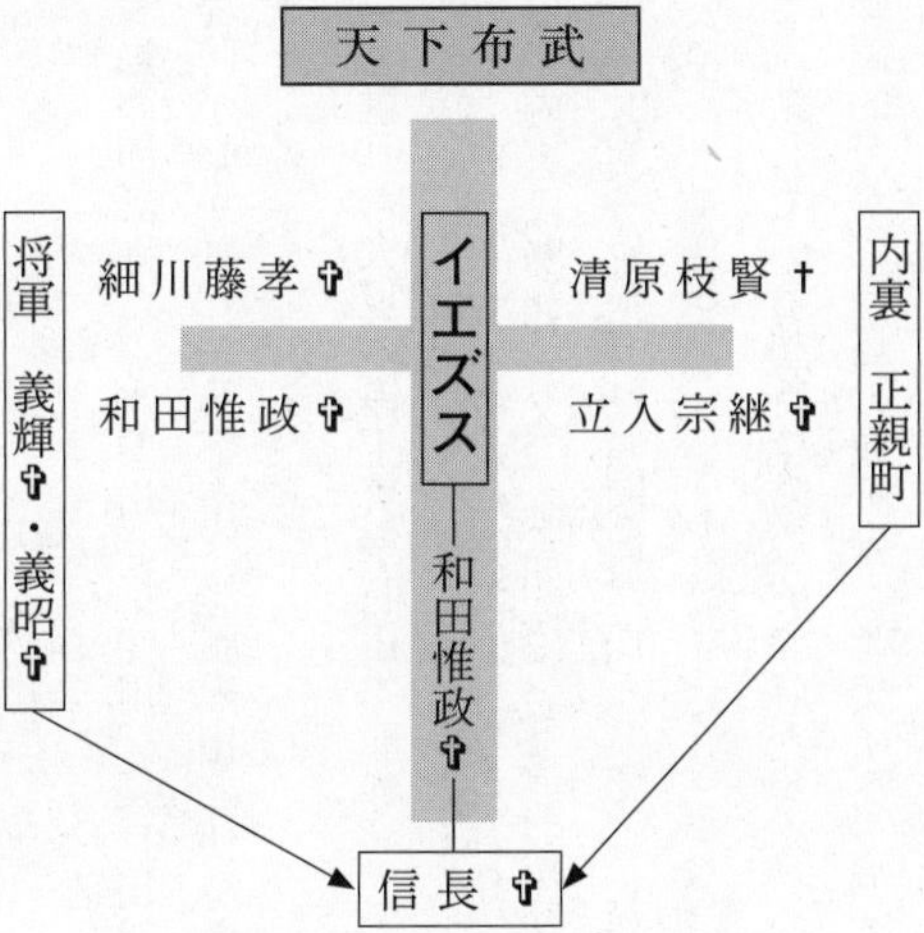

1577年　1575年　1568年

年代とともに変わってきている「天下布武」の印
当時の日本は角印。イエズスの丸印にそっくりだ一方の斎藤龍興は尾張のはしっこ長島（三重県桑名市）に逃亡し、仏教勢力の懐にかくまわれる。

巨大な長島の願証寺だ。木曽川、揖斐《いび》川、長良川、三つの川に囲まれたデルタ地帯、島には要塞堤防が築かれ、商業都市、尾張熱田と伊勢桑名の海上交差点だから、通行税で戦費は潤沢である。

本山は遠く離れた大坂の浄土真宗石山本願寺。ここの顕如は資金力にモノを言わせ、武装強化に余念がなく、長い間治外法権を勝ち抜いてきた強者だ。そのうえ、朝廷とはズブズブである。内裏は顕如の父、証如《しょうにょ》から経済的援助を受け、その顕如は九条稙通《たねみち》の猶子《ゆうし》（養子）。つまり養父の稙通は元関白だからして、正親町の側近中の側近だ。さらに顕如の妻は三条公頼《きんより》（1495〜1551）の三女ときており、石山本願寺は、内裏とダブル、トリプルで直結している超特権階級的寺院だった。

本山も戦闘的だが、長島の願証寺もイケイケである。

三河の領主松平（のちの徳川）家康ともガチ勝負に出て、西河内の本證寺《ほんしょうじ》が檄《げき》を飛ばしたのが1563年の三河一向一揆だ。これで徳川は窮地に陥っている。一年後に、かろうじて和解したが、家康は仏僧の恐ろしさを身をもって体験しており、そのすさまじい戦いは信長✝にも伝わっている。そういう側面も手伝って、この時の信長✝と家康の同盟関係は反仏教勢力的色合いが濃いのだが、顕如は、信長✝を「仏敵」と呼び、信長✝もまた、絶対に打ち砕かなければならない障壁ととらえた。

仏僧殲滅《せんめつ》！

美濃を手に入れた二ヶ月後の1567年の12月。周囲を片付け、残るは最大の敵、本願寺と比叡山。仏教勢力との大一番を目前に、若きトラが牙をむいてこう吠えたのである。

「天下布武《ふぶ》！」

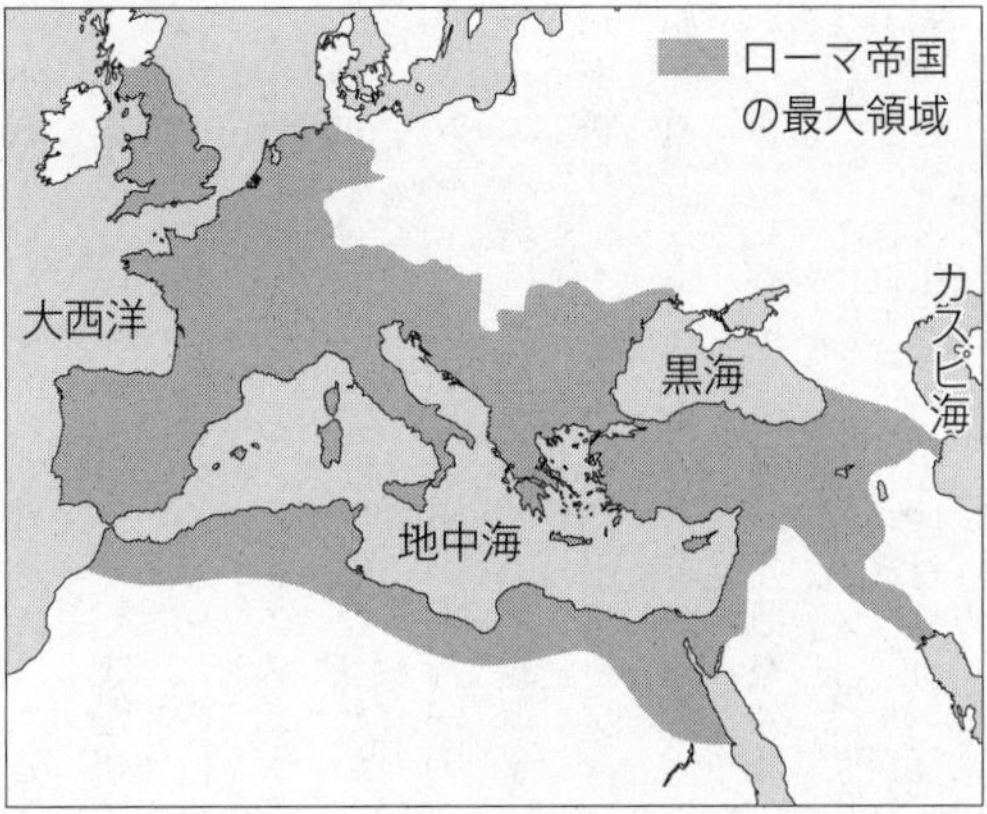

キリスト教によってローマ帝国がヨーロッパを支配した

### 天下布武とはなにか？

有名な信長✝の印。天下は「布」と「武」で統一する。もしくは天下は「布」と「武」で統治する。いずれにしても意識は「天下」だ。

口を酸っぱくして言うが、まだ辺境の地、尾張のド田舎にいるのに、信長✝の目線は別世界に到達し、向き合っているのは未来だ。起爆剤はイエズス以外に考えられない。

もう一度整理すると、イエズスが敵、仏教と闘う信長✝を選出した。巨大な既得権集団に刃向かっている男は品薄だったから、すぐに決まった。で、最初のアプローチを計画したのである。これが１５５９年３月の信長✝の初京都、義輝✝（第13代将軍）との面会だ。イエズスに熱くなっていた義輝✝は、信長✝に武器を渡し、聞きかじっていたヨーロッパを語り、イエズスの利用法を吹き込んだ。この時、横に宣教師がいなかったなど、だれが断言できよう。世界に目が向く信長✝。25歳の時だ。

つぎに正親町の勅使。１５６４年、立入宗継✝がパトロンになってくれと現れている。そして翌１５６５年７月、今度は義昭✝（第15代将軍）からのパトロン要請、31歳の時だ。さらに１５６７年12月９日、三好三人衆とうまくやっているくせに、正親町は信長✝にラブレターを出す。33歳になっている。持参したのは、これまた立入宗継✝。分かるだろうか？　ゾンビのように生き返ろうとする三人が、そろいもそろって片田舎の信長✝を頼ってきているのだ。偶然の一致ではない。理由はなにか？　その答えはこれから少しずつ明かしてゆく。

さて、この二度目がすごかった。

密書の中身は、美濃斎藤龍興攻めを称賛した「綸旨《りんじ》」だ。

綸旨とは、内裏が発行する正式な命令文である。読むと異常なほどの賞賛で、要約すれば「尾張、美濃を征服した信長は、サムライの鑑《かがみ》、武勇の頂点だ。内裏も感心している。これからも勝ち続けるであろう」とベタ褒めしたあと、「しっかりと百姓から年貢をとり、朝廷に納めよ」と、セコくセビっている。

「内裏」と「将軍」の両輪。車軸はイエズス、乗っているのは未来に転がる天下車だ。

そして、「天下布武」である。

謎の四文字。これには諸説があって、一番妙なのが、「七徳の武」という解釈だ。だれが言いだしたか知らないが、最近歴史本でよく見かける。くだらないので七徳の中身には触れないが、なんの根拠があるのか？　なにもない。根拠がないのに歴史本が群がってしまうところがこの国の勘弁して欲しいところで、もし、七徳を言いたいならば、「天下七徳」でいいではないか。しかし、「七」も「徳」もなく、この推理は的外れだ。

また「天下布武」を選定したのは、禅僧の沢彦宗恩《たくげんそうおん》（?～１５８７）という話が根拠なく定着している。これも首をかしげる。だいたいからして仏教を憎んでいる信長✝が、仏僧や仏教思想に頼るという発想がアウトだ。キャッチ・コピーを探すなら、自分を啓蒙《けいもう》し、武器弾薬を流し、反仏教で共闘するキリスト教の中に求めるのが心理だ。

実は「天下布武」のコピーライターは清原枝賢†ではないか、という説が最近浮上している。

信長✝は、信じるもののために全力を尽くすタイプだ。その信じるものをコピーに織り込むのはとうぜんで、そうなればキリスト教を意識するはずだ。しかし、イエズス色がダイレクトに出れば神仏に慣れ親しんできたノンポリ浮動票が逃げる。そこで禅僧沢彦だと流布させたという可能性はなくもない。

では「布」とはなにか？

ここまで述べれば丸見えだろう。読んで字のごとし、布教の「布」だ。しかし、この時代「布教」という日本語は見あたらない。

で、調べ尽くして浮上したものがある。なんのことはないポルトガル語だった。「フ」と言えば「信仰」である。これはもうそのものズバリ、それ以外ない。

天下布武とは、天下をキリスト教と近代的なポルトガルの「武」、つまり鉄砲、大砲の軍事力で握るという意味となる。なぜ、素直に読めないのか？　日本の英雄はキリスト教の影響下にあった、などと思いたくない現代版攘夷思考が宿っているからだが、イエズスとポルトガルの武力。それ以外に、考えられない。

イエスの時代から、キリスト教はユダヤ教、及びローマ帝国によるきびしい弾圧にあっている。

それでも、じわじわと浸透。３００年の後、ついにローマのコンスタンティウス帝が公認し、世界最大の国が屈服、キリスト教がローマ帝国の魂となったのである。その後、敵対周辺国に拡大、土着の呪術、宗教を次々と撲滅して、ヨーロッパを染めあげる。

行き当たりばったりでそうなったのではない。各国に出向き、好意的な国王、最大利益を生み出してくれる諸侯を探し出して支援。各方面のレベルアップをはかって、親政権を樹立する。

「布」教によって、敵国の官僚組織、治安部隊など、中枢の支持を得る。裏メニューは「武」だ。周辺国を実力で改宗させるばかりではなく、クーデターを仕掛け、旧い過酷な権力者の仮想世界を変えるか、キリスト教信者にすげかえるという秘策。このノウハウこそ1200年間にわたってとってきたキリスト教の最高傑作、「天下布武」である。

選挙制度のない時代、天下取りの手段はただ一つ、武力しかない。まずは新天地を調べ上げ、だれを誘うか、個人ファイルが作られる。選別のポイントは政治思想、経歴、実行力、人脈の4つ。じっくり分析し、選別する。

最初のターゲットはフランシスコ大友†、続いて将軍義輝✞。義輝✞側近の細川藤孝✞、親衛隊の和田惟政✞。早い段階で近畿の天下人、三好長慶✞を落としている。

潜り布教から表での布教活動、それからが一気だ。中心都市「堺」から周囲への拡散は早かった。

堺こそ、近畿のイエズス秘密工作司令部だった。

長慶✞の側近、和田惟政✞が「堺奉行」となる。和田惟政✞が戦死しても1575年、ちゃんと次の天下人、信長✞が側近の松井《まつい》友閑《ゆうかん》✞を任じている。イエズスとのパイプ役には和田✞↓松井✞、同じタイプだ。

歴史に埋もれた重要人物の一人である。松井友閑✞のポジションをさらりと披露するので、ぜひこの男の名は覚えておいて欲しい。信長✞亡き後も堺勢力、堺の茶の湯の巨匠、千利休✝と密着するイエズスのキーマンだ。実は千利休✝こそ、キリシタン大名を束ねるボス。その証拠に茶の湯の高弟「七哲」はみなキリシタン大名だ。イエズスは「布」のツールとして「茶の湯」を最大限に活用したのである。（千利休については拙著『軍師 千利休』に詳しい）

和田✝から松井✝が引きついだ堺奉行は、与力10騎、同心50人規模だったという。

当時、与力が３００坪、同心は１００坪ていどの屋敷が一等地にあたえられている。あなたの家と較べていただきたい。裕福どころの騒ぎではない。

「同心」の下には博徒、被差別民、テキ屋たちをまとめた親分と呼ばれる地元の顔役が「岡《おか》っ引《び》き」として２００人ほど引きつれていた。正式な構成員ではないため、ちゃんとした規定はなく、実態はよく分かっていないが、ようするにイエズス系の堺奉行松井友閑✝の戦力は、どう少なく見積もっても７００人は下らなかったのではないだろうか。人口約８０００人の堺の街にしては充分すぎる数、早い話が堺は長崎同様、イエズス開放区となっていたのである。

## いきなり「岐阜」

「天下布武」の「布」が、ポルトガル語の「信仰」ならば、「井の口」城から「岐阜」城への改名はどうか？　これも信長✝の命名だ。わざわざ変えたからには理由があるはずで、タイミングは「天下布武」の印使用の直前だ。私の目線では「岐阜」と「天下布武」は、ほぼ同時の考案である。

ギフ。日本語にして珍しい発音だ。岐阜。日本語にしては珍しい漢字でもある。

岐阜は信長✝の命名だということは分かっているものの、その本当の意味はだれも知らない。だが、日本の古事に由来していないことだけは明白である。

最近、大手を振って一人歩きしているのがシナの古典由来説だ。紀元前１１００年ごろにいたとされる文王の生まれ故郷、岐山《ぎざん》から「岐」をちょうだいしたというのだが、この話はツラい。

文王は「王」と付いているが王ではない。死ぬまで商《しょう》（殷《いん》）の家来だ。

そもそも文（王）が１００歳以上だったという長寿一つとっても臭い。Ｂ．Ｃ．１１５２

年生まれ、B.C.1056年没というまことしやかな年表はもっと怪しい。このころはまだ亀甲文字の時代。「日」と「月」の認識はあったが「年」を示すカレンダーがない時代。「年」という概念がないのに、生年没年が分かるわけはない。おかしなことだらけなのだ。

ようするに大陸の古代正史といわれているものは、『日本書紀』と同じで、目的は真実を未来に残すためではない。現支配者の正統性を補強するためのツールだから都合のいい創作史である。

どこにでもあった永楽通宝

さて、それはそれとして、文（王）は生涯を一家臣に甘んじた男で、天下人ではない。天下統一を目指す革命家信長✝がそんな男のゆかりの地「岐」を拝借するだろうか？　ぜんぜん、

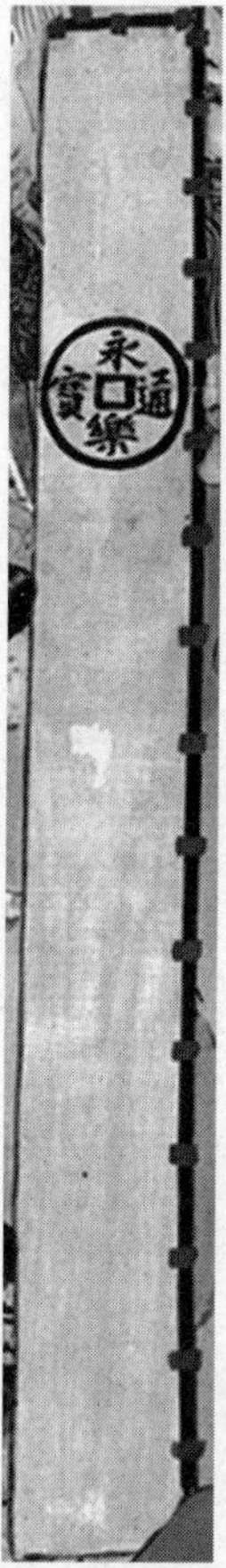

信長の永楽通宝旗

らしくない。それに岐山で生まれた文（王）は、すぐ本拠地を西岸の豊邑に移しているし、殺された長男の肉汁を飲食したというグロテスクな話を持つ一般管理職に憧れる武将が、はたして日本にいるだろうか？

岐阜の「阜」もムリだ。文（王）から下ること500年後、春秋時代の哲学者孔子《こうし》の出身地、曲阜《きょくふ》の「阜」から取ったというのだ。無関係の二人をつなぐ不自然さ、あまりにも唐突すぎる。この説の情報源すら不明だ。シナの文化になんら興味を示さない信長✞が孔子を崇拝していたなど聞いたこともないし、だいたいシナは見下しの対象でこそあれ、あこがれていたなど、信長✞本人が知れば、打ち首ものでありましょう。

各地の地名には、ハク付けを渇望するあまり、こうした大物とヒモ付けるイカサマ由来がたくさんあるが、こじつけも、ここまでくるとまじめに反論するのもバカらしい。メディアや歴史雑誌が検証なしにヨタ話をタレ流し、あるいは話題が少ないので、トリヴィア的に載せることを平気でやってしまうので、あらゆる所に大量のデタラメが溶け込んでしまっていて、こうした無責任な記事が真の日本史をゆがめてしまうのである。

「ギフ」

ゆっくり声を出して言っていただきたい。「ギ・フ」。空気洩れの連発サウンドだ。「ゲップ」「ゲボ」といった効果音に近く、たいがいの日本人なら、日本語なのか？　と疑うほどだ。

「ギフ！」

英語のGIFT《ギフト》に似ている。語尾のTは聞こえないから発音は「ギフ」だ。

ポルトガル語でも同じ、「ギフ」は贈り物。鉄砲を大量に手にし、「天下布武」を進めた結果、最初のデウスからの贈り物、それが「井の口城」である。だから神からの贈り物、「ギフ」にした。私のお遊びである。しかし、こちらの方がぜんぜん馴染める。もっと遊べばイエスかもしれない。当時の日本の文献には「ゼス」と書かれている。「ゼス」と「ギフ」。昔の日本語、ポルトガル語の発音は今とは違っていたことははっきりしているし、日本語も今の発音とは違うが、それにしても二つは似てないだろうか？

なにを言っている。そっちこそ思い込みが激しすぎると思うかもしれない。しかし岐山や曲阜よりマシだと思う。もうすこし聞いて欲しい。

ギフは決まった。次はどの漢字をあてはめるかだ。漢字は表意文字だ。見た目で伝える記号である。

「岐」は山を表し、「阜」は丘をさす。あたり一帯の地形そのままだ……と思いながら漢字を見つめると、この二文字に共通して、あるモノが目に留まった。

「十字架」である。

まてまて、それこそ強引すぎると苦笑するかもしれない。だがそうでもなければ、こんな馴染みの薄い妙な漢字など持ってこないと思う。「山」を「十字架」で「支」えると、「岐」となる。で、「阜」にも土台に「十字架」がある。

「岐阜」。どうだろうか。

信長✝は命名好きだ。新しい言葉をどんどん作っている。「天下布武」、「岐阜」、そして「天正」や「安土」もある。「天正」「安土」に秘められた由来は後ほどたっぷり述べることにする。

もう一つの気になるコピーが「永楽通宝」旗だ。

いつごろから掲げていたのかは、はっきりしないが、「天下布武」のあたりだと言われている。

これも妙だ。

というのも「永楽通宝」は、ありきたりのどこにでもある古銭、今でいうと一円か五円で、自慢できるもようなのではない。日明貿易で大量に流入したが、永楽銭をもらったところで、庶民はチェッと舌打ちするほど不人気、さっぱり流通しなかった代物である。

今だって一円玉を旗印にしたら笑われるだけだ。どこにでもある数《かず》コインをなぜ旗印に取り入れたのか？　いったい信長✝は何を表現したかったのか？

「永楽通宝」にまつわる話は家康にもある。こだわり方は信長✝とはまったく逆、1608年にこのコインを使用禁止にしているのだ。

「楽」がイエスなら「永楽通宝」は「イエスは永遠の宝」となる

特定の低額コインだけを将軍の命令でわざわざ使えなくした、という例も聞いたことがない。

ヒントはイエズスと共闘した信長✝が旗印にしたモノを、イエズスを弾圧した家康が使用禁止にしたということ。これではまるで「永楽通宝」＝「キリスト教」ではないか。アンティーク・コイン、コレクターの私は、がぜん興味を覚えた。

私の目を惹きつけたのは、やはり漢字だ。「楽」

の一文字。よく眺めていただきたい。

白という字に広がった手足が付いている。下には十字架。

「楽」という文字から、十字架にかけられた白人のイエスが浮かび上がる。

もし「楽」がイエスならば、「永楽通宝」が表す意味は、「イエスは永遠の宝」となる。

天下統一に向かう信長。だが仏教の裾野《すその》は広い。家臣には仏教信者もいる。朝廷もまだ敵に回したくない。キリスト教カラーを鮮明にすれば、仏教界、神道界のインフルエンサーが仕掛ける世論戦に負ける可能性が高い。クーデター主役の宗教的匿名《とくめい》は基本中の基本だ。

十字軍の旗はあげられないから「永楽通宝」を掲げた。そう考えるならば、強烈にキリシタン弾圧を決行した家康が、経済的な影響などないのに、わざわざ「永楽通宝」だけの破棄を命じたというのもピタッとハマる。

そしてもう一つ、楽には「自由」という意味が含まれている。

当時、自由という言葉も漢字もなかった。

しかしキリスト教哲学には、「自由」という概念が欠かせない。自由意思、自由選択、人間の自由……ポルトガル商人やイエズスと接するうちに、彼らの口から連発されるLi berdade（自由）とはなにか？ どういう状態を言うのか？ と神父に問うのは当然だ。

神父はこう答える。「和らぐことだ」「楽《たの》しいことだ」、「自由は楽《らく》なことだ」。

ここで「楽」が浮上した。

信長✝は「楽」を好んだ。

「楽市楽座」

自由市場だ。美濃、加納、近江、安土などに楽市楽座令を発布、それまで特権商人だけが牛耳っていた商売に、規制緩和を導入、改革した。

自由市場、交通税の廃止、道路拡張整備……ヨーロッパ的だ。

安土城下に巨大な「常楽寺」があった。「本能寺の変」で焼かれたと言われているが、京都に建てたはじめての正式な教会が南蛮寺であるからして、「寺」ではなく、教会施設だったと思ってさしつかえない。「常にイエスがいる教会」、もしくは「常に自由な教会」だ。

そして「信楽《しがらき》焼」。「信」長✝の「楽」と書く。

「信楽焼」は、茶道の開祖といわれる村田珠光《じゅこう》（1423〜1502）の「心の文《ふみ》」に書かれているらしく、それがほんとうならば信長✝の生まれる前から存在していたことになるのだが、「心の文」は後世偽書説が濃厚だ。工房は安土から遠くない。信楽焼といえば今は狸の置物しか思い浮かばないが、安土城の発掘調査では「信楽焼」の焼物が多数出土している。

気に入って多くの大名に気前よく「信楽」の茶碗を渡していたと思われるが、信長✝亡き後、ほとんどが破棄されてしまったという。「信楽」の印が押されていたため、危険を遠ざけたということだろう。

読者の目線を代弁すると、これらはみな私のこじつけだと思っているかもしれない。しかし昔の人は、メディア、ネット、娯楽がないので、数少ないあれこれを一日中頭の中でいじくっている。遠い敵、身近な敵に神経をとがらせて、現代人より想像力が数段鍛えられていたのは明らかだ。

想像力、妄想力に加え、絶対服従の厳格な身分制度、言論統制、監視下の通信が効いているので言葉、表現、伝達……すみずみまで充分に気を遣う日々。下手をすると首が飛びかねないのでここまでは出していい、ここまではぎりぎりダメだと、常に脳はフルに回転。手紙、俳句、連歌、自分の発する言葉、筆文字に深い意味を持たせる暗号工夫は、現代人の1000倍だ。

　たとえば有名な武将、黒田官兵衛《くろだかんべえ》†（1546～1604）の洗礼名はシメオンだ。死ぬ間際、イエズスに多額の寄付を行い、ロザリオを胸に抱いてこの世を去った本格的なイエズス大名である。

　本人は「如水《じょすい》」を名乗った。だが、それを知らない人は「如水」という名を見て「上《じょう》善如水《ぜんみずのごとし》」、あるがままを生きるのが最良であるというシナは老子《ろうし》の言葉から取ったものだと思ってしまう。しかしキリスト史を多少なりとも知っているなら、死ぬまで闘い続け、カナンの地を占領、最後まで守り続けた旧約聖書のヨシュア、ポルトガル語、「ジョズイ」から頂戴したものだと気付く。

　シメオン黒田†の例を出すまでもなく昔の人は、本心、真実を隠した。したがって漢字の一つ一つに我々の想像をはるかに超えた深い意味を埋め込むのは必然なのだ。

黒田如水の印

　私たちの脳は難なく騙《だま》される。たとえ役者が本物の殺人犯でも、善人の役で映画に登場すれば、観客はみな善人だと思い込む。真実の方がウソだと思ってしまうのである。

「天下布武」「岐阜」「永楽通宝」「楽市楽座」……そして信長命名の「天正」「安土」、この二つはあとで詳しく述べる。

義昭✝を囲った信長✝は「永楽通宝」旗を掲げて、近江の六角勢力と戦いながら京都に侵入、駐屯《ちゅうとん》した。

役者不足の三好三人衆が、破れかぶれで義輝✝を殺して最初にやったことがキリシタン追放なら、京都をおさえた信長✝が義昭✝と共に、手を付けたのが、キリスト教の「布教」許可だった。

これでイエズスとの共闘がはっきり見えるはずだ。

その後は京都の勝龍寺城、摂津池田城……次々と攻め落とし、近畿をわずか一ヶ月半で平定。怒濤《どとう》の45日だ。念を押すがこれも近畿一円のイエズス大名が呼応《こおう》したと考えれば不思議でもなんでもない。これぞ「天下布武」の威力である。

# 第4章

# キリシタン王国の王
# 信長とイエズスの蜜月

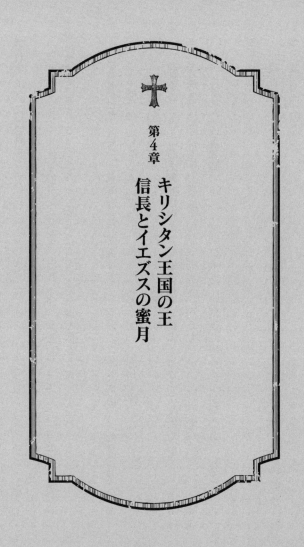

## 隠れイエズス信長✝

フロイスが映し出す被写体の信長✝。ショットの角度はさまざまだ。身勝手でありながら深い愛情を示し、つかみどころのない天才的な男の体温と匂いが伝わってくる。

〈身長は中くらい、華奢《きやしや》な身体で髭は少なく、声には張りがある。極度に戦《いくさ》を好み、軍事的修練にいそしみ、名誉心に富み、正義において厳格であった。自分に対する侮辱には懲罰せずにはおかない性格だ。いくつかのことでは人情味と慈悲を示した。睡眠時間は短く、早朝に起床、貪欲ではなく、決断力があり、戦術に老練で、性急であり、激高するが、平素はそうでもなかった。わずか、あるいはほとんどまったく家臣のアドバイスに従わず、一同からきわめて畏敬されている〉

『日本史』

独裁者というのは、おおむね常人とは違うものだが、その中でも飛びきりの異才を放つ、強烈な印象だ。

〈酒を呑まず、食を制し、人の取り扱いにきわめて率直で、自分の見解に尊大であった。日本のすべての王侯を軽蔑し、下僚に対するように肩の上から彼らに話したが、人々は絶対君主に対するように服従した〉　『日本史』

酒を呑まないというのは予想外だ。

ここで注意して欲しい箇所がある。〈日本のすべての王侯を軽蔑し〉という一文だ。あえて〈日本〉を付けている。私は物書きだから〈日本〉の二文字は重く感じる。ふつうプロの書き手が、こんなふうにわざわざ〈日本〉を入れるのは、裏の意味を汲《く》みとって欲しい場合だ。

日本の王侯は軽蔑している。が、外国の王侯、とりわけポルトガル王やローマ教皇は別だ、尊敬している、ということを暗示、強調したい時に入れ込むもので、これが信長✝の心境だったとフロイスは言っている。私の深読みではない。

〈戦運が背いても意気軒昂で、忍耐強かった。良き理性と明瞭な判断力を有し、神および仏のいっさいの礼拝、尊崇、ならびにあらゆる異教的な占いや縁起、迷信的習慣の軽蔑者であった〉　『日本史』

ここで注意すべきは〈神〉だ。

フロイスは自分たちのデウスと、日本の〈神〉をきちんと書き分けている。日本の神は創造主ではない。死んだら神や仏になる日本独特の存在など眼中にないが、デウスは違う、敬っているとほのめかしている。

もう一つは、〈異教徒〉だ。だれから見て〈異教徒〉なのか？

視点はフロイスである。

信長✝は、日本のあらゆる宗教、占い、縁起、習慣を軽蔑しているのであって、裏を返せば、イエズスの信仰、占い、縁起、習慣は軽蔑の対象になっていない、というフロイス流、告白である。

〈父、信秀《のぶひで》が瀕死になった時、信長は、仏僧らに祈禱を願い、回復するかどうかを訊ねた。すると彼らは大丈夫だと保証した。しかし父は数日後にこの世を去った。怒った信長は仏僧らを寺院に監禁した。

「おぬしらは、嘘を付いた。自分の命に念を入れて祈るがよい」と言って、彼らの数人を射殺した〉　『日本史』

1552年、信長、18歳の時の事件だ。信長✝は、若いころからいかに仏教アレジーだったかをアピールし、わざわざ仏僧に対するサディスティック・エピソードをイエズスに披露して、神父の共感を得ようとしたのだろうか？　しかも日本刀ではなく、西洋を象徴する鉄砲での射殺も暗示的だ。

文章だけなら二文字の「射殺」で終わりだが、実行となると、そうかんたんではない。火縄銃に火薬を詰め、弾を込め、火打石で火種に点火させてからさらに数秒待たなくてはならない。仏僧はすでに囚われの身、刀の方がだんぜん速いし、楽だと思うが、なぜめんどうな銃で処刑したのか？　信長✝はイエズスから輸入した武器で日本の仏教を抹殺したのだ、と共闘姿勢を神父に示したかったように思えてならない。

次の一文も、重い。

〈（信長は）形だけは当初、法華経に属しているような態度を示したが、高い位についた後は傲慢に、すべての偶像を見下げた〉

『日本史』

政策目標実現まで、宗教的中立を装うのはクーデターの基本だ。神仏に馴れ親しんでいる世間を敵に回さず、世論戦に勝つためだ。めどがたつと、仮面を脱ぎ捨て仏像、神像、日本古来のあらゆる偶像を猛烈な勢いで破壊している。

むろんキリスト教も偶像崇拝禁止である。

モーゼは神が禁じた偶像崇拝は、神への裏切り行為だとして激怒、黄金の子牛像を破壊、３０００人を処刑しているが、信長✞もモーゼのごとき振る舞いである。

ここの一文は信長✞が、キリスト教を選択し、イエズスと歩調を合わせていたことを示す重量級の証拠として取り上げていい。

これほど隠れキリシタンを匂わせておきながら、しかし次の一文で、フロイスは読者の予想を裏切る。

〈霊魂の不滅、来世の賞罰などはないとみなしている〉

『日本史』

「霊魂の不滅」と「来世の賞罰」は、カソリックの主柱だ。善を施せば天国に行き、それ以外は地獄に行く。信長✝はこれを否定したというのである。ここで『日本史』の読者は混乱する。

いったいどっちなのか？　フロイスは、その気持ちをもてあそぶかのように、宗教から離れ、信長✝個人の描写へと移ってゆく。

〈自邸はきわめて清潔であり、自分のあらゆることに、すこぶる丹念に仕上げ、だらだらとした前置きや長話を嫌った。また下っ端の家来とも親しく話をした〉『日本史』

シャープで気取りのない信長✝が見えてくる。で、記述は趣味に流れる。

〈格別愛好したのは茶の湯の器だ。続いて良馬、刀剣、鷹狩り。貴賤を問わず裸体で相撲を取らせ、間近に見学することもたいへん好んだ〉『日本史』

茶の湯が出てくる。茶器クレイジーは有名だ。

〈武器をたずさえ彼の前に出ることを許さなかった。少し憂鬱な面影を宿し、困難な企てに着手するに当たってははなはだ大胆で、万事において人々は彼の言葉に服従した〉
『日本史』

以上のような前振りで、信長✞の章がはじまっている。

## 奇妙な信長✞とフロイスの初面会

『日本史』によれば、フロイスと信長✞の出会いは案外遅い。フロイス日本上陸から6年が過ぎた1569年。「天下布武」を掲げ、驚異的なスピードで近畿一帯を支配した直後である。場所は京都二条城。将軍義昭《よしあき》✞の申し出を受けた35歳の信長✞は、さっそくパトロンぶりを発揮しての住まい建築にとりかかっている。注意して欲しいのは、この時の二条城は「内裏」ではなく「将軍」の住居だということである。面会はその工事現場。信長✞自ら額に汗し、直接指示を出していた。

信長✝は橋の上に立って待っていた。遠くからフロイス、ロレンソ了斎†が敬意を表すと、信長は橋の上に腰をおろし、日差しが強いから帽子をかぶるように告げている。

フロイスが、やにわに書き出す。

〈信長は、ほとんど常に作業現場に座るために、虎の皮を腰に巻き、粗末な衣服を着用し……〉　『日本史』

天真爛漫でカジュアルだ。

〈一兵士が戯《たわむ》れに、一貴婦人の顔を見ようとして、そのかぶり物を少し上げたとき、たまたま信長が目撃し、一同の面前で、刀を抜き、自分の手でその首を刎《は》ねた〉

『日本史』

いっきに驚愕の目撃談である。無慈悲さは才能の代償だろうか？　ヨーロッパ風、レディ・ファーストをサービスで演じて見せたのだろうか、あいさつ代わりの首斬りだ。

このシーンでなにが分かるかというと、こんなことはイエズス神父を前に無礼な態度であって、信長✞はフロイスを下っ端の通訳としてしか思っていないことが伝わってくる。

歳は幾つか？〈フロイス37歳〉日本に来てどれくらいか？〈6年目〉どのくらいの期間勉強したか？親族はポルトガルで君と会いたいと思っているか？ヨーロッパから、何通くらい書簡を受け取るか？質問攻めだが、中身はあまり重要でない。

妙な感じだ。シーンはイエズスとの初面会のはずだ。ならば、こんなカジュアルな態度で会うことは考えられない。いくらザックバランで気取りがない性格だったとはいえ、大工の棟梁《とうりょう》でもあるまいに、橋の上、トラの毛皮、首刎《は》ねなど威厳ある天下人として、どうも妙だ。

質問も大したものではない。好奇心の塊なのに、どうでもいい内容ばかりだ。

このことから私は、信長✞とイエズスの正式な会談は、これまで秘密裏に何度も行われていて、しかしそれを書けば、関係が公になる恐れがあることを危惧し、いっさいをカットしたと推測している。

フロイスはなににビビって書かなかったのか？『日本史』の執筆時期と関係している。これから述べる状況を考慮すれば、ボカした理由が分かっていただけるはずだ。

フロイスがペンを持って机に向かったのは1583年の秋、つまり、信長✞の死後一年。上司の命を受け、九州島原半島で書き始めている。

ペンを置いたのは62歳、1594年。実に11年間、その間フロイスは大切な原稿を行く先々に持ち歩きながら没頭しているのだが、なにが言いたいかというと、秀吉政権の激しいキリシタン弾圧下で執筆しているということだ。フロイスは秀吉に神経をとがらせているのだ。

こう述べれば、ポルトガル宣教師の書簡を日本人が覗くだろうか？　と思うかもしれない。それは現代という穏やかな時代に育っている人間の感覚だ。

当時はそんなに甘くはない。あらゆる文、モノに検閲があり、いたる場所にスパイがいて、身内の神父だって、書生だって秀吉や家康の手先かもしれないのだ。

万が一、原稿が秀吉の手に渡ることがあれば、危害は自分だけに留まらない。相手は暴君、信者とみれば平気で耳と鼻を削ぐ精神構造の持ち主だ。いつ摘発されるとも限らない身の危険を感じながらの執筆。加えて、後ほどたっぷり解説するが、「本能寺の変」の黒幕は秀吉であることは知っているから、信長✞とイエズスの具体的なやりとりは絶対に口を閉ざさなければいけないタブー。で、徹底的に隠したのである。

話を戻すと、この時、信長✞とフロイスの談笑は2時間続くのだが、取り囲んだ群衆の中に数名の僧侶の姿もあった。

地声の大きな信長✞は僧侶を指さし、憤慨を口にする。

「あそこにいる欺瞞《ぎまん》者どもは、君たち神父とはぜんぜん違う。民衆を欺《あざむ》き、自分を偽り、戯言《ざれごと》を好み、傲慢で僭越《せんえつ》のほど、はなはだしいものがある。私はすでに幾度も彼らをすべて殺害し、これからも殲滅《せんめつ》しようと思っていたが、人々に動揺を与えぬため、また人々に同情しておればこそ、私を煩《わずら》わせはするが、連中を放任しているのだ」

新しい将軍のための新しい住まい。建築石材は、いくらあっても足りなかった。仕事を割り当てられた各大名は、家来を引き連れ、寺社を回って、手あたりしだい、石という石を運び出している。

〈人々は、もっぱら信長を喜ばせることを欲したので、少しもその意に背くことはなく、石の祭壇を破壊し、仏を地上に投げ出し、粉砕したものを運んできた〉『日本史』

寺の石材を破壊し、持ち出せば信長✞の機嫌が良くなったと書かれている。

〈二条城の台所には、寺院から取ってきた両手を挙げた仏像を二つ立てさせ、その頭に大釜を置き、コメを炊き、湯を沸かした〉『日本史』

祭壇であろうが仏像であろうが、見境なくぶっ壊す。イエズスとしては喜びのハイタッチだ。将軍の台所の釜戸《かまど》が仏像で、煮炊きする度に火炙《ひあぶ》りになる。仏僧にしてみれば我慢できない光景である。いったいぜんたい日本史上これほど寺院を破壊した男がいただろうか？

いる。岩倉具視、大久保利通、西郷隆盛……明治の元勲たちが決行した廃仏毀釈《はいぶつきしやく》だ。全国で一万を超える寺を破壊し、無数の仏具が焼かれ、万という数の僧侶が辞職している。仏僧が武将に手を出せばどうなるのか、カネを横取りすればどうなるのか？　徹底的に思い知らせる信長✞。1000年続いた仮想世界を楽々と創り変えた憎悪はすさまじく、とどまることを知らない。

〈建築期間中、街内外の寺院の鐘を鳴らすことを禁じた〉　『日本史』

時を告げる鐘の音を軽くみてはいけない。気付かないかもしれないが、これは時間の支配と切り離せない。暮らしへの介入だ。つまり鐘の音を聞くたびに人々は神仏の存在を無意識に意識し、時空を支配している寺パワーに気付くことなく拘束されているのである。したがって今の日本でも、キリスト教の教会やイスラム教寺院が鐘を鳴らすことをよしとせず、寺社だけに許された特権なのだ。

しかし、平然と止めた信長✞。鐘は建築作業の合図のみ。合理的である。それ以外は、ウザいので禁止、独創性と実行力と自信を絵に描いたような男である。

33歳　67年　9月　信長✞、「岐阜」城に改名、美濃を支配
　　　　　　12月　「天下布武」の印を使用
34歳　68年　10月　信長✞、義昭✞を伴って京都入り
　　　　　　　　　義昭✞が信長✞に副将軍の位を勧めるが拒否

69年　3月　信長✝、フロイスと面会。布教許可

信長✝で息を吹き返すイエズス。

成文化された法律はなく、政権のルールらしきものは、街頭の立て札、「触《ふ》れ」だけである。それも気まぐれ的だし、主観的だし、いくらでも都合よく意訳できる穴だらけの代物。現代で言うならば故意にザックリとした法を作っておいて、こまかなことは現場役人の判断しだいという「裁量《さいりょう》」システムだ。この裁量権で役人が腐敗する。甘くしてもらいたいがためのワイロを誘発するのだが、この「裁量システム」で、役人はたらふく食べ、ヤリたい女とヤリ、日が暮れたら寝、弱者をいじめるという絶対服従を強いるパラダイスが可能になる。

過酷な統治、苦難しかない下々の暮らしに、なんの未練があるだろうか？　物質の窮乏で良心が崩れるのは世の常である。そんな地獄の中に、神の前の「平等」と「愛と赦し」を掲げたキリスト教が登場し、しだいに目鼻をつけてゆく。

イエズスには「第六天魔王」信長✝がついている。恐いものはない。

謙虚さと傲慢さ、理想主義と利己主義の間で、したたかに教会、修道院、十字架を建て

ていったのである。

貧困と差別はガソリンの海だ。そこに火の粉が落ちると、一気に炎が燃え広がる。

「永楽通宝」を掲げた十字軍が石山本願寺、比叡山、伊勢一向宗……に襲いかかる。

そんな中、伴って入京した早々、義昭✞が申し出た副将軍職を信長✞は即刻蹴った。このことから、もともと将軍という「威光財」などないよりあった方がよいていどの感覚で、とりたてて興味があったわけではなかったのは歴然だ。それならば信長✞はなにを見ていたのか？

ローマだ。いきなりこう書くと驚くかもしれない。

しかし信長✞の頭の中を覗けば将軍は京都入りまでの道具、それもクーデター序盤での小道具に過ぎず、京都入りという第一段階が完了すれば、用はない、おさらばという腹だった。

それに対して義昭✞は古き良き時代の復活を狙っていた。

このへんが庶民の理解の及ばぬところだが、惜しみない散財で育ってきた人間というのは、いつまでも古い「威光」が陳腐《ちんぷ》でお荷物になっていることに気付かない。京都リターンで昔の栄華が復元し、信長の川下、ナンバー・ツーはいやだとばかりに、ついに離反、ナンバー・ワンにしてくれる武田信玄、仏教勢力と組み、信長✝包囲網に動いた。

義昭✝が思い描く仮想世界では、信長✝とイエズスは「将軍」家の再構築に動いてくれるはずだった。「予が頂点であるぞ！」と言ったとたんに「勘違いするな！」と家ごと壊しはじめたのである。

頼りの武田信玄が「第六天魔王」の「祟《たた》り」で死亡、いっきに信長✝包囲網が崩れる。もう勝負にならない。信長✝とは知力、武力、資金力のすべてが違った。１５７３年、二条城から追放された将軍義昭✝が落ちのびた先は中国地方、毛利家である。

ここに２３５年間の足利の世、「室町政治」が名実共に終焉《しゅうえん》した。

## 俺の「天正」

１５７３年７月28日、元号が「元亀《げんき》」から「天正《てんしょう》」になる。

変えたのはむろん、人のやらないことをやる信長✝。元号制定は朝廷の特権なのに朝廷女官たちの日記、『御湯殿上日記』には義昭✝追放三日後、信長✝から改元の要請があったと書かれている。

「天正」。

将軍追放直後のタイミングだ。

将軍を追放し、京都での信長政治のスタートが「天正」なのだ。我流に解説すれば「天」つまり「デウスが正す時代」だ。

なぜ信長✞は元号に着目したのか?

こだわったのは、これまた大名で唯一、信長✞だけである。

私の目線に従えばイエズスの関与だ。目指したのは西洋暦。朝廷にそれを打診したが、らちがあかず、ではまず「元号」をと、「天正」にして一歩を進めた。

この暦問題については、とんでもないことが9年後に起こるのだが、超重大事件なので後ほどゆっくり述べることにする。


弾みをつけて宿敵の朝倉、浅井を攻め落とす信長✞。

教科書に載っている戦闘部隊はもっぱら明智光秀、秀吉、柴田勝家、佐久間信盛などだが、歴史は見かけとは違う。重要な役割をはたしているのはイエズス大名だ。

ジュスト高山†、細川藤孝✞、忠興✞親子、レオン蒲生†、アンリケ結城†、アンタン結城†、シメオン池田†、サンチョ三箇†……。

しかし彼らの功績、存在までもが消され、歴史は朝廷、仏教のフレームの中に収められている。

## 長篠の戦いとイエズス

１５７５年６月29日。信長✞、家康連合軍３万～４万が１万５千の武田軍と激突したのが有名な「長篠の戦い」である。場所は今の愛知県新城市《しんしろし》。

１５００～３０００挺からなる信長✞鉄砲隊VS武田騎馬軍団。イエズスと仏教勢力。どちらが強いか？　また「キリスト教」と「仏教」の激突。全国の武将が固唾を呑む、新旧を象徴する大注目の一戦である。

ご存じの通り、騎馬軍団が突進する。馬防柵がそれを阻止、銃弾をいっせいに浴びせ、信長✞軍の圧勝であっけなく終わった。信長✞の三段撃ちが後世の語り草となっている。

火縄銃の欠点は二発目の時間だ。一発撃って、二発目までがやっかいだ。粉末火薬を鉄砲の先からさらさらと流し込み、それから弾を詰めるのだが、30秒を要する。その間に騎馬兵ならずとも、槍の足軽ですら１５０メートルは突進してくる。鉄砲の射程距離は50～70メートルだから間に合わず、串刺しだ。そこで編みだしたのが三段撃ち。

鉄砲隊を前後三列に並べる。まず撃つのは片膝をついた最前列。続いて直立した二列目が撃つのだが、その間に、前列はさっと最後尾に回り込んで弾を込める。で、三列目射撃。これを繰り返せば連射が可能だ。

三段撃ちはなかった、という説もある。しかし普通の脳ミソがあれば、だれでも思い付く方法で、中世の人間をバカにした意見だ。

そもそもこの兵法は、鉄砲ができた直後にヨーロッパで編みだされており、オランダが早くからとり入れているとか、イギリス軍が早かったなどと言われている。

原野では秒速15メートルで突進する騎馬隊が有利だ。そこで塁《るい》、塹壕《ざんごう》、柵……障害物を造って防ぎ、迎え撃ったのだが、スペイン軍が考案したという馬防柵《ばぼうさく》戦法は信長✝が日本ではじめてであるという説はもっともだ。というのも、イエズスの軍事インストラクターの存在である。

## 奇妙な長篠合戦図屏風は語る

怪しい絵がある。

財団法人犬山城白帝文庫《いぬやまじょうはくていぶんこ》所蔵の長篠合戦図屏風だ。巻頭カラーページ、上の絵を見てもらいたい。おおむね合戦の100年後に描かれたものだといわれているが、それがほんとうだとしたら口伝に味付けしたものだろう、作者は不明だ。江戸時代に入って、オーダーした人物は徳川家康の家臣の家臣、成瀬《なるせ》家だということが分かっている。長篠の合戦で、先祖の活躍をアピールしておきたいと考えるのは自然なことで、自分の陣を少々自慢気に盛っていてもご愛嬌だ。

中央にダビデの星を配したイスラエルの国旗「六芒星旗」

中央左に「五」という旗がある。この「五」は徳川家康の伝令旗だから、目の前の馬上の武者が家康だろう。

奇妙なのは左下の二人の武士。背をこちらに向けているのだが、家紋は日本のものではない。ダビデの星だ。現代のイスラエルの国旗と同じものである。イエズスの推奨《すいしょう》により、イスラエルが採用したマークで、つまり源流はイエズスなのである。いや、これは陰陽《おんみょう》道の印だという人がいるがまったくの勘違い。陰陽道は晴明紋、つまり五芒《ごぼう》星で六芒星ではない。

左上の信長✝を見ていただきたい。前を歩く男は完全なポルトガルのヘルメットを持っているではないか。

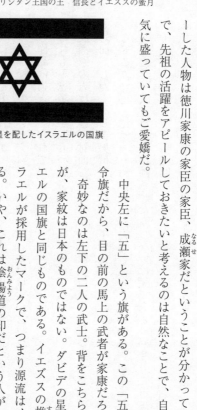

そしてもう一つ、三人の男が信長✝の方を向いている。こちらの背の紋も見慣れない。さらに驚くのは、下の絵、別の「長篠の合戦屛風」が存在する。

こちらは大阪城天守閣保管だ。

実は他にも8枚ほどあって、それらはすべて成瀬家蔵の模写だということが分かっているのだが、この「ダビデ男」は成瀬家蔵と大阪城蔵の2枚にしか登場しない。つまり、他の6作品は描き変えられているのだ。

これも不思議だが、もっと奇妙なのはダビデ男の位置だ。

成瀬家の方は家康と対面しているが、大阪城所蔵の方はなぜか移動し、なんと信長✝との対面、しかもダビデ男は三人に増えている。

なぜこんなことになったのか？　たんなる模写なら、「✡」が登場したり、しなかったり、増えたり減ったり、移動させたりしないはずである。つまりこういうことである。

イエズスの「✡」軍事顧問団は有名な話として後世語り継がれており、100年後の成瀬家の作者が印象的に描き残した。そうとは知らない徳川の家臣は、見事な屛風絵の噂を聞き、贈答用に数枚の模写を命じた。いざ完成品を眺めてみると見慣れない紋があった。なんと現在進行形で弾圧しているキリシタンの親分、イエズス紋であることが判明。で、これらの模写屛風は、激ヤバなイエズス色をカット、こうして絵が塗り変えられていったのではないかと考えている。

イエズス軍事顧問は鉄砲の三段撃ちを教え、それまでの田植えと刈り入れ繁忙期は農民、それ以外は武士という半農半兵だった軍隊を改めさせて、日本初の３６５日「常備軍」を創設させた。常備軍は神聖ローマ帝国で出現したシビレるほどのプロ軍団である。

また信長✞が造らせたという長さ20～30メートル、幅約10メートルの鉄甲船も彼らのアドバイスから生まれたと考えるのが自然だ。

## アマデウス信長✞

フロイスはこう述べている。

〈信長は短期間に日本王国の主《あるじ》になることを成就し、すでに34か国を入手、残る諸国も征服の途上にあり、行く所敵なく、デウスが彼の命の糸を断つことがなければ、早晩主になることであろう。彼は万人に恐れられた。地方の多くの敵は、敵でありながら好感を得るために、名誉ある妥協を計ろうとしても、自信と能力にあふれた信長は、家臣としての身分以外は、これを受け付けようとはしなかった〉『日本史』

有無を言わせぬスピード感、神がかった圧倒的な強さ。これを可能にしたのがイエズス軍事顧問とイエズス大名たちである。身も心も捧げるイエスへの信仰が、信長✝革命を支えていた。

〈今まで信長は、神や仏に一片の信仰すら持ち合わせていないばかりか、仏僧らの苛酷な敵であり、迫害者をもって任じ、その治世中、多数の主だった寺院を破壊し、大勢の仏僧を殺戮《さつりく》し、なお毎日多くのむごい仕打ちを加えた。彼らに接することを欲せずに迫害を続けるので、そのすべての宗派の者たちは意気消沈の中にあった。ある意味で、デウスはその聖なる教えの道を開くために、彼（信長）をそれと気づくことなく選んだようであった〉『日本史』

革命的創造は破壊からはじまる。

〈信長が（仏教に対して）このような憎悪を抱くにいたった動機は、一部の仏僧らが彼の支配の拡大に対して、抵抗を試みたことに基づいている。一部の宗派にはきわめて富裕で強大な仏僧たちがおり、大いなる城の豊かな土地の領主であって、信長は彼らから長期間にわたる抗戦を受けており、時には窮地に追い込まれることもあった。

　ここから仏僧に対する一般的な憎悪が植え付けられ、それは結果から知られるように、彼らのいっさいを根絶せずにはおれぬほどの決意であったように思われる。信長は日本で仏僧たちが有していた主要な大学（比叡山）を蹂躙《じゅうりん》し、無数の寺院を焼き払い、彼らの食禄を没収し、それを兵士たちに分け与えた。それらの行為は仏僧の上に下されたデウスの正義の鞭のようであった〉　『日本史』

信長✝の怒りは、デウスの正義の鞭、救世主だ。アモーレ（愛する）・デウス（神）＝アマデウス。アマデウス信長✝。神に愛されし者である。

〈信長はあまりにも強大で恐れられていたので、彼の進む道には万人が後に続き、キリシタンに対して彼が示す好意により、仏僧たちの権威と信仰は、著しく減退した〉

『日本史』

カビ臭い組織はいらない。どんな困難にも立ち向かい、信念で主義を優先させる信長✝。崖っぷちに追い込まれる仏教界。

〈仏僧の大敵であるこの残忍な君主が、神、仏、その他日本のすべての宗派に対して、我らが反対の教えを説いていることを承知しているとはいえ、キリシタンに対してこれほど過度に親切に振舞ってくれるのははなはだ注目に値する〉『日本史』

破壊行為は住吉神社にまでもおよんでいる。

だからと言って、キリスト教の信者だとは記しておらず、冥界で死者を裁くオシリスみたいな扱いだが、もう少しさかのぼって、深掘りしてみる。

## 聖地、安土

一つの所にじっとしていられない信長✝。勝幡《しょばた》城で産湯《うぶゆ》につかった後、那古野《なごや》城、清洲城、小牧山城と移動。この時、イエズスと触れ、化学反応が起きる。あらゆることに問題意識を持って考える新人類にでもなったかのように、心の歯車が回りはじめるのだ。イエズスとの共闘。さっそく授かりものがあった。

井の口（稲葉山）である。

この地を天からの贈りもの、ギフト、またはゼス（イエス）、からギフと命名、十字架を二つあしらった「岐阜」の漢字を使用した。

イエズスを受け入れ、証としてフェ（信仰）＝「布」とポルトガルの兵器、鉄砲、大砲、「武」の「天下布武」をぶち上げる。

この印章は日本には見られない特長がある。それまでの武将はみな角印だが、しかしこちらは南ヨーロッパ印である楕円。

イエスは永遠の宝。「永楽通宝」旗をひるがえしての上洛《じょうらく》戦。イエズス・シンパの義昭✝と共に入京、ただちにキリスト教の布教許可を出す。キリスト教を受容し、寺院を徹底的にぶっ壊しつつヨーロッパ式の重商主義を取り入れた信長✝は、あっという間に堺を抑え、経済を牛耳り、通行税を撤廃して「自由市場」、「楽市楽座」を全国に推奨した。それは通行税で潤《うるお》っていた既得権者、仏教勢力に打撃を与えるためでもあった。信長✝とイエスが一体になった焼物「信楽焼」で遊び、茶の湯に浸る。

これでも信長✞がキリシタン・シンパでなく、イエズスとの共闘はなかったと言う人がいるなら、想像力に問題がある。


入京後、復権を夢に描く将軍義昭✞を持て余す。

副将軍職になれ？　過去の遺物に魅力はない。頭にあるのはヨーロッパ。最初から同床異夢の二人。朝起きたら信長✞のレベルアップは予想のつかない域にあって、従うならよし、そうでなければ追放する。

一矢も報えず、将軍が沈没。かんたんすぎるほどかんたんだった。元号をゼウス（天）が正しい「天正」に改め、最後の仕上げにとりかかる。残るは旧体制の二つ、内裏と仏教勢力だ。

二つを同時に敵に回すのはつまらない。内裏はひとまずあやしておいて、先に料理すべきは危険レベルに達している仏教勢力だ。まず広角打法で怖気《おじけ》づけさせ、様子見を決め込む大名の取り込みと、巻き込まれたくない大名の無力化をはかる。あるていど区切りがついたところで、取り掛かったのが安土城である。場所は岐阜と京都の中間点。

なぜ京都にしなかったのか?

むろん信長✞のターゲットは京都だ。内裏がいるだけではなく、仏教宗派の本部が集中している特別感。京都を手に入れた者が天下人だ、というのが全国大名の古い共通概念でもあるので、押さえておく必要がある。

ところが京都には要塞城がなかった。城を建てるにも地形が平らすぎて、難攻不落の構えは難しい。

仏教武力勢力が京を囲んでひしめいていて、越後には野心的な上杉謙信がいる。北陸の浅倉義景も腹が読めない。北の外れには、えらく危ない勢力ものさばっていた。泣く子も黙る「本願寺門徒独裁国家」だ。連中が周辺の仏教勢力と組まれたらたまったものではない。そこで一計を案じ、北方勢力と京都を分断すべく、間に軍事拠点を固めることにした。で、琵琶湖に面した安土城をこしらえたのである。

馴染みある取り巻きがいて、カネの流れが大きい尾張と美濃の「中京圏」。京都、大坂、堺の「近畿経済圏」。このリッチな二ヶ所を中間でつなぐ、物流中継基地という側面も頭にあった。

それにしてもなぜ、なにもない田舎を一から切り開き、大きな城と街を作ったのか?

という疑問が湧く。城ならこれまでやってきたように、ロケーションのよい既存の城を没収するだけですむはずで、こっちの方が安上がりだ。六角氏の「支城」があったというが、掘っ建て小屋に過ぎない。どう考えても妙な案配で、なにやらまっさらな土地にニュータウン建設……。

数ヶ月間あれこれ考えたが、いずれもパンチ力が足りなかった。が、瞑想の最中に降りてきたのである。ヒントは「安土」の二文字にあった。

信長✝の造語だ。アヅチ。これまた日本語としてはヘンテコである。ヘンテコなうえに安をアンではなく、アと呼ばせている。「ア」なら「阿」や「亜」が普通だ。

なぜ「安」を使ったのか？

一般的な読み方ならアンだ。したがって歴史を知らない日本人なら、安土はアヅチではなく、アンドと読む。

アンド？　ピンときたのがポルトガル語のアンジョだ。

アンジョ……そう英語でエンジェル、「天使」のことである。

フロイスの言うとおり、信長✝が、天から舞い降りた「大天使」なら、「信長の街」は「天使の街」となる。

アンジョを「安土」と書き、アヅチと読ませた。もしそのままアンドと読ませた場合、天使の街がバレる可能性があって信長✞の支持率が下がる。だからアヅチと呼ばせた。「天使の街」はカソリック教徒が好んでよく付ける都市名で、アメリカにもある。そう、ロス・アンジェルスだ。

安土城の完成は1577年。内装の終了までは、さらに1～2年を要している。山の頂上に地下1階、地上6階（5階説あり）の「天主閣」がそびえている。

歴史ファンなら「天主」の文字が違うことに気付くはずだ。ほかの城は、例外なく「天守閣」、天を「守」ると書く。「天主」と記しているのは唯一、安土城だけなのだ。

もうお分かりだろう。天主はデウスだ。大浦天主堂、黒島天主堂……これらみな教会であり、シナでもデウスは昔から「天主」と書かれている。

信長✞は「天使（安土）の街」に「天使（安土）城」を建て、ペントハウスに「天主」、デウスを配したのである。

アイドルの熱狂的ファンがグッズをそろえるのとはわけが違う。信長✞の強い意思表示だ。無神論者がこんなことをするだろうか？　ひょっとすると、密かに洗礼を受けていたのではないかと疑うほどである。

『日本史』に信長✝洗礼が書かれていないのは、平階級の神父、フロイスが信長✝の洗礼を知らなかっただけで、上級の司祭の手によって極秘に行われていた可能性は充分考えられる。

クーデターの実行者は、内部の人間にすべてを知らせることはない。極度の警戒心から、仲間であっても資質のない人間は外し、特別な人物だけと情報を共有する。ヴィレラ、トーレス、オルガンティーノ、そしてヴァリニャーノ。イエズス上層部、それもごく限られた人物だけが、信長✝のクーデター計画の共有者だという推理は的外れではない。そして下々の生まれで、学校を出ていないフロイスは外されていた。

たしかにこれは、現象面を単純化した説明かもしれないが、ここは大目に見てほしい。パターン化して考えると、日本人離れした信長✝のあらゆる行動が、すっきり呑み込めるのだ。

## 「天使の街」

フロイスは聖地、安土開発の模様をこう記している。

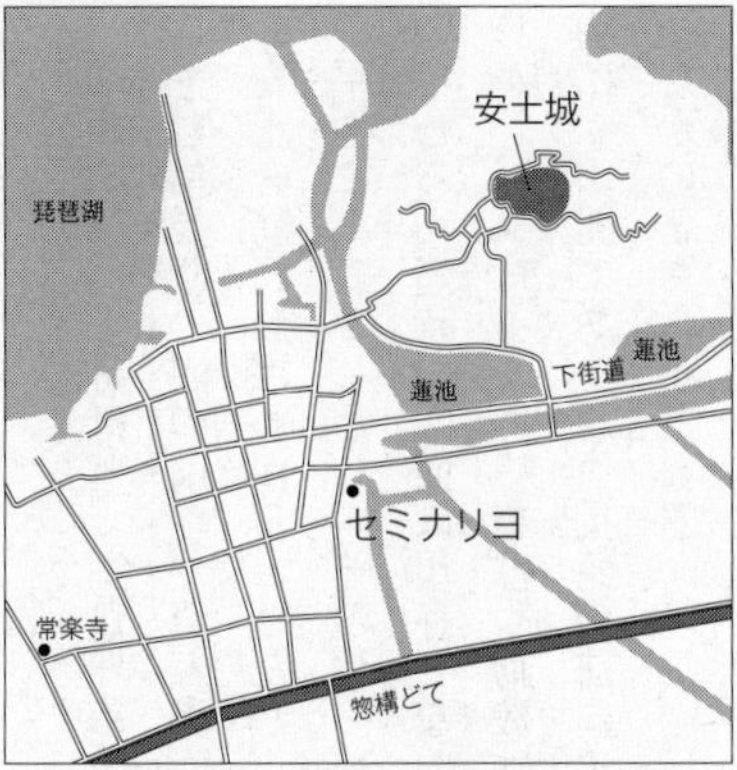

信長館の前にセミナリヨがあったと書かれている

〈信長に近づきたいために各地から主だった有名武将たちが参集し、彼らは城裾の山間に、争って豪華な邸宅を建てている〉『日本史』

〈オルガンティーノは、自分たちも、信長と政庁を構成する名だたる武将の間に、住居を設けることができるならば、信用と威信を高められると考えた〉『日本史』

安土をイエズスの拠点にし、全国の武将を住まわせ監視下に置いた。いわば人質だが、前例のない、賢い都市計画だ。開発があるていど進んでから、イエズスが呼ばれた。問題はスペースの狭さだった。高級邸宅地は、すでに建築中の大名館で占められていたのだ。

で、オルガンティーノは、直接信長✝にかけ合う。

即断即決。半月ほどで湖が埋められ、広い敷地が出現した。しかもそこは武将たちもうらやむ信長✝の館の前だったと書かれている。

安土を訪ねればわかることだが、セミナリヨなどイエズス施設跡は山間ではなく、山裾の平地にある。しかし、その目の前が信長邸だったという記録は今のところ日本側にはない。むろん当時の図面は現存しないから、憶測の域を出ないが、この矛盾が気にかかる。しかし、フロイスに嘘を書く動機はない。となると可能性は二つ。平地のセミナリヨとは別に、山間にあった信長館の前にイエズス本部を建てたか、それとも、下にも信長邸があったかのどちらかとなる。

いずれにしても、真向かいならば、両者は心身共に一体だ。

堺から安土へのイエズス本部の移動。建築には士農工商あらゆる階層、あらゆる業種のキリシタンたちが銀、材木、米、人手を提供したと書かれている。武将は武将で、キリシタン大名でもないのに自分たちの館建築よりもイエズス本部の建設を優先、人夫を割《さ》いてまわす気の遣いようだ。

信長✝の手前そうせざるをえないのだが、イエズスとの交流や奉仕がファッションのようになっているようでもある。キリスト教を普段使いしているうちに、価値観やライフスタイルそのものも変化をもたらし、この街は独特の雰囲気になってゆく。

信長✝はイエズス館の棟上げ式を満足そうに見学、よほど楽しみにしていたのか、頻繁に現場に足を運んだ。企画したオルガンティーノを褒め、とつぜん「地所が狭い！」といって隣接している武将の新館を、４、５軒潰させて、周囲を驚かせる。された方はたまったものじゃないのだが、大変な惚れ込みようだ。

有無を言わせず、もっと大きく、もっと立派に！　建築が進むにつれ、信長✝はなにか特別なことが閃《ひらめ》き、そう命じたふしがある。

一等地を与える気遣い、敷地の拡張……たんなる気まぐれではない。私は資料をあさった。するとまもなく、なるほどとつい手を打ってしまうほどの合理的な答えに突き当たったのである。ある人物の到着だ。そのために、目配り、気配りの信長✝は、体裁を整えたのであるが、それについてはもう少し後で述べることにする。

信長✝は、教会の建設費の一部として２００クルザードを寄付している。１クルザードはその時代、金３・５グラムに相当する。すると金７００グラム。今の金額にしてざっと

６００万円だ。もっと見栄えのするものを建てなさいという気遣いなのだが、ポケットマネーによる配慮もハンパではない。

さらにもっと腰を抜かす記述があった。

〈信長が、安土城と同じ瓦の使用を修道院に許可した〉　『日本史』

金箔瓦だ。城とイエズスの施設を同列視！　ナンバー・ワン、オンリー・ワンでなければ気が済まない君主としては前代未聞の命令だ。周囲の目にはどう映るのか？　ピンとこない読者はこういうシーンを思い浮かべてみていただきたい。明治時代、ある人物が皇居の前にドーンと立派な家を建てる。そして菊紋瓦。そこに天皇が幾度も訪れる。どうだろう、おそらくその人物を皇族、それも超特別な人間だと読み解くはずだ。

金箔のオソロ瓦。そろそろカミングアウトしてもいいのではないか、などと考えたのだろうか？　大胆にして計算しつくしたメッセージである。

特別扱いは続く。他の武将は2階止まり、なのにイエズス館だけ3階建てＯＫ！

〈こうしてわずかな期間に〈信長の館に次ぐ、もっとも気品ある邸の一つとして修道院が完成した〉　『日本史』

他の武将の館を4、5軒解体したというからには、どう見積もっても敷地2000坪はあったのではないだろうか、安土城の次に立派なイエズス本部である。

〈階下には、外部の人を宿泊させるために、はなはだ高価で見事に造られた茶の湯の場所を備え、きわめて便利で、清潔な良質の木材を使用した座敷が……〉　『日本史』

街頭の金箔瓦と3階建ての安土のセミナリヨ

3階部分がセミナリヨだ。長くて広い教室を備えており、外界から隔離された寄宿舎には、25名の少年が寝泊まりしたとある。

宗教はウィルスのように器官から侵入して、脳を占領する。脳は身体を支配し、社会を創り、国を形作ってゆく。イエズスにとって教育は生命線だ。力を入れるのはあたりまえの話で、７歳から教え込めば、13年ほどで国の強力な担い手となる。

16世紀から、学校というマシーンで思考と実証主義を世界に種をまいてきたからこそ現在、キリスト教、とりわけローマ・カソリック（ヴァチカン）は12億の信者を抱え、１８０ヶ国と外交関係を有し、１０６ヶ国に大使を常駐させて「存在感」「外交力」を発揮しているのである。

ちょくちょく顔を出す信長✝。それに応え、神父たちも二週間に一度ほど、果物や菓子をもって信長✝を訪問したと記されている。

〈訪れるたびに、二、三度デウスのことについて語り、教義を要求した。きわめて注意深く聞き、周囲の人々に数々質問を投げかけ、結論として仏僧たちの言うことはみな偽りで、来世に関しては、伴天連たちのいうことだけが事実と思われると常に話していた〉『日本史』

フロイス証言の矛盾は、ここの文にある。

ここでは「来世についてはは神父のいうことが事実だと常に話していた」と書き、一方で信長✞は「来世はないと言った」と述べている。

どちらがほんとうなのか？

信長✞が変節したのか、フロイスの気持ちが揺れたのか、それとも信長✞の気まぐれ的軽口を、重く受けとめたのであろうか、『日本史』の「揺れ」については、もう少し先にたっぷり書くとして、今は先に進む。

信長✞が「本部」にちょくちょく顔を出すことで、イエズスの信用と評判が高まる。

特にイタリア人のオルガンティーノをたいへん気に入っており、個人的に自分を訪ねることを命じている。オルガンティーノは京都、堺地区の責任者である。信長✞が鷹狩りで捕獲した鳥を贈った様子が書かれているが、中世における君主のこのふるまいは、最高級のもてなしだ。

後にオルガンティーノは、安土のセミナリヨの院長となる。大の日本びいきだ。書簡の中で「われわれ（ヨーロッパ人）はたいがい賢明に見えるが、彼ら（日本人）と較べると、ずいぶん野蛮だと思う。（中略）私には世界中でこれほど天賦の才能を持つ国民はないと思う」とベタぼめだ。

大航海時代のカソリックは、我々がイメージする宗教団体ではない。多国籍企業の顔も持っていた。世界中の情報を持ち、最新のビジネス・モデルと技術、富の使い方、人の使い方を知っており、その中でもイエズスは別格だった。

総長をトップにすえ、ローマ教皇をはじめとする上筋には絶対的な従順性を求め、精鋭部隊としてプロテスタントの拡大をくい止め、一時、衰退させたほどである。

きびしい目はカソリック内部にも向けられ、汚職、不正を追及して、高位の聖職者と対立する自浄力も宿していた。

ロバート・デニーロ主演映画「ミッション」は1740年代、南米で起こった実際の事件がモデルだが、イエズスは先住民を守ってポルトガル・スペイン連合軍と3年間にわたって武器を持って交戦。結果、イエズス側が全滅した。これほどストイックな組織である。

健全な力は、私有財産を持たないことだと語り、家族も個人的資産もなく、「失うものがない人間ほど強い力を発揮する」という信念にブレはない。

全国の名だたる諸侯が館をかまえた聖地「安土」は、キー局がギュッと詰め込まれた全国ネットの発信基地。たびたびイエズス館を訪問する信長✞、それに見習う他の武将たち。ひときわ異彩を放つイエズスの名は、彼らを通じて否《いや》が応《おう》でも全国に拡散した。

仏教からの改宗は絶えなかった。1581年、武将京極高吉《たかよし》✝（1504～81）と妻マリア✝、娘マグダレナ✝が信者になるなど、『日本史』には、近畿地方だけでも、一年間で、4000名あまりが増えたと記されている。

少しずつの進歩と時々起こる飛躍、そして限定的な後退。エリアと規模が広がってゆくにつれ、イエズスにとっての日々は、昨日より確実によくなっていた。

障害は、ただ一つ。「姦淫《かんいん》するなかれ」という掟だった。快楽に直付《じかづ》けされた日本の風習とまっこうからぶつかっており、これを守るのは困難で、もっと寛大ならばただちにキリシタンになるという武士は多かった。

信長✞の長男、信忠（1557?～82）もその一人だ。

この掟さえ除外をすれば入信者は倍増すると思うので、検討したらどうかと語っている。

信忠は日常の遊戯《ゆうぎ》としてとらえているだけであって、ぜんぜん悪びれてないところがおもしろい。

しかし、司祭の答えはハンで押したように同じである。

「姦淫するなかれ、というのは、人が定めたものではない。デウスの掟。したがって人間である私が変えることは不可能です」

では次男（三男の説あり）の信孝✝（１５５８〜８３）はどうか？　週に一、二度修道院に顔を出している。洗礼を熱望するも、諸般の事情で延期。一番恐れていたのが父信長✝の顔色だったと記されている。ポルトガル商人を自由に往来させ、天主、修道院、セミナリヨ、教会……これほどあからさまにイエズス色を打ち出しているのに、息子にも自分の信仰をつまびらかにせず、腹が読めなかったとある。

しかし信孝✝は公然とロザリオ（十字架）を腰につけ、自分の代わりに家臣を集めて洗礼を受けさせており、事実上のキリシタンだったとフロイスは語っている。

同感だ。信孝✝の印章である「弌剣平天下《いっけんへいてん》」の五文字。形状は、父同様南欧スタイルの馬蹄形だ。「剣」というのは十字架の隠語、親がキリスト教と武力の「天下布武」なら、

信長✞——長益†（有楽斉、洗礼年不明ジョアン）

信長✞
- 信忠
  - 秀信（三法師）†（１５９５年洗礼ペトロ）
  - 秀則†（１５９５年洗礼パウロ）
- 信孝✞
- 信秀三吉†（１５８６年洗礼ペトロ）
- 女子——秀吉
- 女子——浦生氏郷†（１５８５年洗礼レオ）
- 女子——筒井定次†（１５９２年洗礼）
- 女子——某†（１６０２年洗礼）
- 某†（１６０５年洗礼）

自分は「十字架一つで天（ゼウス）の下を平定する」。一歩キリシタンに踏んでいるが、「平」には十字架が組み込まれている。

ちなみに信忠の二人の息子、秀信†と秀則†は１５９５年に入信した。

信長✞の13歳離れた弟、長益《ながます》（有楽斉）†（１５４７〜１６２１）も秘密裏に洗礼を受けていたと目《もく》されており、霊名はジョアンだ。ジョアンは7人のイエズス大名が名乗っていた代表的な洗礼名で、イエズス大名ジョアン結城†と同じだ。ちなみに東京の有楽町はかつて長益館があった場所で、彼の改名、有楽斉からきており、私流に言えば有楽は「楽《イエス》」と共に「有《あ》」るだ。

有楽斉は、茶の湯の巨匠千利休✝の弟子で、「数寄屋橋」は有楽斉の茶室があったからであり、茶室の別名「数寄屋」が地名になっている。

## 朝廷突き放し

京都御所に衝撃が走った。原因は信長✝の官位辞表提出である。

就任わずか2年、引き受けていた右大臣と右近衛大将を辞めてしまったのだ。右大臣は大臣の中でも最高機関。もう一つの右近衛大将は、いわば「朝廷軍司令長官」である。

①将軍を追放し、②仏教勢力と戦い、あらかた平定。そして残るは「威光財」、③朝廷切り離しだ。

安土城建設が落ちついた１５７８年、バッサリと切り捨てたのである。

大革命、最終仕上げに入る信長✝。

なぜこんな大胆な決断ができたのか？　現代風に言えば、世論調査で自信がついたのである。

## 驚くべきキリシタン人口

三好長慶✞に続く織田信長✞。天下人二人の庇護下、イエズス30年にわたる血のにじむ布教の結果は数字に現れていた。

あるキリスト教関係機関の統計によれば、1617年の時点で次のとおりだ。

イエズス聖職者、　150名
イエズス系大名、55名
キリシタン公卿2家
信徒65万

別の資料には信徒75万人ともある。

日本の人口1500万人（1400万人～1800万人）ほどの時代だから、約4％だ。

現在のクリスチャンの比率が約１％なので、４倍も多い。

もっと驚くのはイエズス系大名の数だ。55名。江戸時代初期、大名の数は１８３で、この数字がほんとうなら、おおよそ１／３にのぼる。

しかも右の統計時は、徳川家康が天下をおさめてから15年後、すなわち幾度も使われた強烈なキリシタン弾圧後の数字なのである。

１５８７　秀吉、キリシタン禁止令
　　９７　26人のキリシタン、長崎で磔
１６０３　徳川の時代に入る
　　１２　幕府直轄領　キリスト教禁教令
　　１４　イエズス大名ジュスト高山†マニラ追放
　　１６　キリスト教禁教令

キリシタン人口の統計（大名55名、65万人）

18　キリスト教禁止令
19　京都のキリシタン60名火炙り処刑
22　キリシタンを長崎で25名火炙り処刑、60名斬首
24　秋田藩、キリシタン33名処刑
28　長崎奉行、キリシタン340名処刑
　　米沢藩、キリシタン藩士31名処刑

秀吉、家康による矢継ぎ早の火炙り、斬首、残酷なキリシタン狩り。弱虫はさっさと改宗し、壊滅的打撃を受けたはずだが、その時点での65万人である。

3万7000人のキリシタンが蜂起した有名な「島原の乱」は、統計の20年後だ。

戦前に活躍した宗教学者、姉崎正治《あねさきまさはる》東大教授の見積もりは、もっとすごい。室町後期で、なんと300万人。

手がかりを地名に求めたもので、全国に残るキリスト教と縁《ゆかり》ある地名をくまなく調べつくし、弾き出したというが、これはいくらなんでも多過ぎではないだろうか。

一つ例をあげると、たとえばゼウスの日本語読み「だいうす」の地名だ。

「だいうす町」「だいうす村」「大臼」「大有珠」「台薄」……それらの地にまつわる口伝、遺跡、今に残る祭りなどの行事からキリシタンの街であったかどうかを割り出して推測したというのである。

だいうす町＝キリシタンの街。このくくりがどれほどあてになるのか、最初は私も疑った。しかし意外や意外、あなどれないものがある。

たとえば、かつて京都には、四条堀川、西ノ京、上京天主堂跡界隈と松原などに「だいうす街」が5か所確認されている。

## ロサンゼルスは５００年前、京都にあった

一番古いのではないかと思われるのが、京都市下京区若宮だ。そこには、「だいうす街」に関する古い資料を展示している記念館「フランシスコの家」があった。（２０１２年に閉館）

今からおよそ５００年前のことだが、この街はイエズスではなく、フランシスコ会の街でもあった。スペイン人神父バプチスタが、教会、修道会、病院を設置。周辺には２００

名あまりの信者が暮らしており、ご近所さんは「だいうす」町と呼んでいたが、信徒たちは別名を口にしていた。

なんと「ろさんぜるす」だ。

一般には「天使の街」と訳されているが、正確にはスペイン語で「天使たちの女王」らしい。女王とは聖母マリアのことである。

いじめの対象だった被差別者、ハンセン病患者を町内二つの病院に収容し、たむろする乞食《こじき》にも食料を施す。まさに聖母マリアの名にふさわしく分けへだてのない万人の受容を目指している。

ロサンゼルスはご存じのように、同じ地名がアメリカの西海岸にある。あちらの命名は京都の200年後だから、京都の方がだんぜん古い。

1597年、秀吉は苛酷なキリシタン弾圧を行った。人呼んで「日本二十六聖人の殉教」事件。キリスト教信者だというだけで、みせしめに26人全員の鼻と耳を削《そ》いだのである。品性の欠片《かけら》もないむごい仕打ちで、その後長崎に輸送、無惨な姿を見せ物にし、最後に公開磔処刑にしたのだが、うち17人が、京都「だいうす」町の信者だったことが分かっている。

〈京都の信者数、4000人〉

右の数字は1614年のイエズスの年次報告だ。数字にはスペイン系のフランシスコ会は含まれていない。この統計もまたキリシタン弾圧渦中のものだ。ならばピーク期、京都には推定2~5万人の信者がいた、というのはホラ話とは思えないのだがどうだろう。

このころの京都の人口は20万人ほどだから10~20%である。

ここでみなさんの頭には、一つの疑問がぐるぐると渦巻いているかもしれない。日本は古《いにしえ》より天皇を敬う神儒仏国だったはずである。それがわずか4~5年たらずで大量に鞍替《くらが》えした事実。裏を返せば、人々にとって内裏や仏教などそのていどの存在だったということだが、それにしても急激だ。なぜなのか?

日本人が宗教と科学を融合させない、という思考脳を働かせない民族だということもある。したがって、伝統だ、しきたりだと言うわりには深く考えないから、現代でもタップダンスだ、フラダンスだ、フラメンコだ、シャンソンだ、カンツォーネだ、オペラだと外国モノでもこだわらず、新しいものに飛びつきやすい。こうした脳構造以外にも浸透した合理的な理由があった。

## キリシタン拡大の理由

世界を席巻したキリスト教。拡大した原因を科学的に分析した本がある。

それを読むと布教の4本柱は飯《めし》、衣類、寝床の提供と慈善活動だ。中でも効果的なのが、食事だった。

### 食事

今でこそ、賞味期限切れの食品がゴミの山を築いているが、世界を見渡せば、まだ飢餓の時代。何万年もの間、人類最大の恐怖が餓死で、『応仁記』（1593年）には、慢性的凶荒《きょうこう》で百姓は田畑を捨てて乞食になり、家族は離散し、子女は売買、棄児《きじ》、間引き（生まれてすぐに殺害）が公然と行われていると記されている。川を見ると無数の死体が流れ、引っかかって山を造り、たえられない腐臭を放っていた。まさに地獄絵図。

民は常に空腹を抱え、生きるか死ぬかの痩せこけた栄養失調状態だ。暮らしの大半の時間が、食い物あさりに費やしている。1日の目的はただ空腹を満たすこと。栄養と衛生状態の悪化から、ちょっとした感染でバタバタと死亡する。

私は若い時、コレラが蔓延しているペルーに入ったことがある。リマでは、たしか一万人近くがコレラで死んでいる時期だった。もれなく私もかかった。発熱と下痢、立派なコレラである。それでも医者は、「君は平気だ。死ぬのは栄養状態の悪いホームレス。君は3、4日で治る」、と注射一本でホテルに帰された。事実、3日後には荷物を持って旅に出ていたが、あの時ほど栄養の偉大さを感じたことはない。

栄養失調の中世日本。教会は、下々に食事を確保し、無料で分け与えた。「主の栄光は天地に満ち」ており、朝《あさ》な夕《ゆう》なにデウスや救世主を充分感じさせるものである。

## 病院

無料診療所。デウスの前の平等！　これを具体化した施設で、貴賤上下《きせんじょうげ》の区別なく受けつけることを愚直に目指した。

考えていただきたい。現代だって、コロナ発生から、ＶＩＰは即入院できたが、下々は入院はおろか、診療すら拒否し続けていたではないか。まして４００年前の絶対的な身分制度の中の平等、異次元である。

伝染病治療は死との背中合わせ。とうぜん医療従事者も感染して倒れる、まさに修羅場。なぜ縁もゆかりもない病人に、ひるむことなく命を懸けられるのか？　息もたえだえの患者は、そこに真実の愛を見た。

感染を乗り越えると、免疫力がつく。免疫力のついたイエズスの医師たちは、果敢に病人と触れ回った。これは悪魔と戦う大天使ミカエル、信仰が生み出した力だと圧倒されない方がおかしい。

## 女性解放

三つ目は、女性の保護。

妻子を売り飛ばそうが、煮て食おうが、どうしようがかまわない完全な家父長制、男尊女卑。売春、乱交、妾があたりまえの時代、イエズスは一夫一婦制を唱えた。夫は妻子を愛し、共に敬いながら暮らさなければならない！　この革命的な教えに女性は釘付けになる。

加えて、堕胎、間引きを禁止。しかし、圧倒的多数は自分が食べるだけでやっとだから、子育ての余裕はない。また12、13歳の女児妊娠も珍しくはなく、そうなると周りの大人たちはたいがい堕胎を命じた。

方法がひどかった。重労働、はては下腹部を蹴る、高い所から飛び降りるという荒事から劇薬まで、命を落とす女性も目立った。

苦痛、重圧、死の恐怖と罪悪感。不安と焦燥《しょうそう》。そこに飛び込んだイエズスは女、子供を守った。弱者に対するイジメはデウスの意志に反する愛なき悪の行為だと説き回る。衝撃だ。

神の前の平等はこんなにも過ごしやすいものなのか？　無理を強いられず、楽に暮らせるものなのか。イエズスを頼らない方がおかしい。

母親のハートを鷲摑みにすれば、その子も受け継ぐ。三つ子の魂百までも、15年もすれば子供たちは筋金入りのキリシタンに成長する。

## 学校

最後に忘れてならないのが学校だ。

戦国時代、学校はなかった。寺子屋すらもない。上級武士は、読み書きのできる家来を教師として我が子にあてがっただけである。

安土セミナリヨの日課が残っている。

起床は朝の4時半。早い！　5時ミサ。6時から7時半まではラテン語学習だ。7時半から9時は教師に宿題をみせ、上級生が下級生を指導する時間になっている。

9時からようやく朝食と休息。11時から14時は日本語の学習と作文、14時から15時まで声楽と楽器練習である。また15時からラテン語をみっちりやり、16時半から17時は自由時間。17時から19時までの2時間が夕食と休息である。

で、19時から20時まで再びラテン語。20時に祈りを捧げ、ようやく就寝、フルコースを終える。ラテン語漬けだ。

食事は一日2回。入浴回数は意外に少なく、夏、一週間に一度、冬は二週間に一度という決まりだ。

楽器はオルガン、フルート、ヴィオラ、クラヴォ（鍵盤楽器）があった。

アリストテレス、スコラ哲学などの世界観に基づく宇宙と自然の秩序を教え、デウスが宇宙を創ったことを論証する。その宇宙はどうなっているのか？　地球は？　なぜ雨が降るのか……日本の暗記教育と違って、なぜ？　なぜ？……と、子供たちを思考する学問に誘《いざな》っている。一番大切なこととして、自分自身がいったいなにものなのかを問わせている。

フロイスは〈ヨーロッパの少年が3年の間に学ぶところを彼らは容易に三、四ヶ月で修得する〉と記しているが、先述したパウロ弥次郎†といい、ひかえ目に見ても、記憶力が良く、計算が早かった。

イエズスの教育重視は世界的だ。

アメリカ大陸ではインディアンの権利を代弁し、彼らのための学校を建て、奴隷制に抗議している。これが最初の奴隷解放運動ではないかと目されているのだが、先住民をヨーロッパの奴隷商人や戦闘的な他部族の襲撃から守るための「保護統治地」（拠点村落）をブラジル、パラグアイ、ボリビアに作っている。

教育は「知」の工場で、生産された「知」に実るのは、安定と富だ。

1556年までにヨーロッパ、アジア、アメリカ三大陸に74の大学を運営。戦国時代、日本国内に開設したセミナリヨやコレジオも、その方針に基づくものである。

日本に大学を創りたい、というザビエルの願いは1913年（大正二年）、教皇ピウス10世によって送られたイエズスの手で、上智大学として実現した。

**お手軽**

お手軽ということも大きかった。

１０００日修行とか、お百度参りとかの苦行がなく、厳しい掟、難しい試験や上納金もない。

「戸を叩け、さらば開かれん」

イエスの言葉どおり教会の扉を叩くだけで、自動ドアがオープン。かといって道徳的に己を律するという歯ごたえもあり、難しすぎず、やさしすぎず、匙《さじ》加減がちょうどよい。

十字架を切ってイエスとマリアの名を呼べば、食い扶持《ぶち》、病気、教育、セラピーまでぜんぶフォロー、おまけに平等思想、非暴力、反奴隷、博愛、一夫一婦制、堕胎の禁止、姦淫の禁止、賭博の禁止、保育園、学校、教養……がついてくる。どれ一つとってもみな、現代、万人が願っていることではあるまいか。

民主主義はキリスト教が創ったというのは、ほんとうのことである。

私は読んだことがないのだが、イエズスが日本人奴隷をヨーロッパに売り飛ばした、と書かれている本があるらしい。話によると売られた奴隷数が30～50万人。おかしいと思って調べてみたのだが、この暗黒史のネタ本は、明治から昭和にかけてのジャーナリスト、徳富蘇峰《とくとみそほう》の作らしいことが分かった。クリスチャンから変節し、軍部と結びついた男だ。しかしそんなエビデンスはどこにもない。

考えていただきたい。一切の私有財産を否定し、反奴隷、反差別、女、子供の地位向上で世の中を良くしたいと頑張っているイエズスが奴隷売買に手を染めるなど、どうしたら想像できるのだろう。またポルトガル商人のだれかがやったとしても、定員50名の定期船が一月に一、二度といったあんばいで、30～50万人の輸送など物理的に100％不可能だ。

この話の〆《しめ》は「秀吉のキリシタン弾圧は、宣教師による奴隷売買を止めるためだった」である。前編が作り話なら、後編の〆話も成り立たない。はっきり言うが、イエズスを悪党にして、キリシタン弾圧の、正当化をはかった悪質なフェイクである。

1590年、天正遣欧少年使節団が活版印刷機と共に帰国した。

翌年、日本で印刷されたのが『どちりいな・きりしたん』だ。「どちりいな」はラテン語で「教義」。キリスト教の教義本である。

『現代語訳　ドチリイナ・キリシタン』(宮脇白夜著訳、聖母文庫)から戦国時代のイエズスの「掟と戒律」を引用する。

1　唯一の神を敬うこと
2　神の名において、むやみに誓ってはいけない
3　安息日を守ること
4　父母を孝養すること
5　人を殺さぬこと
6　邪淫を犯さぬこと
7　盗みを犯さぬこと
8　うそをついて、人をおとしめないこと
9　他人の妻に恋せぬこと
10　他人の財産を欲しがらぬこと

師と弟子の会話で、師は5の質問に答えている。

「人に復讐をなさず、人を害さず、傷つけず、これら悪事を他人になすことを望まず、喜ばないことだ。なぜなら隣人は、みな神の似姿《にすがた》に作られているからだ」

約450年前のイエズスの掟と戒律である。このどこに奴隷商人になる要素があるのだろう？

続いて7つの大罪について記されている。

1　傲慢の罪
2　強欲の罪
3　色欲の罪
4　憤怒の罪
5　暴食の罪
6　嫉妬の罪
7　怠惰の罪

『どちりいな』は、信者の教理で締めくくられている。

1　飢えている者に食べ物を与えること
2　乾いている者に水を呑ませること
3　肌を隠すことのできない者に、衣類を与えること
4　病人をいたわり、見舞うこと
5　旅人に宿を貸すこと
6　囚人の身柄を引き受けること
7　遺骸を埋葬すること

宣教師にとって、聖書と戒律が絶対だ。その二つに従えば、行きつく先は平等思想。奴隷貿易をやってのけるなど理屈に合わないし、合理性もないし、資料も証拠もない。

ヨーロッパ人の目線を代弁すれば、奴隷社会は日本だった。あらゆる分野で絶対服従を強いられ、ほぼただ働きの丁稚《でっち》、奉公人でなくとも上の者に逆らえば折檻《せっかん》という暴力が振るわれ、殺生与奪は自由だ。なんと抗弁しようが、世界基準で見れば、下の者はみな奴隷

だった。

「滅私奉公《めっしぼうこう》」という言葉を知っているだろうか？　年輩者は覚えていると思うが、私の中学生ごろまではよく耳にしていた文言だ。

自分を消滅させ、どんなに過酷であっても主人の命令を聞き、スズメの涙ほどの駄賃《だちん》で働き続ける。

日本は、ついこの間までそんな社会だった。奴隷制の延長で成り立っていたのである。人買《ひとか》い、人さらいはどこにでもいた。幼いころ、母はよく私を「言うことをきかないと人買いに売るよ」と脅したものである。いや、世界全体が多かれ少なかれそうだったのだが、程度は日本がひどく、島国だったために人種問題がからまず、また抵抗運動がなかったために目立たなかっただけだ。

日本には奴隷という言葉がなかった。だからいなかったのである。

むろん当時のポルトガル商人が、まったく悪事を働かなかったというつもりはない。悪い奴は、どこにでもいつの時代にもいたので、あったのかもしれない。しかしそれはごく少数だったはずで、しかも彼らが買ったとしても、売ったのはみな日本人の奴隷商人。外国人にだけ汚名を着せるのはフェアではない。

## 武士のキリシタン・ブレイク

「武士道とは、死ぬことと見つけたり」

江戸中期、佐賀藩士作、『葉隠《はがくれ》』の一行だ。戦国の世とは違って、比較にならないほど平和な時代での文言である。が、それでも武士の頭には、常に死が居座っていた。

まして常在戦場、朝から晩まで臨戦態勢の戦国。サムライの拠り所はただ一つ、より安楽に死ぬことだ。

で、死んだらどうなるのか？

その不安を解消すべく、武士たちがたしなんだのが「禅」と「能」。「禅」をとり入れた「能」のテーマのほとんどが死である。先に待っているのは、苦しみのない「無」という死生観。

死ねば終わり、痛くも痒《かゆ》くもない。だから心置きなく君主のために戦って死ね！　これが「能」の世界だ。

支配者にとってこんな便利な思想はない。イスラム過激派は、聖戦で死ねば天国で72人の処女があてがわれる、という洗脳で戦場に送り出すらしいが、武士は、苦しみのない

らうのである。

ただし、怨念《おんねん》を残すと霊魂はこの世に留まって怨《うら》みの中に彷徨《さまよ》うので、坊主に送ってもらうのである。

「無」で、肩を押した。

言っていることはなんとなく分かる。しかしどうもすっきりしない。曖昧《あいまい》だ。そこで人生は川だ、疑問を持たず流れにまかせろ、なにごとにも逆らわなければ万事は悟《さと》りの境地に達するので、考えてはいかん、無の境地になれ、と思考を奪ったのである。「武士道」とは、なにも考えないことである。昔も今も、体制に疑問をいだく思考脳は支配者最大のリスクだ。

思考後の無念無想なら分かるが、最初から考えなければたんなるバカ人間だ。仏教も、当時は死ねば終わりの思想だった。

フロイスの『日本史』に登場する仏僧たちの多くが、神父に向かって、死んだらどうなるのか？　と幾度も質問しているとおりだ。

「天国」はどうなっているのか？　「地獄」はどうなっているのか？　との質問を繰り返す僧侶たち。この時代、神儒仏に「天国」と「地獄」の概念はなく、唯一、キリスト教だけの宗教観だったということが判明する。

「極楽浄土」という言葉があるくらいだから、天国思想はあったはずだと思っている人が多い。私も長い間そう思っていた。しかしそれはキリスト教の影響を受けた後に作られたもので、それ以前の「浄土」は天国でなく、「安楽死」と「無」のことだったという学者もいる。

絶体絶命の死に直面した時、自己催眠（陶酔）状態での切腹が、武士として最高の死に方だった。

でもやっぱり痛いし、自分の完全消滅に恐怖する。

「これでいいのか？」その問いに、キリスト教は具体的に答えた。

ずばり、戦争以外の殺人は禁止。むろんデウスの創造物である自分を殺す切腹はダメ。いくら美化しようが、自殺はだれだっていやなはずである。本音は生きたいのであって、ここが、武士のもっとも共感する本音の部分だった。

仮に戦場で死んでも、全能のデウスを崇拝、ザンゲ、告白してさえいれば、これまでの罪が消えて行き先はユートピア。このユートピアも分かりやすかった。花が咲き乱れ、心地よい風が吹き、亡き両親や家族、生前の友人たちがあたたかい笑顔で迎えてくれる満ち足りた世界だ。単純明快である。

小難しくもなんだかわからない「悟り」など必要がない。現世が苦しければ苦しいほど、恐怖であればあるほどイエスの説く死後が安楽に思えてならない。

## 死なないキリシタン武士

追い打ちをかけるように、妙な噂が武士の間に広がりはじめる。

「キリシタンは戦場で、死なない！」

尾ヒレが付き嘘のような話が耳に届く。

噂が噂を呼び、キリシタンでない者もスーパーの特売セールのように、十字架を手に入れようと教会に群がったという。

死者が少なかったのは事実だろうか？　タネ明かしをすると、こういうことである。風にひらめく十字の旗。鎧の胴にも真っ赤な十字架が描かれている。対峙《たいじ》する敵の中にもキリシタンの姿が混ざっていた。

で、キリシタン同士の殺し合いは避けていたのだ。暗黙の了解。互いに鉄砲の的《まと》から外し、斬り合いをやめたのである。夜になると敵、味方のキリシタンが密かに交わり、祈りを捧げた光景が目に浮かぶ。

そんなことがほんとうにあったのだろうか？

『日本史』の光景では、1566年、戦闘中の敵対する武士約70名が同じ教会にやってきて、愛と礼節をもって、仲良くクリスマスを祝ったとある。神父の話を聞き、共に讃美歌を唄っている。

フリーメーソンと同じだ。アメリカ南北戦争。北軍、南軍、双方に少なくないフリーメーソンがいて、互いに胸や帽子のマーク、サインと秘密の合言葉を重ね合わせて見分け、夜になると合同集会を開いている。接近戦では秘密の言葉で難を逃れた、という話はザラにある。

今の軍隊と比較にならないほど武士の結束が弱く、戦争の最中《さなか》、どこどこの兵が離脱した、裏切ったという話が多く残っている。

原因は成り立ちだ。

戦国時代、最小単位は地方の地侍《じざむらい》。こういえばまだ聞こえはいいが早い話、地元の顔役が農民、ヤクザ、流れ者を束ねただけである。それをくっつけて中隊ができ、それをさらに集めて大隊になっただけで、あくまでも利害の異なる寄せ集めだ。

結束がヤワだから呑ませ、食わせ、盗ませ、ヤリ放題の享楽《きょうらく》で釣るのだが、宗教は問わない。したがってキリシタン侍も混ざっていた。とうぜんキリシタン大名は「キリシタン兵士」を温存したいのでバックに下げ、非キリシタン戦闘員をフロントに並べる。そうなればどうなるか、もうお分かりだろう。

## 信長✝のイエズス大接待

日本にイエズスの大物がやってきた。

脂の乗り切った御年《おんとし》40歳、貫禄充分のヴァリニャーノである。島原半島の南端、口之津港に上陸したのが1579年7月。管轄は東アフリカからインド、シナ、日本までと広大で、本部直続の巡察師である。

ポルトガル人でもスペイン人でもなく、イタリア人だ。イエズスの中では少数派である。

なぜイタリア人のヴァリニャーノが巡察師に選ばれたのか？　宣教師の間でポルトガル人とスペイン人の微妙な対立があり、それを避けたと言われているが、それだけではない。ポルトガル経済が沈没したことと関係がある。

スペインが台頭するのだが、そのスペインも、1557年、すでに国家財政破産。代わりに出てきたのは、オランダのアントワープだ。金市場でヨーロッパの「中心都市」になったのだが、早くも1560年には衰退した。めまぐるしい動きだが、次にノシてきたのがイタリアの貿易港ジェノヴァである。1600年まではヨーロッパ最大の金市場はジェノヴァにあって、こちらがヨーロッパ大陸の「中心都市」となっていた。

ヨーロッパ最大の金市場はジェノヴァにあった

そのジェノヴァの名門貴族にして大金持ちがヴァリニャーノなのである。ガリレオ・ガリレイなどが教鞭をとっていた名門校パドヴァ大学を卒業し、ローマ教皇との太いパイプも築いている。

人柄もよかった。彼の寛大さと広い視野が、とりわけ無秩序で大荒れだが有望株の日本とマッチすると判断されたのである。

見るからに上流階級。常に数人の従者を引き連れた佇《たたず》まいは、王侯貴族である。

それもそのはずで、イタリア（ヨーロッパ）貴族というのは日本の大名みたいなもので、広大な領地領民に加え、軍まで持っている。馬車で門をくぐり、30分くらい進まないと館が見えない。部屋数が数えられるのは館とは言わない。主人でさえ、覗いたことのない部屋がいくつもあるキャッスル、そんな家柄である。

ヴァリニャーノは現地適応主義を採用した。9年前から赴任していた日本のトップ、カブラルを日本人に対して差別的だとして、批判、日本から追い出してしまうほどの進歩的な人物だった。

島原から有馬領、大村領というイエズスの支配地をゆっくりと巡察。

威厳はたいしたもので、上陸から十ヶ月後、三城城《さんじょうじょう》（長崎県大村）の城主、バルトロメウ大村†が、長崎のみならず茂木の土地を、ポンとヴァリニャーノのイエズスに譲渡した。バルトロメウ大村†は、死ぬまで妻以外とは関係を持たなかったという日本最初（入信1563年）にして筋金入りのイエズス大名なのだが、ちなみに甥が肥前日野江城（後の島原城）城主、イエズス大名、有馬・ドン・プロタジオ・晴信†（1567～1612）だ。

一行はフランシスコ大友†の豊後に入る。

ミサを行い、臼杵にできたばかりの修道院開校式での講演など数々の日程をこなしながら1581年3月、近畿のイエズス本部、堺に腰をおろした。

順調に近畿巡察をこなすヴァリニャーノ。行く所、行く所イエズスの地均《じなら》しが済んだエリアばかりで、どこに行ってもキリシタン王国だ。盛大な出迎えと歓迎パーティ。ヴァリニャーノの描いていた風景とはイメージが違い、日本への考え方が変わったのではないだろうか？

高槻のイースター（復活祭）に参加している最中の3月26日、信長✝から連絡が入った。

〈3月29日、（ヴァリアーノが）信長✝の京都別邸、本能寺を訪れる〉（『兼見卿記』）

しょっぱなから数々の質問をし、ヴァリニャーノを引き留める信長✝。よほど聞きたいことが溜まっていたのだろう、むろん内容は隠され『日本史』には書かれていないが、重大なことであることは察《さっ》しがつく。

信長✝は、ヴァリアーノが伴っている黒人に興味を示す。

アフリカのモザンビークから連れてきた召使いで、身長182センチ。今の感覚では2

黒人の服装はみな立派、奴隷扱いではない

メートルくらいであろうか、筋骨隆々である。きっと炭を塗っているに違いないと思った信長✞が、何度も身体を洗わせたというエピソードが残っている。

　後世の日本の文献の多くは黒人奴隷と記してある。この表記には、西洋人は差別主義者であるという意図的なモノを感じるが、絵を見れば分かるとおり、黒人は他のポルトガル人と同等の煌《きら》びやかな洋服を着ており、日本の上流階級より身なりはいい。明言するが、この黒人は警護をかねた召使いで、奴隷ではない。

『信長公記』には、〈十人力の剛力〉、〈牛のように黒き身体〉と描写され、いたく気に入った信長✞は、その場でリクルート。弥助《やすけ》という日本名を与え、信長✞のSPにし、どこに行くにも連れて歩き、自慢した。

## 信長✝大接待、その1、西洋式騎馬隊パレード

1581年の「騎馬隊パレード」を見過ごしてはならない。ここに信長✝のあらゆる意志が詰《つ》まっているからだ。

日本の文献では地味に「馬揃《うまぞろ》え」でスルーだ。が、これではなにも分からない。アウトだ。信長✝、一世一代の大イベント、「天下布武」の成果をイエズスの超大物にアピールするオープニング・セレモニー、歓迎フェスティバルなのだ。

4月1日の早朝、信長✝はそわそわと花嫁を迎える新郎の心境だったに違いない。

場所は京都御所東門。築地塀に沿っての観覧席設営は、7日前に完了していた。

主賓は誰か？　多くの歴史本では「内裏」の正親町《おおぎまち》となっている。『信長公記』にそうあるからだ。皇国史観の学者がそれに飛びつき、歴史をわい曲しているのであって、事実は違う。

どういう角度から見てもメイン・ゲストはイエズスの大物ヴァリニャーノだ。なぜ分かるかというと、信長✝の内裏に対する仕打ち、行動、そしてもう一つ、フロイスの『日本

史』から拾える信長✞のスケジュールを追えば歴然だ。

信長✞は気配りの男である。西洋における最高の歓迎式典は何か？　とオルガンティーノに聞けば、とうぜん騎士団パレードによる謁見《えっけん》だと答える。あたりまえだ。すべてを呑み込んだ信長✞はスタンバイと同時に、ヴァチカンと直結するヴァリニャーノを京都に呼び寄せる。記録があるだけでも27日、29日と二度、長時間談じ込んでいる。これまでの共闘の成果、今後の方針を話し合ったことは想像をまたないが、本番直前に西洋式パレードのやり方をそれとなく聞き出していた、という憶測も成り立つ。

というのも、この「馬揃え」は日本のものではない。日本の武将ではまったくの未経験、前例なき西洋式騎士団パレードだ。現代でもヨーロッパ発祥の国賓をもてなす最高の儀礼である。

桜満開の京都、フロイスは見物人でごった返した様子を描いている。その数、20万人。いくらなんでも多すぎる。当時、京都の人口は推定15万〜25万人だから20万は物理的にムチャな数字ではないだろうか。

それもそのはず、フロイスは文中「噂によると」、と断って20万人と記していることから生で見たわけではなかったようである。どうやら現場に行っていない。

沿道を埋めつくす人、また人。金ぴかの豪華な装いで、ぞくぞくと観覧桟敷席に腰をおろす身分の高い招待客。

イエズスの巡察師、司祭、修道士には、ひときわ立派な席が用意されていた。が、フロイスは外されていたのか、病欠なのか、姿が見えない。

したがって、だれかほかの参加者からの又聞き記事だ。このあたりからフロイスの信長✞に対する見方が変化したように思える。皮肉っぽい、いや冷《さ》めた視線が感じられるのだ。

自分より４歳下なのに、まったく頭が上がらない上司、ヴァリニャーノに嫉妬したのか、自分を下っ端の通訳士扱いした信長✞にムカついたのか、お呼びじゃない状況に、信長✞に対する反感といったものが芽生えたふうなのだ。

高名な僧侶集団はもちろん、正親町も姿を見せている。

むろん尊崇《そんすう》の念から正親町を招待したわけではない。安土城が完成してすぐ、右大臣と右近衛大将を辞退、この侮辱《ぶじょく》的な行為を思い出していただきたい。コケにし、見下しの対象でしかない相手が主賓であるわけはなく、目的は逆だ。イエズスと自分の密な関係を誇示したいがために、チケットを用意したのである。

貴賓席に陣取るヴァリニャーノ。

彼を囲むイエズスの面々。シャネルもびっくりのツバ広帽子ファッションが、ひときわ目立っている。

本能寺を出、いささか興奮気味の馬をなだめながら進む信長✝。フロイスの記事は続く。日本の衣装ではない。マントが風にひるがえっている。旧い伝統を脱ぎ捨てた、ハデなヨーロッパ・ファッションだ。この日のための正装で、金糸、銀糸の絢爛《けんらん》豪華な織物を身につけた信長一門の武将たちを先頭に、７００頭にもおよぶ大騎馬軍団。厳かにして贅沢、ゆっくりとした足並の堂々たる行進だ。湧き上がる沿道の大歓声、20万はオーバーだが5万人はいたはずである。

丹《に》羽《わ》長秀《ながひで》、明智光秀、オーギュスチン前田†、柴田勝家、松井友閑✝……歴史ファンならたまらない顔ぶれだ。

豊臣秀吉の姿はない。鳥取城攻略に出払っており、徳川家康は武田軍との緊張感がとけず、やはり不参だ。

目を細めるヴァリニャーノ。ひしひしと胸にこみあげてくるのは信仰の偉大さである。極東の非文明国にイエズスが上陸。選んだのは実績の乏しい信長✝だった。現実と向き合った類《たぐい》まれなるヒーローは「天下布武」日本統一セミナーで、たちまち、「七つの大罪」にまみれた旧体制をかき分け、なりふり構わず突進したのである。

「馬揃え」はヨーロッパの騎馬隊パレードである

精神は不屈だった。将軍を排し、仏教をほぼ粉砕。二人目の国王、内裏を黙殺した。ゾンビのようによみがえろうとする「威光財」の三つをことごとく剝奪。快挙も快挙、腹の立つほどの活躍である。世界にもこんな男はいないはずだ。ザビエルを送って30年、イエズスはついに50万の兵を持つという東洋の最強国、日本を抱き込んだのである。

黄金の国、ジパング。この騎馬隊パレードを見よ！

感極まったヴァリニャーノは、潤む目を通してローマ教皇にでもなったかのようにパレードを脳裏に焼きつける。

パレードの極めつけは、ヴァリニャーノが贈ったゴージャスな王侯の椅子だった。金の装飾を施した深紅のビロード張り。ローマ教皇とイエズス最高幹部だけが座って巡行できる担ぎ手4人の神輿《みこし》スタイルだ。この椅子こそ、キリスト教の権威のシンボルである。

スタンディング・オベーションの喝采渦巻く中、パレードのハイライトがやってきた。4人の男に担がれた西洋の椅子神輿。その後に馬にまたがった信長✝。まるで、ローマ教皇の後に信長✝が従っているようである。

パレードが中央に差し掛かると歩みが止まった。南欧なら、激しいマーチング・バンドのシーンだ。椅子が地面に置かれる。あたりがピタリと静かになる。やおら信長✝が馬から降り、なにをしたかというと、マントをひるがえして、教皇の椅子に座ったのである。

〈彼の身分を誇り、偉大さを示すために座って見せ、他よりも異なる特別な人間であることを示した〉　『日本史』

尾張の田舎大将が、不可能なことをやってのけた瞬間だった。

皇帝のマントと、教皇の椅子。キリシタン王国の王だという明確な意思表示だ。

南蛮屏風左の黒人に担がれている「王侯の椅子」

右大臣、右近衛大将を足蹴《あしげ》にした男。それ以外にも朝廷に対する非礼は諸々ある。ただでさえ正親町はむかっ腹が立っていた。そこにもってきて、この仕打ちだ。朝廷を踏みつけ、イエズスから寄贈された教皇の椅子に、これ見よがしに座った信長✝。

偉大な人間は、偉大なものに囲まれるものだ。ショボクレた時代遅れに未来はない。

「おまえらに価値はない。余はこっちの椅子だ。余こそ、この国の皇帝なのだ」

改革まっしぐらだ。既得権者を破壊する革命家。

内裏にとっては赤っ恥どころではない。頭から冷水をぶちまけられ、面子丸潰れ。「敬《うやま》われる」ことがなくなれば朝廷は終わりだ。なにがキリスト教だ、何がイエズスだ。改革など一ミリも望まない。古《いにしえ》のままでなければ「威光財」は保てず、変化があってはならないのだ。

正親町の怒りは制御しがたいものだった。バテレンかぶれの、しつけの悪い無頼漢、「伝統」の敵に、自分を見失うほど憎しみがこみ上げたにちがいない。

芽生えていたのは、そう、完全なる抹殺である。

「朝敵、信長✞の息の根を止める」

## 大接待その2、シナ侵略の承諾

信長✞のヴァリニャーノ・ラブは、西洋式騎馬パレードの後も止まらなかった。

4月13日、安土に戻って準備にはやる信長✞。追うようにしてヴァリニャーノがやってきた。自ら、「天使の町」、「天使の城」の隅から隅まで、くまなく案内する信長✞。この時のために「天主閣」の内部には、十字架を設置していたのではなかろうか。

ついにイエズス安土本部の修道院、教会のお披露目である。

　そう、急きょ4、5軒の館を壊して豪華な3階建てに仕上げさせた理由のすべては、この日のためだった。最高のロケーション、自慢の広い敷地、そして唯一の3階建て。ローマへの大アピールだ。十字架をそなえた屋根の瓦は、安土城と同じ金色である。

「余は、これだけ大切にしているのだ」

　上げ膳据え膳、下にも置かぬ扱いで、よほどうれしいのだろうヴァリニャーノを安土に引きとめる信長✝。

　腰を落ち着け、キリシタン国になった安土周辺を巡察しながら三ヶ月以上が経過。その間、信長✝は安土桃山美術もかくやという煌びやかな屏風絵の制作を命じ、ヴァリニャーノに進呈した。

　狩野永徳《かのうえいとく》✝作と目される絵には、安土城と城下街全体がすっぽりとおさまり、湖、街路、橋までもが描かれた精巧なものである。この絵はいったん、朝廷に飾られている。キリスト教の十字架屏風絵を、神道の本山に修めたのである。で、内裏が欲しがったにもかかわらず、冷たく取り上げるという

現在の安土城天主閣址

おちょくったやり方でヴァリニャーノに贈った。プライドを踏みつけた意味を深く考えていただきたい。屏風絵はローマ教皇グレゴリウス13世に届けられ、ヴァチカンに飾られたことまでが分かっている。

信長✝は戦国の男だ。分かっているだけで50回以上、戦っている。つまり城も城下も軍事基地だ。その精巧な地図が相手に渡れば、どうなるのかくらい重々承知のうえである。なのに、この無防備さはなんだろう？

軍事基地図の譲渡は信頼の証だ。受け取る側もそう思うはずで、きっぱりと相手を信じる毅然《きぜん》さは絆《きずな》をより強くする。

信長✝はヴァリニャーノの背後、ローマ教皇の意図を了解し、「命を預けた証」として屏風絵を渡した。小道具の使い方を知っているというより、そうすることがうれしく、結果信頼を得てしまうという、生まれながらにして人の心をつかむ才能を持っている。

ローマの意図とはなにか？　言わずと知れた世界制覇だ。極東の日本からシナ、「明」への侵攻作戦である。

〈（信長は）毛利を平定し、日本66か所の絶対君主になった暁《あかつき》には、一大艦隊を編

成してシナを武力で征服し、その諸国を自分の息子たちに分け与える考えであった〉

『日本史』

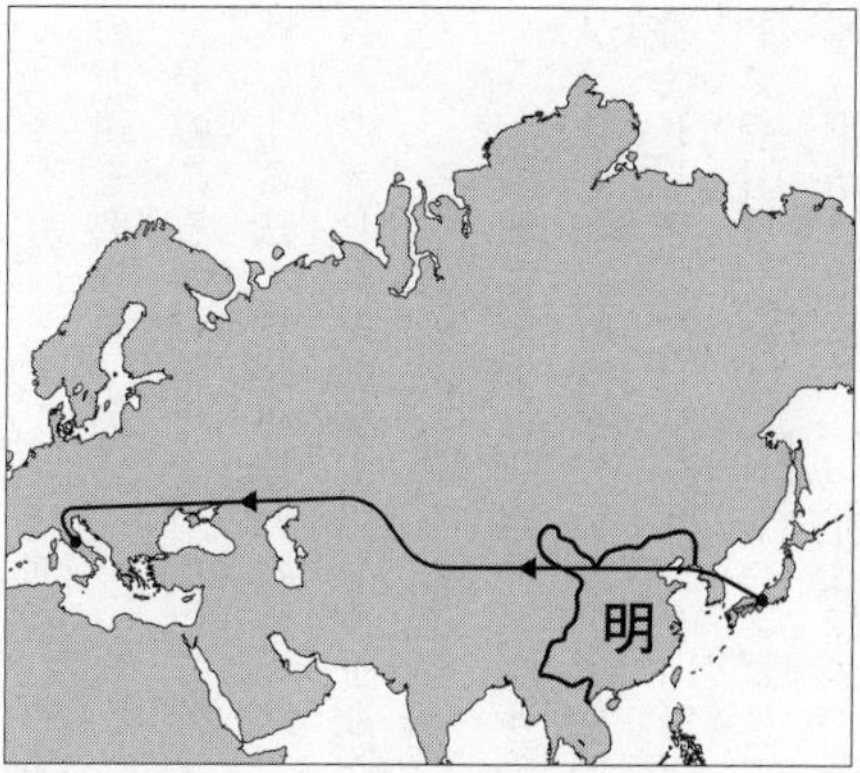


イエズスとのコラボでシナ征服を企画。ローマまで行こうとしていたのか？

日本側の資料がないから、この記述はフロイスの妄想だ、とする研究者がいる。

私はそうは思わない。こういう時のフロイスの観察はリアルだ。キリスト教美化や誇張はあるものの、嘘は書かない。秀吉の朝鮮出兵もその延長線上にある。信長✞のシナ侵攻計画を真似たものなのだが、これについての詳細はまた次の機会にゆずることとする。

インドから日本までをテリトリーに持つヴァリニャーノの構想は全アジアだ。日本入りの前から、シナを探っていた。ゴアから本部に手紙を出し、イエズス・メンバーが一人も定住していないシナ本土の現状を訴え、手付かずの広大な土地にイエズス修道院院長、フェラリスの派遣を要求している。

そのころの「明」は国として体《てい》を成しておらず、大小、無数ともいえる盗賊団、軍閥が跋扈《ばっこ》する法と秩序の壊れたエリア。それだけに可能性は無限である。記録によればイエズスのフィリピン総督も、シナ征服を選択肢の一つに入れているし、上層部の関心も高かった。

シナ宣教は、今は亡きザビエルの夢でもあった。果てしないユーラシア大陸をイエズスがおさえる。というのもモンゴル帝国のトラウマだ。1240年から丸一年、モンゴル帝国はポーランド、ハンガリーに侵攻。慌てたキリスト教勢は結束に走った。だが、神聖ローマ帝国、ポーランド、ハンガリー、聖ヨハネ騎士団、ドイツ騎士団、テンプル騎士団の連合軍が蹴散らされ、完敗につぐ完敗。モンゴルは掃討戦で15万の兵を殺戮《さつりく》したところで皇帝オゴデイが急死、全軍がオーストリアのウィーン到達寸前で撤退したのである。その後のヨーロッパは、モンゴル来襲の恐怖と絶望感に満たされ、心理的後遺症から立ち直れなかった。

ザビエルの夢を引き継いだのがヴァリニャーノだ。1582年、シナには弟子のイタリア人、マテオ・リッチ（1552〜1610）を送ることになる。マテオは教えどおり現地に適応し、儒教服を身につけて布教。とうとう14代皇帝万暦帝《ばんれきてい》の宮廷に迎えられる。で、信長✝との合流を計画。この男こそ、東洋の救世主だ。

そんなわけでヴァリニャーノがつかんでいたシナ情報を信長✝に伝えたのである。イエズスとの共闘上陸作戦だ。

日本の軍事力がとてつもない、という噂はヨーロッパにも流れていた。というのも、ヨーロッパを蹂躙《じゅうりん》した怪物、モンゴルの侵略を、九州の端っこで防ぎ、撃退しているのだ。有象無象の寄せ集めの明など、いまや、鉄砲20万挺を保持する信長✝軍にかかれば造作もない、という分析は妄想ではない。

ローマ本体は細部に固執しない。全体を見渡している演奏会のプロデューサー。コンサートを成功させよ！　ただそれだけである。音を外せば奏者を変えるか、指揮者を交代させるのみ。

海の向こう、日本の40倍の面積を持つシナ大陸は盗《と》った者に与える。そのかわり、宗教はローマが仕切る。

一度、物事に変化が起きると、たちまち構図が変わることを身をもって体験している信長✝は、3回呼吸するうちに状況を呑み込んだ。こういうヨーロッパも含めた仮想世界を描ける素地がなければ、信長✝の心にシナ侵攻などという壮大な計画が芽生えるはずはない。

翌年、「本能寺の変」で夢はついえるが、私の目線では、どうしてもイエズスのアドバイスを受けた信長✝が、シナ征服をヴァリアーノに誓った、というシナリオになる。

## 大接待その3、大イルミネーション

ヴァリニャーノが安土城出発の希望を告げると、まだ見せたい建物があるとか、話があるなど、なんだかんだと理由をつけて足止めする信長✝。

来たる特別な日を待っていたのだが、それが本書「はじめに」で述べた8月14日、盆イベントである。

盆の夜は、家の前でかがり火を燃やすのが風習だった。が、信長✝はそれを禁止したと書いてある。仏教の習慣を廃止したのだが、狙いはもっと違うところにあった。松明《たいまつ》イルミネーション効果を上げるための演出で、ヴァリニャーノへの心のこもった、おもてなしだ。

信長✞のセンスと行動力がいかんなく発揮された惜別《せきべつ》セレモニー。フロイスの描写は、のびやかで自由だ。

セミナリヨから安土城へと続く広い街路。どことなくヨーロッパと見まごう風景に夕暮れが訪れる。人々が増えはじめ、彼らは道の両脇に隙間なく並んだ。両手に持っていたのは葦《あし》の松明。次々と点火。幻想的な光の川が闇夜に浮かぶ。揺れ動く地上の天の川。街の火を一切禁じたのは、このまばゆい効果を桁違いに上げるためである。

おそらくこの演出は、信長✞のホームタウン長良川の鵜飼《うかい》の美しい篝火《かがりび》からの着想だ。

火が燃え尽きると、人々は松明で地面を叩いた。パチパチとこまかく飛び散る火花。その中を若者たちが松明の火花を散らしながら次々と走り去ってゆく。先を目で追うと漆黒の山、夜空……そこには色とりどりの提灯に飾り立てられた十字架付き天主閣がそびえ立っている……。

日本とヨーロッパ、異なる旋律が微妙なバランスで広がり、時間が同時に進行する。なんという演出だろう。美しいシーンに目を潤《うる》ませるヴァリニャーノ。

ここは天国なのか？　それとも約束の地、エルサレムであろうか？　いや、まさに安土《アンジョ》（天使）の町だ。

自分のためにこれほどのことをしてくれた王など、世界広しといえども信長✝だけである。この革命家は想像を超えている。

しばらくすると信長✝が歩いてやってきた。ヴァリニャーノに微笑みかけ、「祭りを見たか」などとトボケ顔で聞き、「堪能したか」と子供のようにたずねたあと、しばらく談笑したと記されている。

翌日もヴァリニャーノを城に招き、豪華な建物を案内、きわめて愛情のこもった送別の挨拶を伝えて、見送ったとある。

騎馬隊パレード、安土城の案内、安土風景金屏風、シナ侵攻セミナー、天主閣イルミネーション……他にも書かれていない接待と密談があったはずである。気を配り、目を配り、カネを配った信長✝。闇雲に行ったわけではない。ポンコツでみっともない「威光財」などに屈しない日本国王。この様子は、ヴァリニャーノを通じて、イエズス第4代総長メルキュリアン、ひいてはローマ教皇に伝わることを見通しているのだ。またヴァリニャーノも、それを約束したはずである。

これが私流の信長✝像だ。本書に取りかかる前にはこうした結論に到達するなど、思いもよらぬことだった。しかし資料を読み込み、合理的に思考を重ねてゆくと、どうしても信長✞がイエズスを普段使いにしている風景になってしまうのである。むろん反論する研究者がいるはずである。

その論拠の一つが、安土城内に存在する寺だ。惣見《そうけん》寺。

膝下《ひざもと》に「寺」。つまり城内に寺があるのは仏教を信じていた証だ、という主張だ。たしかにそうで、私も不思議に思った。

だが、奇妙に思っただけで、私の説はくつがえらない。破壊した寺院は１０００、２０００を超えており、信仰心を潰した寺の数で推《お》し量《はか》るならば、仏教信者説など論外である。

されど惣見寺。以前から奇異に思っていた寺だ。資料によっては総見寺・摠見寺とも書く。

## 惣見寺の謎

無数の寺を焼き、仏僧を虫ケラのように殺戮《さつりく》した人物が、なぜ「寺」を城内に建てたのか？

殺した仏教徒への供養なのか？　とも考えた。が、その思いは現地に足をのばして、あとかたもなく吹き飛んだ。安土城へ登れば、だれでも分かる。

山裾から天主閣に向かう長い階段。その階段石になんと破砕した石仏を使用しているのだ。

仏の顔が、そのまま上を向いている石段が現在でも数ヶ所残っている。当時はもっと多かったと思われる。

考えていただきたい。安土城に向かう人々は、必然的に仏を踏みつけることになるのだ。

全国の武将を城に呼びつけた信長✝。仏を足で踏める人間でなければ、安土城に登れない仕掛けだ。仏教徒にしてみればつらい仕打ちで、まさに「踏み絵」である。私は徳川家康が１６２９年に導入、キリシタン狩りに使った「踏み絵」は、１５８２年６月、家康本人がここを訪れて、自分で石仏階段を上り、ヒントを得たのではないかと思っている。それほど石仏階段は強烈だ。

供養どころか、やはり侮蔑の対象である。

余談だが、安土城に行けば、だれでもこの「石仏踏み絵階段」に気付く。しかし私が読み漁らしているのか、それを記した歴史書に、今までお目にかかったことがない。

地元の博物館でさえこの重大な事実を展示してなかったと思う。伝える価値があるのに伝えていないのだ。仏教界に気遣って、自主規制したとしか思えないほどで、嘘だからではなく、真実だから伝えたくないのだ。

大手道跡の石仏
この石仏は、築城の際に大手道の石材として使われたものです。
城普請に使用する多くの石材は、近郊の山々から採取しましたが、石仏や墓石等も含まれていました。
出土した石仏等は、本来は信仰の対象となっていたものですが、築城の経緯を示すために発見当時の状態で保存しています。趣旨をご理解の上、見学して下さい。
滋賀県教育委員会
今に残る石仏の階段。信長への面会は仏を踏んで上ってゆかなければならない。□内が石仏だ

日本の英雄、人気ナンバー・ワンの信長✝がアンチ仏教だった。そんなことを大々的に書けば、仏教界、ひいては現在の既得権体制にヒビが入るとでも思っているのだろうか、深入りしたくない気持ちが石仏階段の沈黙に現れている。しかし歴史とはそういうところにはない。忖度《そんたく》を持ち込んだらもはや学問とは言えない。

しかし、城内には惣見寺がある。

天使の城と寺。おかしい。キリシタン弾圧のチャンピオン徳川家康が、江戸城内に教会を建てるくらい、奇妙奇天烈な光景だ。

調べてようやくいろいろなことが判明した。まず信長✞が建てたという証拠は見当たらなかった。あるのは、塔はずいぶん前に移築したとか、門だけはあったのではないか、という憶測と伝承だけである。

住職にしても不思議だ。記録によれば、開山は住職正中剛可《しょうちゅうごうか》という記録はあるものの、しかしこれは秀吉の時である。ならば建立は信長✞の死後になる。この時点でアウトだ。この人物の本名の姓を突きとめた。織田となっている。ところが、信長✞とは無縁だし、いつからそんな大それた姓が付いたのかもさっぱり分からず、1611年、家康の時代に辞めたとだけ書かれている。資料そのものものもうさん臭い。

で、それ以後、30年くらいはだれかがいたらしいのだが、よくわからない。

むろん今の建物は信長✞時代のものではない。秀吉や家康時代でもない。明治に入ってからのものだと書かれている。檀家《だんか》もおらず、訪れる人もいない鬱蒼《うっそう》とした山の上の廃墟、どうやって建物を維持し、暮らしていたのか？　惣見寺全体が怪しいのである。

しかし、『日本史』にちゃんと書かれているのだ。その前文から読んでいただきたい。

フロイスは、感動のヴァリニャーノ大接待を描き、そのあと信長✝の改革について触れている。


〈険しい山々を切り開き、安土から京都まで、鏡のような平坦な道を開いた。両側に樹木が植えられた並木通だ。信長は無類の清潔好きだったので、間隔ごとに箒《ほうき》が掛けられている。技術の粋を集めて巨大な橋梁をかけ、同じような道路や橋で征服した諸国を整えている〉『日本史』

日本の海や山は美しい。しかし、そこにいたる道と街がみすぼらしい。これが九州からはじまって畿内までを知り尽くした当時のイエズスの実感だ。

「すべての道はローマに通ず」

新世界へのスタートはまずは道路網の整備だ。安土から京都、岡山、山口、九州を抜けるバイパスを大陸のシルクロードにつなげれば、ローマに到達する。そう助言したであろうか、ヨーロッパ的重商主義に基づき、道路に力を入れる信長✝。

間違っても、迷わない男だ。髭が風に揺れ、食物連鎖の一番上に君臨する者だけが持つ自信に満ちた瞳が、遠く地平線のかなたを見据え、インフラを急がせた。

〈信長は、生まれながらにしてたいへん武技に秀《ひい》で、その賢明さと才知《さいち》によって、万事において平和と安静を回復するように努めた〉『日本史』

フロイスのベタ褒めは続く。それまであった通行税を撤廃し、自由往来を許可したので、庶民の心を鷲掴みにしたとある。旧勢力の資金源を絶ち、断固として立ち向かう信長✝。

〈彼はかつてこの国に、ほとんどみられなかった特別な一つの事をした。日本の偶像である神と仏の祭式と信心をいっさい無視したことだ。かくしてデウスは、それら寺院と偶像を破壊するために、彼を仏僧に対する鞭として用いた。彼には天下の著名な礼拝所である壮大な寺院、学問所（比叡山）、屋敷などを破壊し、蹂躙し、仏僧と戦い、彼らを殺戮し、破滅する風格、ないし影響力が備わっていたと思われる〉

『日本史』

古い因習と血統のゾンビ、「威光財」に水没していた日本。秀吉はこの不透明で濁った水の中を何年でも平気で泳ぎ回った男だが、信長✝は泳ぐことはせず、底の栓を抜いた。で、新しい水を注いだのである。

朱印状はこうなっている。

御朱印　すなわち信長の允許状《いんきょじょう》

伴天連が都に居住するについては、彼に自由を与え、他の当国人が義務として行うべきいっさいのことを免除す。我が領する諸国においては、その欲するところに滞在することを許可し、これにつき妨害を受くることなからしむべし。もし不法に彼を苦しめる者あらば、これに対し断固処罰すべし。

永禄十二年四月八日（1569年4月24日）、これをたしなむ。
真の教えの道と称する礼拝堂にいるキリシタン宗門の伴天連宛

ところがだ。たちまちフロイスの論調がおかしくなる。

〈我々の説教を聞き、彼（信長）の心に迫るものがあって内心、説教の真実性を疑わなかったが、彼の支配していた傲慢さと尊大さは非常なもので、そのため、不幸にして哀れな人物（信長）は、途方もない狂気と盲目に陥り、我らにまさる宇宙の主なる創造物は存在しないと述べ、彼の家臣が述べるように、地上で礼拝されることを望み、彼、すなわち信長以外に礼拝にあたいするものは誰もいないと言うにいたった〉

『日本史』

急転直下だ。

〈かくて信長はもはや、自分を日本の絶対君主と自称し、諸国でそのように処遇されるだけでは満足せず、全身に燃え上がった悪魔的傲慢さから、突如としてナブコドノゾール（バビロニアの王）の無謀さと不遜に出ることを決め、自分が単に地上の死すべき人間としてではなく、あたかも精神生命を有し、不滅の主であるかのように万人から礼拝されることを望んだ〉

『日本史』

信長✝を、ユダヤ人を捕まえバビロニアに連行した伝説の暴君、ナブコドノゾールだと侮辱しているのだ。

フロイスの個人的な悪感情であろうか？　それともイエズスの意見なのか？　もし個人的な思いならば、このペンは罪深くて、妖気的でさえある。

私はフロイス個人の感情だと思っている。理由は後で述べるが、信長✝が神になった証拠として槍玉に挙げたのが、なんと惣見寺なのである。ならばフロイス自身惣見寺を見たのか？　との疑問が湧く。

## ステマ寺

現在、安土城に隣接する惣見寺。この寺の存在が、信長✝の本心のすべてだ、とフロイスは次のように断罪した。

惣見寺に掲げられた功徳《くどく》は、次の三つだ。

1 裕福、子宝、長寿、繁栄
2 長寿、疾病予防と健康、平和
3 信長の誕生日の聖日制定と礼拝義務

なんだこれは？ 神社のご利益信仰となんら変わらないではないか？『日本史』によれば、参拝人数の多い人気仏像を諸国から持参するように命じた、とある。それらを惣見寺に設置、仏教界の総本山を意図したというのだ。まるで仏教のヴァチカン化だ。さらに3の内容は、驚き以外のなにものでもない。

信長✝の誕生日を聖なる日と定め、礼拝を義務付けたとある。クリスマスではあるまいに、いやはやここまでくれば、新興宗教、「信長教」である。

フロイスの嘲《あざけ》りは尋常ではない。「大天使ミカエル」の大絶賛から「狂気と盲目の悪魔」への180度のひっくり返り。さらに「本能寺の変」は、あたかもデウスが暴君に下した鉄槌であるとペンを走らせている。

フロイスになにが起こったのか？　キリシタンに恩寵《おんちょう》を与え続けて15年、この大恩人信長✝に対してあまりと言えば、あまりの言葉。惣見寺の謎を解く前に、フロイスの心変わりのきっかけについて述べることにする。

マカオのセント・ポール天主堂

原因はヴァリニャーノへの嫉妬だと睨んでいる。

イエズスの種を日本に撒《ま》いたザビエル。続いてフロイスが上陸し、水を注いだ。苦節20年、日本のルールに従って信長✝と肩を並べて、敵を迎え撃ち、時代に逆行する「威光財」をことごとく忘却の彼方に追いやったという自負があった。

ことは予想外の早さで進み、キリシタン王国完成は目前である。

その寸前でヴァリニャーノが現れたのだ。従者を引き連れた数ランク上のセレブ。とてもじゃないが太刀打ちできない。

教養溢《あふ》れる紳士は、たちまち信長✞の心を捕らえた。これまで積み重ねてきた功績をそっくり横取りされたのだ。

トンビに油揚げをさらわれ、キャリアがだいなしである。フロイスをたんなる日本語通訳、通信者に貶《おとし》めたのはヴァリニャーノだ。あげくのはてにイエズスの成果を華々しく飾ったクライマックス、騎馬隊パレードまでも外されたのである。

屈折するフロイス。あれもこれも精神修行だと考え、自分を見つめなおすチャンスだと捉えられず、屈辱一色だ。

1583年、信長✞が死んだ一年後、イエズス総長から、フロイスに命が下った。

——第一線から身を引き、日本イエズス教布教史を編纂せよ——

『日本史』を書け！　50歳にして戦力外通告。背後にヴァリニャーノの影がちらついている。フロイスは泣く泣く現場から引っ込んだ。

嫉妬と愛憎のカオス。

今は亡き信長✞はたしかに救世主、大天使ミカエルだった。だが、自分をないがしろにした尊大な髭面が頭から離れない。トラウマを引きずったまま着手。ヴァリニャーノの場面にさしかかると、心はバランスを取ろうとして、信長✞のネガティブな一面だけを間断なく送ってくる。

しかし編纂を命じたヴァリニャーノは仮にも直属の上司。悪くは書けない。感情を殺した。淡々と無機質な表現。それがせいいっぱいで、ペンはけっして彼を褒めることはない。

1592年9月4日、フロイスは日本を出てマニラに滞在。そこでも執筆を続けている。『日本史』完成は1594年。信長✝が死んで12年が経っていた。

さっそく検閲するヴァリニャーノ。読み終えた顔は、怒りに満ち、イエズスの趣旨に反する内容だとして突き返した。書き直しを命じたのである。

どこが気に食わなかったのか？

あたりまえだ。信長✝はイエズスと共に暗黒の日本を切り開いた英雄である。ゼロから出発し、信者数をポルトガルの全人口に迫るほどの勢いで増やしたのも、信長✝がいたからこそであって、稀代の英雄に違いない。信長✝への悪魔呼ばわりは、論外だ。しかも檜舞台、騎馬パレードの主賓である自分の有様はなんだ。敬意もなく、賞賛もなく、まるで空気のように存在感がない。ヴァリニャーノにしてみればズタズタに破りたかったに違いない。

だがフロイスは応じなかった。徹底抗戦である。ヴァリニャーノの頭越しに、このままローマに送りたいと総長宛に請願書を直訴。しかしローマは却下。『日本史』を手元に残したままフロイスが没したのはその3年後だ。

原稿は、日の目を見ず、アジア最大のイエズス建造物セント・ポール天主堂（マカオ司教座聖堂）に塩漬けとなる。後にポルトガル学士院が発見。写本を作成し、本国に送付したのが50年後だ。原本の方は1835年のセント・ポール天主堂の火災で失われ、送った写本も各地に散逸した。

現在あるものは、再度かき集められて、まとめたもので、行方不明の項目には「日本66国誌」と「日本総論」がある。

話は再び惣見寺に戻る。

フロイスが触れたように惣見寺は信長✞の時代に本当に存在していたのだろうか？　私は他の文献を探った。『信長公記』にあった。

1581年　8月14日　安土城天主閣と惣見寺に提灯をつる

1582年　1月24日　諸将安土出仕、百々《どど》橋より惣見寺へ登る
　　　　　　　　　諸人、惣見寺毘沙門堂舞台見物
　　　　6月9日　惣見寺で幸若舞を見る

これしかない。『信長公記』は、あてになるのだろうか？　著作者は太田牛一（1527～1613）、信長✞の家臣の家臣だったという。

本は1542年ごろの若き日の信長✞からはじまり、1582年の本能寺の変で終わっている。原本の完成時期ははっきりしないが信長✞没後30年、1610年ごろらしい。

キリスト教は一切無視。京都西洋式騎馬団パレードも、ひとえに正親町のために開催したことになっている。ここの部分だけやたら念入りで長いので、逆に正親町のためではなかったからこそ、長々と盛り付けたのだろうことが透けて見える。修道院、教会、セミナリヨ、ヴァリニャーノ……一行もない。太田が安土にいれば、3階建てのイエズス本部は嫌でも目に入るはずだがこれも完全消去。

特徴はすぐ分かる。おおげさ過ぎる朝廷と秀吉の盛り付けだ。『信長公記』は、秀吉の広告塔で、今でいうとステマ本である。ステマというのはステルス（隠密）・マーケティ

ングのことで、表面上中立客観を装い、だれにも宣伝だとは気付かせない宣伝のことだ。これをやられると、読者の仮想世界は身構えることなく、日本人による日本人だけの戦国を受け入れる。

ステマ本『信長公記』の惣見寺の場面は次の三つ。

①提灯イルミネーション
②舞台見物
③舞台見物

お気付きだろうか？　どこにも参拝はない。提灯がぶら下がったり、「能」や「舞台」の見物で惣見寺に行っているだけだ。ほんとうに「寺」だろうか？　どうやら様子が違う。ずばりエンタメ劇場施設ではなかろうか？

我々は「寺」が付くとまんまと仏教寺院を連想してしまうが、そうとは限らない。「南蛮寺」と言っても教会だし、「本能寺」といっても信長✝のホテルだ。もともと「寺」は「じっとしている」という意味の漢字。「侍《さむらい》」は「人」が用を言いつけられるまでひかえている様を描いた漢字で、「対峙《たいじ》」の「峙」は「山」のようにじっと動かないで対立することだし、「詩《し》」は、言葉が心にじっと重くかかるということだ。

昔の文献をあさっていると、大きな施設に「寺」を使っている例がたくさんある。今でいう建造物だ。

考えてみれば惣見寺は、どの宗派にも属しておらず、本山も末寺もなく、系列もない。そんな仏教寺などあるだろうか？　仏を踏みつけた絶対君主が、仏を敬うこと自体がおかしなことで、実体は劇場だった。これが私の結論だ。

だからこそ『信長公記』でも惣見寺で「舞台見物」したとか「舞を観た」とか、「登った」と表現しているのであって、ただの一度たりとも「坊主」の姿や「お参り」シーンは登場しないのである。

『惣見寺』

読んで字のごとし。惣＝摠＝総、つまり総《すべ》てを見る建造物＝劇場だ。

いや惣見寺は臨済宗妙心寺の末寺だったという研究者がいる。それは調査不足だ。臨済宗妙心寺とつながったのは１６６８年、信長✝が死んで80年以上たった後の話である。

キリシタンを弾圧した秀吉、家康が「劇場」を寺院に擬態《ぎたい》させ、信長✝はイエスではなく、仏陀《ぶつだ》を敬っていたと思わせるステマ寺。それ以外ぴったりハマる説は、今のところ見いだせない。

そしてもう一つ肝心なことがある。フロイスは、惣見寺を目撃していないのだ。

したがって、門前に掲げられていたという奇想天外な立て札についても伝聞で、だれかにふき込まれたヨタ話だ。


〈信長は諸国に触れを出し、諸国のすべての町村、集落のあらゆる身分の男女、貴人、武士、庶民、賤民が、毎年5月の信長の誕生日に惣見寺と、そこに安置されている神体を礼拝するように命じた。諸国、遠方から集まった人々は甚大で、とうてい信じられぬばかりだった〉

『日本史』


〈集まった人々は甚大……〉

フロイスは突撃取材で自分の目で見たのか！　と突っ込みたくなる台詞だ。

私はめったに断言しないが、これはできる。真っ赤な嘘だ。

想像していただきたい。もし、フロイスの言うようにメッカとまごう空前絶後の「信長✞安土巡礼」が行われたならば、国中がひっくりかえるほどの騒ぎになるはずだ。大名行列はもとより、町人下々まで、巡礼で街道が埋まり、人口6000～7000の小さな安土から人が溢れかえる。

ところが『信長公記』はじめ、『多聞院日記』『晴豊記』『家忠日記』『蒲生氏郷記』……むろん秀吉のスポークスマン、大村由己《ゆうこ》が書いた『惟任《これとう》退治記』にも、国民総出の惣見寺巡礼騒動はゼロ、発見できない。

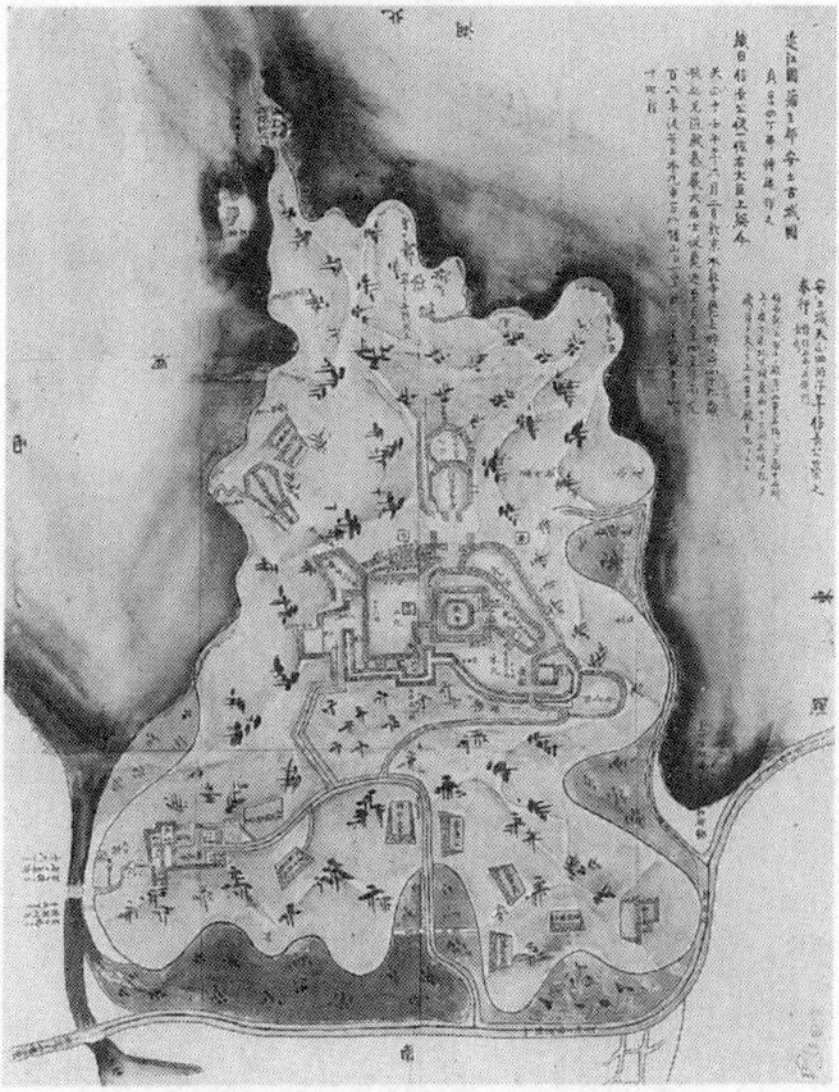

わざわざ本能寺の変から106年後に作られた「近江国蒲生郡安土古城図」。目的は惣見寺を入れ込むことだった

しかも信長✝の生年月日でさえ、いまだに不明なのである。彼ほどの天下人が、自分の誕生日を聖日に制定したなら、最低でも2、3の書簡に誕生祝日としての一致日があるはずだが、いまだに6月23日、5月28日など、てんでバラバラなのである。

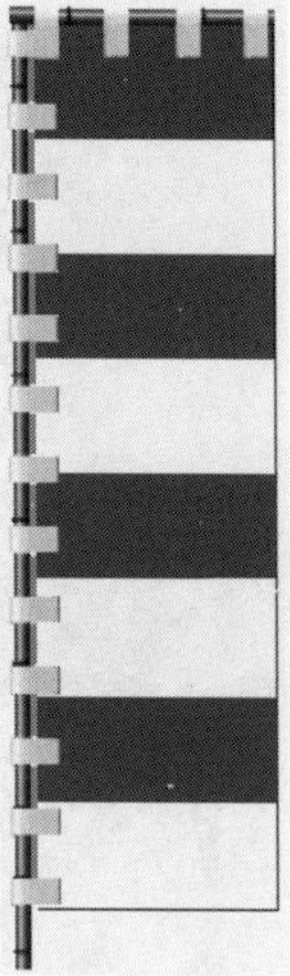
ジュスト高山✝の旗

## 恐るべき偽造

フロイスは、誰かに吹き込まれた絵空事を既存の事実として扱っている。
物見寺巡礼のネタ元はだれか？

ヒントは先に記述した『日本史』にある。

〈彼の家臣が述べるように、地上で礼拝されることを望み……〉

物見寺のネタ元は信長✝の家臣である。家臣とはだれか？

インタビュアーはふつう、超大物から聞いた場合は裏を取らない。ならば一人しかいない。次の天下人、秀吉ではないだろうか？　この図太い男をおいて他には、お館様は自分を神としたとか、新興宗教の教祖になったなど、怖くて口が裂けても言えないはずである。記録によれば、信長✝が死んで4年後、フロイスは大坂城に招かれ秀吉と面会、城内を案内してもらっているのだ。その翌年もフロイスは大坂城を訪れ、秀吉と面談、長く滞在しているらしい。で、その年の夏（7月24日）イエズスに激震が走った。秀吉によるバテレン追放令である。寝耳に水の変心、地獄のはじまりだ。

さて、さらに秀吉は1592年、惣見寺を再建とある。信長✝が死んで10年、フロイスが日本を離れた年だ。インタビューを受けてから辻褄合わせで寺を造ったとしか考えられない。その時はもう安土城も、城下町もなく、だれも上ってこない山の中に建てたのだ。後を引き継いだのは徳川家。敵、秀吉からなぜ引き継がなければならなかったのか？

なぜなら、キリシタンを弾圧している関係上、偉大なる天下人がイエスを敬愛したなど、あってはならないのだ。天下人は代々、神仏に手を合わせる者でなければならない。キリシタンを締め出した秀吉、徳川の断固たる方針である。

死後100年以上たって、人のいない山の中に次々と書院、庫裏《くり》を追加、あたかも信長時代から寺院群が存在していたがごとく装い、未来に残したのである。

1582年　信長✝死亡
83年　イエズス総長『日本史』編纂命令
86年　フロイス、コエリョら大坂城で秀吉と面会。城内を案内される
87年　フロイス、大坂城で秀吉と面談

87年　秀吉、バテレン追放令を出す
92年　秀吉、惣見寺に寺領百石寄付の朱印を与える
94年　フロイス『日本史』3部を完成
1604年　豊臣秀頼（11歳）、惣見寺三重塔を修理、書院、庫裏を寄付
17年　徳川秀忠、惣見寺寺領を227石に加増、安土山の支配権を与える
82年　信長✝の100回忌が行われる
87年　「近江国蒲生郡安土古城図」作成
1791年　「惣見寺境内絵図」作成

「近江国蒲生郡安土古城図」がある。信長✝没後100年以上経ってからの作だ。治世は第5代将軍徳川綱吉。なぜそんなものを唐突に制作し、保存したのか？　地図を眺めれば分かる。

天主閣を、天守閣に書き換えているのだ。次に安土城内の一等地に、秀吉と並んで徳川家康の館を描いている。いかに徳川家が、英雄信長✝に目をかけられた正統なる後継者であるのか、という証拠の偽造《ぎぞう》だ。ビジュアルでガッチリ残す。しかし残念ながら思惑が見

え透いている。信長✞の家臣でもなかった家康を重用し、柴田勝家や丹羽長秀をさしおいて間近に館が与えられたなど、あつかましいイカサマで、研究者ならだれも採用しない。ついでにしっかりと惣見寺も入れ込み、キリスト教色をぜんぶ消し去ったフェイク地図である。

フェイクは日本のお家芸だ。たとえば『日本史』にはジュスト高山✝の十字架旗が悠然と翻《ひるがえ》っている様子が書かれているが、戦国武将の旗指物図鑑のジュスト高山✝の旗は十字架ではない。またあらゆる合戦屏風絵からキリシタン旗が外されている。偽造史の作成。材料は日記、手紙、公的書簡、小説……いやいや、書物だけではない。記念碑、像、絵、芝居、テレビ、映画、歌、建物、ミュージアム……おびただしいフェイクが人々を誤読へと誘うのである。

恐ろしいのは、人がそれに気付かないことだ。

信長✞は朝廷をギリギリまで追いつめていた。右大臣、右近衛大将の辞任、パレードでの蔑《さげす》み、おちょくり安土城屏風事件など内裏へのいやがらせの後、総仕上げだ。

年頭早々、超ド級の一撃が、朝廷を揺るがしたのである。

「和暦」の廃止！

# 第5章

## キリシタン王国の崩壊
## 朝廷・光秀・秀吉による本能寺クーデター

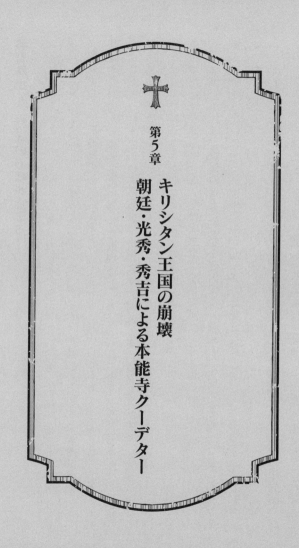

## 和暦廃止で、朝廷の心臓が止まる

「和暦廃止！」こそ、本能寺の変の引き金だった。この主張は戦国史の研究家、立花京子《たちばなきょうこ》（1932〜2011）が述べたものだが、まったく同感だ。彼女の功績を讃えたい。

信長革命は、旧体制の抹殺。将軍と仏教を葬り、仕上げが朝廷である。そのために勤務制限や公家寺からの上納金切り替え徴収など、やりたい放題なのだが、まだ序の口だった。なんとこれまでの和暦をやめ、世界基準の西暦（現代のグレゴリオ暦）に変えることを要求したのである。

みなさんは暦ごときが、なぜそんなに重大なのか、疑問に思うかもしれない。しかし、これは朝廷の根幹を木っ端微塵《こっぱみじん》に吹き飛ばす核弾頭にひとしい。

これが分かれば、現代の日本政府がなぜ面倒な「昭和」「平成」「令和」など「元号」を握って手離さないのか？　その理由がしっかりと見えてくるので、ここは飛ばさずに読んでいただきたい。

信長✝はこれまでも暦にはこだわっている。敵対した将軍義昭✝を京都から追放した直後の1573年8月25日、それまでの「元亀」を捨てさせ、「天正」に改元。これで室町時代を過去に葬り去ったのだが、しかし今回はそんな甘いものではなかった。

「和暦」そのものである。朝廷からみれば、空が落ちるほどの驚愕の事案だ。

私とほぼ同意見なので、立花京子の本『信長権力と朝廷』を参考に話を進めることにする。ご了承願いたい。

ここに一人の位の高い公家がいる。

勧修寺《かじゅうじ》晴豊《はるとよ》（１５４４～１６０３）だ。あとの本能寺の変で暗躍する男なので、ぜひ覚えていて欲しいのだが、信長✝による石山本願寺掃討作戦では、間に立って和解に持ち込んだ仏教勢力にとっては大功労者。妹は誠仁《さねひと》親王の妻、つまり後陽成《ごようぜい》の伯父《おじ》という朝廷内

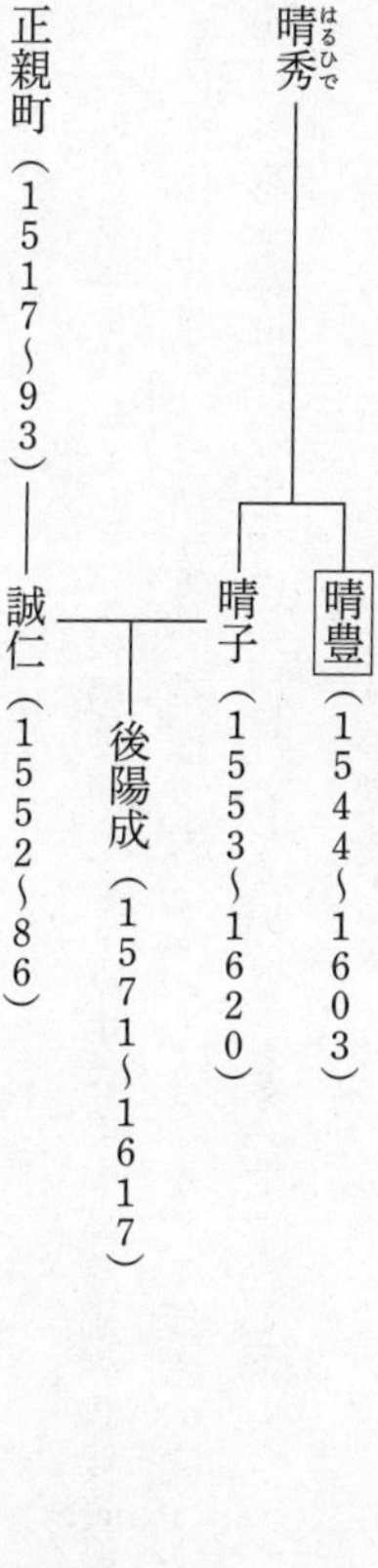

の中心人物である。

『晴豊記』という日記を残しており、信憑性が高く、歴史界でも高評価の重要資料だ。むろんマズい箇所は、ボカシ、主語抜き、全面カットなどもあるが、本能寺の変があった年の「正月29日」、つまり事件の半年ほど前に、目を引くことを記している。

〈今年の末は「閏《うるう》」があるというので、検討する〉

という記述だ。その前に暦について書くことにする。

## 暦の力

あたりまえだが古代には暦はなかった。太陽が昇って沈む。朝が来て、昼となり、また夜がくる。1日である。1日は古代人でも認識できる。だが3、4日までがせいぜい、5日以上はぜんぶ「ずっと前」という感覚だ。暦、カレンダーがなかったので人間に年齢はなかった。生まれてから365日で1歳になる。年齢という概念やひと月の概念を人々に植えつけたのはカレンダーだ。

カレンダーの起源は、BC18世紀ごろのバビロニア、新月から新月を一ヶ月とするルールを決め、これがいわゆる太陰暦である。

さて、シナに素朴な暦ができたのは紀元前５００年前後らしい。それから１０００年近くが過ぎて飛躍的に発展、太陰太陽暦が完成。日本がそっくり採用したのは唐の時代、６９０年ごろとされている。

ここをよく考えていただきたい。それまではカレンダーがないのだ。つまり、歳は計算できない。しかし宮内庁の日本史はどうだろう。それ以前、すなわち天智以前の37人いたと主張する天皇の生年月日、没年月日、在位期間までが発表されているのである。いやはや、カレンダーがないのにいったいどうやって計算したのか？　勘弁してもらいたい。

それはそれとして、それまで朝、昼、夜の１日のくりかえしだったのに突然、カレンダーが登場し、１日、１日が前に進むようになる。明日がやってきて今日になり、今日が過ぎて昨日になる。月の単位が現れ、一年が登場した。

ここではじめて年齢がリアルになる。

「私は43歳、君は何歳？」

「………」

もう一度言うが、カレンダーがなければ歳など分かりようがないのだ。私の幼い時でさえ、新聞も届かず、戸籍届もままならない辺境《へんきょう》の地で生まれ育った自分の歳を知らないお年寄たちがけっこういたし、事実、明治生まれの祖父の歳も怪しく、父ははっきりと戸籍漏れを指摘していたくらい、いいかげんだった。

で、862年、正式に取り入れたのが、シナの宣明暦《せんみょうれき》である。江戸時代の1684年まで使用しているのだが、ことほどさように我が国は外来文化をどっさりいただいて、それを日本風にアレンジ。和暦も、この「シナ暦」が基本である。

宇宙運動は歪《いびつ》だから少しずつ暦にズレが生じる。それをいじくって、分かりやすいように辻褄を合わせるのだが、暦の編纂は朝廷の専管事項だ。占い、天文、暦を担当する御所陰陽《おんよう》寮《りょう》以外は触れてはいけない秘技であった。

なぜ専管事項だったのか？　神秘のヴェールに包んでおきたかったからだ。

内裏の祖は天照《あまてらす》大御神《おおみかみ》だ。太陽の超大なパワーにぶら下がった便乗《びんじょう》型ビジネス・モデルであるからして、暦は便乗している太陽と月、天地のあり方をもっともらしくマンボー・ジャンボー的神秘さをまとって決めており、畏《おそ》れ多くも畏《かしこ》くもということで下々は近づけない。遠ざければ神秘力が増す。万物に君臨する内裏が絶対に握っておかなければならない得体の知れない天体の神秘こそ、あらゆる儀式の源、「威光財」なのだ。

で、しわ寄せが大きくなる年を「閏」と呼び調整する。

だいたい４年に一度ほど手を加えてるのだが、毎回やってきたことだ。さほど厄介なものではない。にもかかわらず、１５８２年だけは、「閏」というだけで数人の学者たちが朝廷に集まったり、信長✞が送った暦の学者が安土からやって来たり、なぜかてんやわんやなのである。

つまり「閏」といっているのは、よく読めば我々の思い浮かべる閏年のことではない。「閏」＝「暦の調整」、変更のことだった。「尾張の暦、くわんれきに変更しろ！」などと書かれている。つまり「グレゴリオ暦」。

そのために安土からやって来たのは曲直瀬《まなせ》・ベルショール・道三《どうさん》✝（１５０７〜９４）だ。本業は医者。陰陽道と天文学に造詣《ぞうけい》も深く、１５８４年にオルガンティーノの手によって入信している。

「和暦を廃止し、グレゴリオ暦を起動させる」。こうはっきり言ってしまえば「内裏」はローマの軍門に下ることになる。つまり正月からはじまる年中神事の日程をローマのためにすべてずらすことになって、国中に動揺が広がる。どうあっても日記には書けなかった。したがって尾張の「くわんれき」なるものをデッチ上げたのだ。「くわんれき」は、おそらく「久遠《くおん》暦」のことで、言ってみれば「世界暦」、「世界」という漢字がなかったので「くわん暦」と書いたのではないだろうか？

立花京子は、このベルショール曲直瀬†こそ、信長✝の代理としてローマのグレゴリオ暦を抱えて朝廷に乗り込んだ張本人だと分析している。

だから大騒ぎになった。

幾度も言うが、朝廷の仕事は儀式だ。意味不明の数えきれないほどの儀式で朝廷は成り立っている。それには占星術、陰陽道、太陽、月、日付が、がんじがらめにまとわりついている。数日間行われる大嘗祭でも、本祭の儀式は11月の卯《う》の日が3回あれば中日《なかび》で行うなど和暦と密着、はがすことはムリだ。

「権威」は神聖なる儀式で生まれ、儀式の継続で保たれる。その土台が和暦であって、捨てることは朝廷の死を意味する。絶対に呑めない。

ご存じの通り、ビッグ・バンで時間と空間は同時に出現している。空間ができたから時間ができたのであって「時空」はセットだ。時間を征服した者が、空間の勝者なのだ。昔の人も、なんとなく肌で分かっている。その後の世界のルールを見ても分かるはずだ。

今、だれがなにを言おうと世界の時間とカレンダーは、世界を支配したキリスト教のルールで刻まれているのである。唯一、日本だけが今もって「元号」を手離なさない。既得権支配にとって、時間をも支配する天皇という大きな存在が便利だからだ。

天下人信長✝の要請に、朝廷は暦問題特別委員会を設置。信長✝のグレゴリオ暦は要請ではなく、命令である。どうしたらいいのか？

内裏は天空の不思議なパワーで日本を動かしているのであって、そのすべてを放棄し、グレゴリオ暦になれば、「なんだ、バテレンの下っ端かよ」と取り返しのつかないことになる。

一方の在日イエズスにしてみれば、本国とのやり取りに和暦は不便だし、問題外だ。また日本はキリシタン王国誕生前夜だとローマに伝えている関係上、譲ることはできなかった。

この暦騒動の１５８２年こそ、「本能寺の変」の年なのだ。

ヨーロッパでも大変革の年だった。実はこの年をもって、それまで使用していたローマ皇帝ユリウス・シーザーの「ユリウス暦」から、現在我々が使用しているローマ教皇グレゴリウス13世の、「グレゴリオ暦」に切り替え、カソリックが世界の時間を支配する記念すべき年だったのである。

信長✞が天正遣欧少年使節団をローマへ向け、長崎から出航させたのも、この年の正月だ。大イベントである。ヴァリニャーノは、グレゴリオ暦の世界統一元年の、はなむけとして、少年使節団によるローマ教皇表敬訪問を企画、その前になんとしても採用させたかったのである。

なぜこうもこだわったのか？　実は、グレゴリオ暦の立案制定は、ローマ大学教授イエズスのクラヴィウスであり、ヴァリニャーノはクラヴィウスの門下生だったのだ。恩師の科学的精神を日本で祝福したい一心である。だからこそ記念行事として少年使節団を送り、グレゴリオ暦起動にチャレンジしたというわけである。

一方の朝廷は崖っぷちだ。

グレゴリオ暦になると、アマテラスが消え、儀式が混乱し、権威喪失、朝廷が崩壊する。

『晴豊記』3月（和暦2月）、勅使の勧修寺晴豊が「閏（暦の調整）はいじれない」と信長✞を突っぱねている。

手をこまねいては早晩《そうばん》、信長✞に呑み込まれる。朝廷が練った対策は「菊の一撃」。

信長✞の抹殺しかない。しかし公家は無力だ。野獣のような武将がいなければ、暗殺など夢のまた夢。そこで百戦錬磨の殺人兵器にくらいつく。餌は最高官位。関白、右大臣……なんでもいい。

　こうして「本能寺の変」が始動し、1582年の梅雨《つゆ》の季節、6月21日に起こるべくして起こったのである。

　朝廷がリクルートしたのは明智光秀。信長✞が、もっとも信頼していた男だ。

　結論から言うと、黒幕は朝廷、下手人は明智だが、巷間《こうかん》言われているとおり、秀吉の裏切りによりまんまと明智をハメ、首を斬り落としたのである。

## 本能寺の変のカラクリ

　ドジョウすくいのセガレだとか、被差別者山窩《さんか》の出だとか、どこの馬の骨か分からない下賤《げせん》、秀吉を18歳の時からずっと引き立ててきたのが信長✞だ。よもや大恩人の息の根を止めるクーデター側にいたなど、夢にも思わなかったに違いない。が、状況を立体的に推理すれば、間違いなく明智と秀吉との共謀になる。

思考脳を働かせれば、簡単に分かることだ。本能寺の変を聞いた秀吉が、あっという間に広島に近い岡山から京都まで戻ってきたという有名な「中国大返し」からして噴飯ものの。なぜそんな話がマジ顔で語られ、多くの人が信じているのか不思議でならない。

心理学的、人間行動学的、物理学的見地に立っても不可能である。

それを一つ一つ話すが、その前に、岡山あたりにいた秀吉は本能寺の変をどうやって知ったのか？　そのあたりから行きつ、戻りつしながら説明する。

報告は、次の二つのスタイルのどちらかしかない。

① 襲われた信長✞が、秀吉にS・O・Sを発信した

② 秀吉のスパイが本能寺を見張っていた

①は可能だろうか？　ムリだ。本能寺の中にいた信長✞側は、ぐるりとり巻く明智軍の包囲網を突破できない。

本能寺の敷地は東西約140メートル、南北270メートル、意外と広い。ならば逃げられる隙間が、どこかにあったのではないかと思うのは素人だ。幅2～4メートル、深さ

1~1・5メートルの堀がぐるりと寺を囲んでおり、出入り口は数ヶ所。そこを1万3千の手勢でぶ厚く固めており、脱出は不可能である。

②はどうか？　こっちの方の可能性は高い。じっさい信長✝の茶の湯の師匠でもあった家臣、長谷川宗仁《そうにん》✝（1539~1606）が、毛利を攻めていたシメオン黒田†に馬を飛ばした、という広く知られた話がある。そもそも茶の湯の師匠は、武将たちと広く関わっている関係上、対外工作要員、内部工作要員としてはうってつけで、宗仁✝は利休✝と同じく、信長✝から秀吉の側近にスライドした男だから、この話は充分ありえる。

仮に宗仁✝が秀吉のスパイでなかったと仮定してみよう。どこに泊まっていたのかは知らないが、朝の4時、5時だ。通りすがりに偶然目撃しても、飛脚や早馬を走らせることなどない。

もし事前になにも知らなければ、本能寺を1万3千の大軍が包囲したからといって、それだけではなにが起こったのかは分からないし、ましてなんの関係もない秀吉に教えようとは思わないからだ。

いろんな軍旗がはためいている。

そのうちドンパチが始まる。ここでパニックに陥る。

――なに？　どうなっている？　中にいるのは、だれだ？　お館様と茶会の女子供だけなはずだが……。さては、お館様はいないのか？　ならば逆に、謀反《むほん》人の賊を追いつめているのか？――

　さっぱりわけが分からない。しばらく経っても、揚げているのは偽装の旗かも知れず、なにも判断できない。

「どうなってるの？」

と直接聞こうにも、おっかなくて近づけない。

　不明なまま、それでも一大事が起こっていることは確かで、なかば混乱状態。仮に分かったとしても、スパイでなければ、一刻も早く秀吉に知らせようとは絶対に思わない。

では宗仁✝がスパイだったとしよう。それで早馬を飛ばした。

　第一報を受け取る秀吉。こちらも、なにも知らなければ、必死で馬を飛ばしてきた宗仁✝、もしくは宗仁✝の使いをてんで信用しない。

「明智殿だ？　本能寺だ？　お館様？　分からん？　たわけたことを申すな。味噌汁で顔を洗って出直してこい！」と、怒鳴り返されるのがオチだ。

　続いて第二報が入る。本能寺は炎に包まれ、お館様は死んだと思われるという、これも未確認情報だ。第三、第四と、連続的にもたらされるかもしれない。

人間、身内の死を目の前で見たって一晩は信じられないのに、遠くのピンピンしていたおっかない信長✝の死など、いくら聞かされても嘘にしか思えないのが心理である。

――不死身のお館様が死んだ？　そんなアホな。検死したのか？　していない？　じゃ分からんのじゃないの。影武者かなにかの間違いだ。死んでない、死んだ、死んでない……――

と堂々巡りで、一昼夜は要する。

明智の襲撃、全焼、その後の二条城襲撃による長男信忠の死が、各方面から重層的にもたらされ、じょじょにとんでもない現実がじわりと迫ってくる。ここでようやく自分の身の処し方を考えはじめるという具合だ。

が、まだ半信半疑だ。

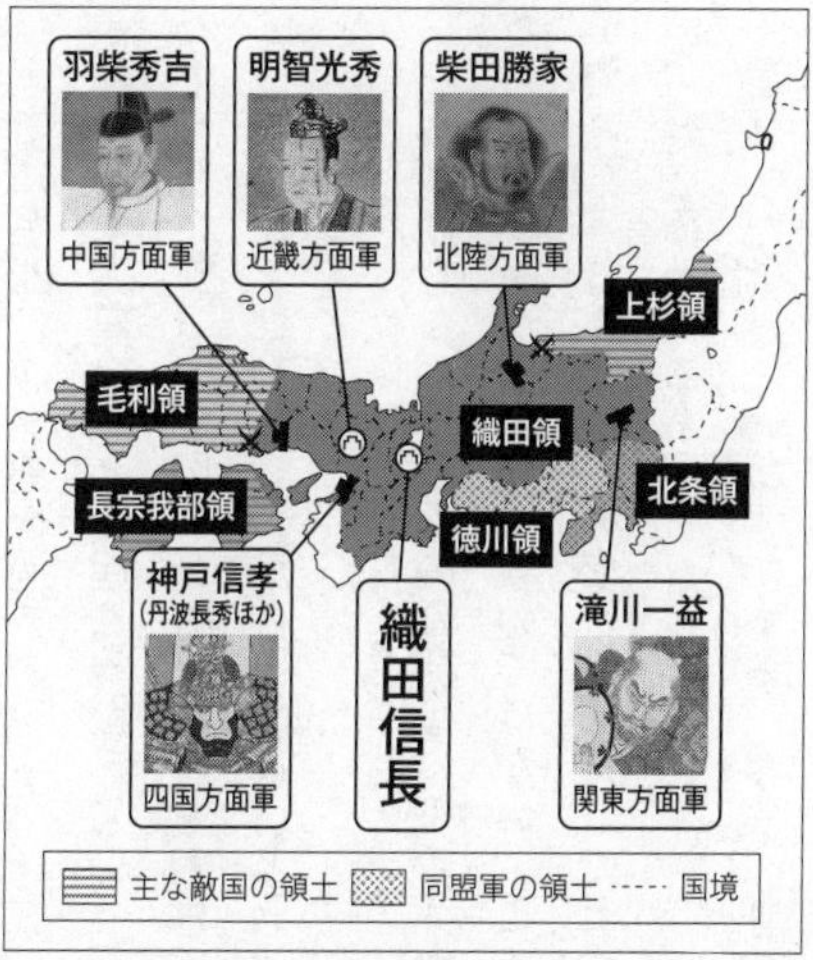


本能寺の変直前の信長軍の配置状況

すでに翌22日の夕刻を過ぎている。

とにかく大変なことが起こったらしい。しかし今さらどうすればいいのだ？　こっちだってバケーションで岡山まで来ているわけではない。戦争の最中だ。こんなことで慌てて戻って、ピンピンしていたら敵前逃亡と間違われ、首など刎《は》ねられた日にゃ目も当てられない。

それよりもなによりもの疑問は、下手人が味方の明智だということだ。ほんとうだとしたらショックなどというものではない。ここでもマサカの自問自答が繰り返される。間違いだろ？　ほんとうなのか？　嘘だ。だれかの陰謀だ。ほんとうはだれなのだ？　いったい、どうなってる？

これまた動けないはずである。事実、他の信長✞の家臣はだれも動いてない。

秀吉の「中国大返し」があるなら、柴田勝家の「北陸大返し」や滝川一益の「群馬大返し」や河尻秀隆の「山梨大返し」があったっていい。しかし、彼らは、お館様が襲われるなど夢にも思わないまま4、5日を過ごしている。ようするに、だれも信長✞を見張っていないのだ。家臣がそんなことをすれば、謀反を疑われるからあたりまえの話だ。

しばらくして、現地で情報を得るが、そんなことはとても信じられないから、みんなまったく動かなかった。

すぐ近くの奈良をまかされていた筒井順慶ですら情報が錯綜し、数日は金縛りだ。で、ようやく一族を集めて、いったい敵はだれなのか？　どのくらいの同調者がいるのかを見極めているところに、光秀から加勢要請が届いたという。一大事どころではない。しかしニセ情報かもしれないので軽々に動けない。ましてクーデターの参加、非参加など、おっかなくて一人で決められないから、洞《ほら》ヶ峠《とうげ》で傍観したのが現実だ。これがふつうの心理で、ソッコー・リターンは絶対ない。電話もネットもない時代。一週間は情報混乱期だ。

これでその日、毛利軍と和睦、翌日「中国大返し」というスケジューリングが、いかにバカげた説か、理解できるはずである。

ではこうしたことをいったん傍に除け、秀吉は明智の共謀者ではなかった、なにも知らなかったという前提で、秀吉の心理をシミュレーションしてみる。

ふと我に返って万に一つ、明智が信長✝を襲ったと仮定する秀吉。明智の軍勢は、おそらく表面上、自分が信長✝に要請した毛利攻めの援軍を装っているだろう。そうなると、どうなる？

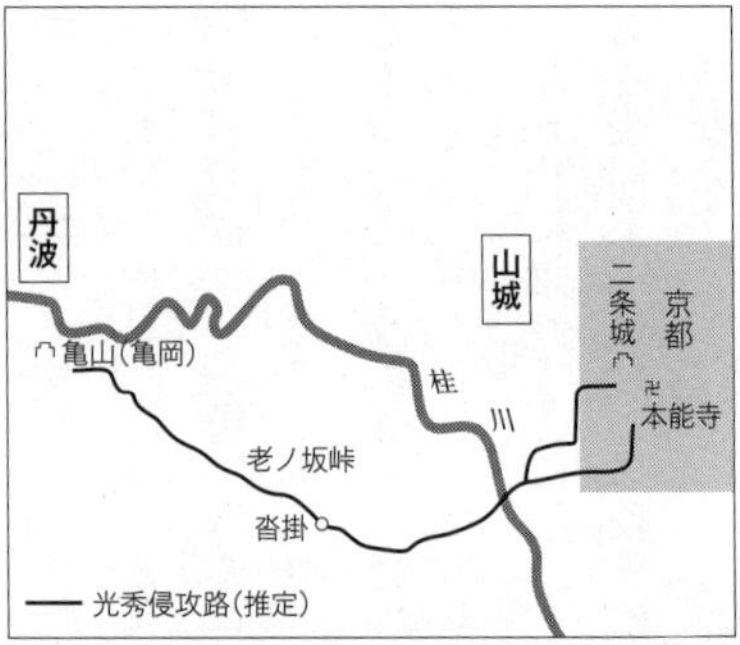


光秀が本能寺まで攻め込んだルート

——信長✝の首をとったのがほんとうならば、そのままの勢いでこっちに押し寄せてくる……あっヤバい！——

と気付く。クーデターの定石《じょうせき》だ。政権の中枢を倒した後、次のターゲットは、ナンバー・ツーだからだ。

——次はワシじゃ！　ワシ。明智軍が3～4日で飛び込んでくる——

あっ、とここでまた閃《ひらめ》く。

——まてよ、明智のことだ。そうなれば、あらかじめ毛利と通じてることは充分に考えられる。そうなれば、ワシは挟み撃ちになる——

「しまった！」

前門の虎、後門の狼。前に毛利、後から明智が迫る。バカでない限り、危機に陥ったことを悟る。

お分かりだろうか？

まだピンとこないかもしれないので、クーデターというものを少々解説する。

## クーデターの基礎知識

準備や共謀なくして、突然クーデターは起こらない。首謀者は「内部の者」だ。君主の側近というのが定番。

スタートは、君主と巨大な軍隊の分断だ。すべてはここからはじまる。分断できなければ地獄を見るのはあきらかで、どの部隊をどこに移し、遮断すべきか？　クーデター・グループは慎重の上にも慎重に分断工作を展開する。だれが何を行い、だれを巻き込むか？　計画に綻《ほころ》びは許されない。成功したあかつきには各自、何を得るのか、その役割分担と報酬の取り分は前もって綿密に決めておく。信長✝暗殺までがプランAだ。

明智単独犯の場合のプランAからみてみる。

信長✝を討てば、秀吉が強力なライバルとなる。だからそれとなく抱き込み工作を仕掛ける。それに失敗し、抱き込めなければ、クーデターは自殺行為、あきらめる。これが普通だ。百歩譲って、どうしてもやらなければならない場合、プランBが不可欠になる。つまりとうぜん秀吉が歯向かってくる。したがって、次の攻撃目標は秀吉となる。どう料理するのか？　それがプランBになる。

通常、プランBは、次のようなものになる。

ターゲット秀吉は、岡山で毛利と抗戦中だ。ならば敵の敵は味方だから、前もって毛利と結託する。押され気味の毛利にとってもこの話は渡りに船、ぜったいにノッてくる。水攻めの長期戦で毛利勢は疲弊しているものの、背後からの明智による挟み撃ちなら、秀吉などモノの数ではない。

だが、実際の明智はどうだったのか？

毛利との裏取り引きはなかった。まるで秀吉軍など存在しないかのように岡山方向ではなく、逆方面、北東の安土に向かっているのだ。秀吉対策ゼロ。

いくらアホでもそんな作戦があるだろうか？　しかも古典的なクーデターには欠かせない内裏を自分で囲いもしないで、京都を放置、京都がだめなら安土城に陣取り、全国に発信しようとしたのか、打つ手がなく出かけ、しまいに財宝を物色しているふうに見える。

明智には秀吉対策、プランBがなかった。

で、天王山の山崎でジュスト高山✝軍に敗れるのが、本能寺の変から11日が経過した7月2日だ。

秀吉の動きも、おかしい。京都で天地をひっくり返すクーデターが勃発した。ナンバー・ツーの自分のところへ押し寄せてくる確率は100％に近い。そうなれば対峙している毛利にかまっている暇はない。頭にあるのは自分の安全だ。一日も早く、目の前の膠着《こうちゃく》状態から抜け出すこと。それには撤収と防備の強化が先決となる。すべきは味方である信長✝家臣団と連絡を取ることであって、とにかく情報を集める。だれが敵についたのか？　だれが味方で、だれが中立なのか？　情報をつなぎ合わせ、より多くの味方を引き寄せて、身の安全確保につとめるのが急務だ。

だがそれをぜんぶうっちゃって、毛利と和議に臨んだというのである。

明智軍が攻めてくるかもしれないのに、明智と内通しているかもしれないのにだ。和議などやっている暇があるのだろうか？

もし和議がもつれ、時間が長引いたらどうなるのか？　毛利勢が明智軍と呼応し、攻勢に出たらどうなるのか？　百戦錬磨の毛利の士気はハネ上がるだろうし、様子見だった周辺の武将もなだれを打って毛利方につき、敵の頭数は倍増する。秀吉としてはぜったいに避けたい事態だ。

だが、和睦だという。

秀吉がとてつもないバカで、仮に和議を選択したとしよう。

これだって容易なことではない。持ち出した方が不利なのだ。有利な戦況であっても相手は素人ではない。急がなければならない状況下の秀吉、さりとて焦れば、内ゲバの危機が迫っていることに勘付かれる。

考えていただきたい。目の前の敵が突如、停戦和睦に出てきたら、だれだって、あれ？　なにか大変なことが起こったな！　と疑《うたぐ》るはずだ。手持ちのガードは弱い。しかも秀吉軍が優勢な状況下ならなおさら、なんで和睦？　なにかヤバいことが？　と裏取り調査の時間稼ぎで2日、3日と延ばすはずだ。結果、明智寝返りクーデターが分かれば、和議の席を蹴る。弱みに付け込み、条件闘争に入る。領土、ケジメの刑罰……スマホもパソコンもないから、お互いの名代が面会し、細部を詰めるというめんどうくさいアナログ時代。相手の提案をいちいち持ち帰って大将と相談するので、最低でも3、4日はかかる。

焦れば焦るほど相手は、のらりくらりと好条件を引き出す持久戦に持ち込むはずだからさらに延び、一週間や十日はすぐ過ぎる。

ところが実際はどうか？

一日でさっと終わったというのである。しかも、秀吉の方がまんまと好条件を引き出している。

備中《びっちゅう》、美作《みまさか》、伯耆《ほうき》。つまり岡山、鳥取のほとんどを手中に収め、高松《たかまつ》城主、清水宗治（1537〜82）の処刑の全面勝利。これをたった一日の交渉でまとめあげたというのだ。

360度あらゆる角度からみても、ありえることではない。

以上、大きな矛盾点を並べたが、これで、明智単独犯という嘘は、かんたんに見抜けるはずである。

それでもまだモヤモヤしている人のために、伝説の「中国大返し」が、いかにばかばかしい作り話かをくわしく説明する。

「中国大返し」は秀吉のスポークスマン2名、大村由己と太田牛一が書いた秀吉による秀吉のためのステマ本、『惟任退治記』と『信長公記』に書かれている。

備中高松城（岡山）から山城山崎（京都）まで230キロの踏破。

備中高松から姫路城（兵庫）までの移動がアニメだ。

毛利との和睦に一日かかっているから、じっさいの移動は2~4日という設定である。たとえ4日でも100キロ以上の行軍。1日、約25キロ。武器と鎧のフル装備なら15~20キロの重量だ。

いやいや、秀吉の兵站力《へいたんりょく》は凄まじく、武具の類は有能な物資輸送部隊、小荷駄隊《こにだ》が活躍したという研究者がいる。想像力の欠如だ。

最終日は暴風雨だ。一日足止めを食らっているので移動は3日間に縮まる。2日説もあるが、3日間にしよう。暴風雨のドロドロのぬかるみだ。草鞋《わらじ》でぐちゃぐちゃと行進するのだが、それにも増して小荷駄隊はどうなるのか?

1万5千人分の大刀、槍、甲冑、爆薬、旗、食料、鉄砲、大砲……一台の大八車《だいはちぐるま》にはせいぜい30人分が精いっぱいで、計算上少なくとも400台の大八車。それだけで3キロ以上の長さになる。

車輪が軟弱な泥にハマる。捕まる。止まる。脱出させる。壊れるのも10台や20台できかない。いくらスタミナがあるといっても1時間で、1キロ前進がやっとだ。疲れ切った兵士は飯を食い、クソをし、仮に不眠不休であっても2~3日ではムリだ。さらに先がある。姫路についてから、なんと3日でまた100キロを激走して京都入りしたのだというのである。6日連続で230キロ走破。

勘弁してほしい。

クーデターで信長✝一門のタガが外れ、各地の軍閥がバラけている。明智に加担し、公然と秀吉軍に襲いかかる地元の武将だって出てくる可能性があり、はたしてその状況下、丸腰で移動させるだろうか？　いくらなんでもダメだろう。これらすべての疑問をぶっ飛ばして強引に「中国大返し」を描くTV番組を昔観たような気がするが、気色の悪さでは、宇宙人番組よりひどいものだった。

明智単独作戦での大きな疑問は7つ。

1　明智がプランBで、秀吉対策を講じていなかった
2　明智が毛利と通じていなかった
3　秀吉が明智襲撃を警戒しなかった
4　秀吉の神業《かみわざ》的一日和睦
5　秀吉軍の超高速リターン
6　明智が大坂、京都をガラ空きにし、安土に行った

## 7　明智が内裏を囲わなかった

むろんこればかりではない。山崎で討たれるまで、明智単独作戦ならば、まったく合点のいかない行動の連続である。

もう一度、クーデターを整理する。

プランA＝暗殺
↓
プランB＝移行段階（信長✝一門への攻撃と中立化）
↓
プランC＝収束（新政府樹立）

クーデターにはこの三つの段階が必要だ。明智の場合、プランAはあった。しかし、一番肝心な信長✝家臣団への攻撃と中立化工作という移行段階、プランBがどこにもないのだ。

自衛隊で言えば東京の第1師団が官邸を襲い、首相を暗殺したのに、名古屋の第10師団や兵庫の第3師団への対策もなく、皇居も放置、放送局の占拠もしないまま、なにを間違えたのか暗殺した首相の選挙区に行ってしまったようなものだ。バカげている。

明智はバカではない。どう考えてもプランBの「移行段階」とプランCの「収束」は、秀吉との共同作業だ。しかし秀吉の裏切りにより、BとCが消滅したので、ヴィジョンもなにもない、ただのマヌケに見えただけである。

## 明智、秀吉のプランA

プランAについて書いた箇所がフロイス『日本史』にある。

〈信長は、かねて交戦中の毛利との戦争にも早く決着をつけ、その領土を征服しようと望み、身分も低く、血統も賤しいが、悪賢く、戦争に熟達した羽柴筑前（秀吉）を派遣していた。彼はすでに毛利の数か所を占拠していたが、窮地に立たされていた毛利は、最後の一兵まで繰り出して全力で抗戦する気構えであった。そしてそのために彼は領民たちを招集した〉『日本史』

毛利、徹底抗戦の構えだ。

〈そこで、羽柴（秀吉）は、信長に書を送って援軍を願い出た〉『日本史』

秀吉による援軍要請で、注目すべきは次だ。

〈とりわけ信長自身が出陣する必要はなく、別に二万ないし、三万の兵があれば、13か国のすべてを平定し、毛利の首を献上できると述べた。事実行われたように、信長は都におもむくことを決め……〉『日本史』

秀吉は信長✞に援軍要請を依頼している。分かっているだけで1582年6月5日と7日の二度。信長✞は疑いもせず、明智に追加援軍を命じた。しかし着目すべき重要な点は、信長✞本人には（戦場に）来る必要なし、とクギを刺した点だ。つまり、これで本能寺に滞在させ千載一遇のクーデター状況を作りあげたのである。

秀吉、明智の連携プレー作戦だ。

〈入京した信長は、家臣の羽柴（秀吉）が、毛利との戦争を終結に導くための援軍の派遣をあまりにも急ぐので、時を移さず、軍勢を引率した多数の武将を差しつかわした〉『日本史』

なに一つ見えなかった信長✝は、ずっぽりと罠《わな》にハマった。なんと自分で自分を襲うクーデター部隊編成を、明智に命じてしまったのである。

では、冷静に思考脳を働かせ、秀吉の置かれた状況を見てみることにする。ほんとうに援軍が必要な戦況だっただろうか？

否だ。

梅雨の季節。降りしきる雨。土木工事による水攻めが効果的に機能し、敵の高松城は湖にポツンと浮かんでいる。兵糧《ひょうろう》攻め、別名「干し殺し」である。毛利の正規軍は友軍大部隊のピンチを遠くから眺めるだけで、なすすべもない。あとは時間の問題だ。こんな時、援軍要請などしようもんなら、かえって手柄を明智に横取りされるだけである。

つまり秀吉によるクーデターのための援軍要請。それ以外にない。その証拠に、援軍なしで毛利から無条件降伏を勝ち取っているではないか。

必要なかったのだ。しかし秀吉は、援軍を求めた。分かっているだけで2度。

クーデター計画プランAにおける軍の要請による状況作りは、秀吉の役割だった。で、明智はだれはばかることなく堂々と軍を整えられたのである。

明智、秀吉の二人は共に足軽の出。信長✝に抜擢され、家臣団の1、2を競う出世組となる。明智は主に丹波、丹後、志賀の西近畿を、秀吉は東の中国を任された。

厳然たる階級社会。幼いころから非人、水飲み百姓、草履《ぞうり》取り、足軽、猿……蔑《さげす》みの中にいた秀吉。育つのは、たくましさだけではない。劣等感も育った。

出の賤《いや》しい人間が、しゃにむに出世して欲しがるものはなにか？　身分である。身分は由緒ある血脈と官位で決まる。

秀吉は異常なほど両方にこだわっている。誕生日をめでたい「一月一日」にデッチあげ、幼名を「日吉丸」とかっこよく詐称。姓は欲張ってリッチな「豊」、位の高い「臣」を合体させて「豊臣」とした。哀しすぎるチンケな見栄《みえ》。

戦争で負けないというだけの人間なら盗賊の親分だ。どんなに頑張ったところで、血筋には勝てない。生まれながらにして名門、かっこいいお館様は超えられない。超えるにはどうしたらいいのか？　秀吉は神話をまとった内裏の「威光財」を渇望した。

自分は天皇のご落胤《らくいん》だという噂を流させたり、皇族、近衛の養子（猶子）となったり、親王の結婚相手を一度自分の養女に迎え入れてから嫁がせるなど、手の込んだダンドリを踏みながらついに朝廷ナンバー・ツー、「関白」の座をくすねた。

そういう点では明智も朝廷に寄りそっている。

どこの馬の骨か分からない下層階級が武将に成り上がって、本物のセレブになるには朝廷が不可欠だと判断したのだが、彼らのより所、「威光財」の完全消去に動いたのが、桁違いの革命家、信長✞である。

ここに朝廷＋明智＋秀吉、三者の利害は一致した。

## なにも知らなかったクーデター軍

明智が徴集した軍団は、君主信長✞のものだ。みな信長✞に忠誠を誓っている。

信長✞絶頂期。どうやって言うことを聞かせたのか？　いくらなんでも、今から「信長を殺す！」など、口がさけても言えない。そんなことを言おうものなら、あっという間に動揺は広がり、離反、逃亡、いや逆に明智の首を取って手柄をものにする家臣だって出てくる。

方法は一つ、最後までダマす。

『川角太閤記』によれば、クーデター前日、明智は「お館様から飛脚があり、中国出陣の馬、陣容を検分したいという命令が届いた」とフェイク・ニュースで洗脳している。

信長✞の出陣謁見《えっけん》。

これならば状況が状況なだけに、兵士たちは信じる。

夕方、亀山城1万3千名が逐次《ちくじ》出発。30キロほど離れた本能寺を目指した。2時間ほど進軍したところで軍を止め、側近中の側近だけで幹部会議を開く。ここではじめて本能寺攻めを打ち明けたという。それでも、標的は信長✞ではない。ターゲットは家康だった。

「お館様の内命により、徳川家康の首を取る」と言ってきかせたというのだが、おそらく本当だと思う。てっきり家康討ちだと思っていた、という生き残った武士の話が複数伝えられているが、私が明智でも同じ言葉を口にする。それがベストだ。

## なびく秀吉

さて、ここにいたる一年前、二人きりの茶室。茶を点《た》て、よもやま話をする明智と秀吉。アレンジしたのは秀吉の茶頭《さどう》、千利休✝。利休✝がすべてを回していたというのが私の推理だ。

利休✝は茶道の大家であるが、キリスト教のミサを茶道にとり入れたキリスト教界における重要人物でもあった。「利休七哲」と呼ばれる弟子、フランシス・高山右近†、細川忠興✝、蒲生・レオン・氏郷†、牧村利貞《としさだ》†、芝山宗綱《むねつな》†、瀬田正忠《まさただ》†、古田織部《おりべ》†は、シンパの忠興を除き、みなキリシタンで、詳しくは拙著『軍師 千利休』にどっさり書いたのでぜひ読んでいただきたい。

利休✝は信長✝の茶頭から秀吉の茶頭にスライドした人物だ。おそらくキリシタンになりきれず、単に天下取りのためにキリスト教を利用していることが明確になってきた時点で、教養のない秀吉を教育するという名目を作って移り、クーデターを練ったのではないだろうか。利休✝によって秀吉の腹は固まった、あとは明智だ。

腹を探りながら、核心へと水を向ける利休✝。

「最近のお館様は、すっかりお人が変わりましたな」

「いかにも、朝廷、仏教軽視。あれは、やりすぎでござる。神や仏は日本の故郷だ」

しばらく茶器に視線を落とす明智。老いを感じさせない急な動きで茶を呑み干し、トンと楽焼《らくやき》の器を畳に置く。

利休✝は明智のワキの甘さを見破っていた。50歳後半か？　いや70歳近いという噂もある。出生も疑しい人の良い老人だ。一方、きな臭い話を振られた明智。これはお館様のワナかもしれん。うっかりノればこっちの首が飛ぶ。明智は横で天井を見上げている秀吉の顔を見た。信用できるのか？　自分にやらせ、失敗したら秀吉はシカトするかもしれん。成り行きによっては途中でお館様に通報し、こっちを葬ることだってできるのだ。

「やってみなければ、答えは出ないこともありますな、明智殿」

などという逃げ道を作った禅問答でお茶を濁す。二度、三度と、そんな茶会がもうけられ、ある時、秀吉が前のめりに仕掛けた。

「貴殿は身共《みども》、身共は貴殿。二人は同じ道を進む運命を背負って世に生まれたのかも知れませんな」と目を細め、明智に命を預ける、一緒に飛び込んでここを乗りきれば、自分は生涯、あなたを支えるので、どうか一花咲かせていただきたい、などと殊勝《しゅしょう》に手を握った。

明智は思考より、信じる方に快感を覚えるタイプだ。人を信じる心地よさ。これに酔う手合いはたまにいる。与《くみ》しやすい相手だ。知性とモラルを見下す秀吉にとって、しょせん明智は捨て駒《ごま》の道具。スタミナと押しの強さに自信のある秀吉は、とうの昔に決め込んでいる。

刻々と迫るXデー。毛利との和睦はあらかた終わっていた。和睦最終段階というタイミングで手筈通り、信長✝に援軍要請を発信した。2度、3度……催促は複数回。

それを受けた信長✝が側近の明智に相談する。明智と秀吉が組んだ戦はこれまで数回、息は合っている。スピード感あふれる信長✝は苦もなく、秀吉のリクエストに応えた。

秀吉は最後の援軍要請をぶち込む。6月17日だ。その連絡を待って、明智は愛宕神社に入った。

## 本能寺の舞台は内裏が作った

クーデターの初動、一番、肝心なことはなにか？

討ち入る時点で、信長✝がワナの中に納まっていることである。ターゲットはどこに行った？　などと京都中捜し回るマヌケはできない。アウトだ。本能寺に釘付けにし、そこに明智軍が殺到するプランＡの最重要工作。舞台をどう作るか？　気まぐれに外出してしまうかも知れない昼の襲撃は危険だ。いつがいいか？　ぐっすりと寝入っている早朝を襲う。それには前日深夜、２時、３時までドンチャン騒ぎで酒に酔わせるのがベストである。

ところが信長✝は酒を呑まない。下戸《げこ》の君主に呑ませるにはどうしたらいいのか？

いったいそんな妙手があるだろうか？

そう、吉報も吉報、大吉報をもたらして、有頂天にさせることだ。めでたき祝いに一口でもといって酒を注ぐ。お流れちょうだいといって、また呑ませる。こうしてへべレケにできれば最高だ。

だが、吉報は？　そんなモノが、この世にあるだろうか？

あった。

日本史上、またとない劇的なクーデター決行日前夜、信長✝にとって、身も心もとろけるドラマがくり広げられたのである。深夜、本能寺でなにがあったのか？

「深夜＋1《ワン》」大宴会だ。ただの大宴会ではない。朝廷が信長✝、ひいてはローマにひれ伏した記念パーティ。かのグレゴリオ暦の採用！　これならば、あの信長✝をもってしても有頂天になり、酒を呑む。

調べればすぐに判ることだが、本能寺に集まったのは晴豊、前久《さきひさ》、甘露寺などの公家40名。信長✝自慢の名茶器がわざわざ運び込まれ披露されたあと、晴豊は日記に酒宴となったと書いている。妙覚寺からは長男、信忠も参加、下戸の信長✝が一緒に酒を酌み交わした、というのだからよほどご満悦だったのだ。深夜になっても客は帰らず、信長✝は名人本因坊算砂《さんさ》の囲碁の対局をみてから寝た。

この来客名を山科言経《やましなときつね》（1543～1611）が記録（『言経卿記』）しており、チェックすれば、その顔ぶれがとんでもないことに気付く。

関白　藤原内基

太政大臣　近衛前久

左大臣　藤原内基（兼）
右大臣　近衛信基
内大臣　近衛信基（兼）
前関白　九条兼孝
前内大臣　二条昭実
その他

関白を頭に摂政、関白という最高の役職につける五摂家、近衛、九条、二条、一条、鷹《たか》司《つかさ》を筆頭に、上級公卿の豪華絢爛《ごうかけんらん》、今をときめくオールスターだ。日本を揺るがした「本能寺の変」前夜、宮廷がそっくり移動している。ただごとではない。

あきらかに信長✝を有頂天にさせるための工作だ。こんなことは正親町の命令が下らないとできない大事である。

信長✝は官位を蹴ったり、朝廷の勤務にまで口を出し、行動を制限したのみならず、公家の息のかかった寺からも上納金を奪って自分の家臣へ割り振っており、財政的にも追いつめている朝敵だ。そして、とどめはグレゴリオ暦。

下拵《ごしら》えは最終段階にさしかかっていた。

明智襲撃の前日、信長✞滞在先の本能寺に公家のオール・キャストが集まる。茶会だと書かれているが、朝廷が企画した手打ちだ。その場で信長✞は甲斐武田を破った手柄話をし、中国、四国攻めの出陣予定を語り、暦問題を口にしたとある。『晴豊記』には、信長✞は「くわんれき」で「年末に閏を設けたい」と、念を押した。それに対して公家衆はムリだと答えた、と記されているが、これは嘘だ。

この場合の「閏」は前にも述べたが、「閏年」のことではない。「閏」ならば、幾度も調整してきたことで、信長✞が念を入れることではないし、朝廷側も断る必要はない。「閏年」のことなど、信長✞の眼中にはない。仏教破壊、将軍追放……自分が信じるミッションならばどんな困難にも打ち勝ってやり遂げてきた男だ。

すなわちこの夜、晴豊が『くわんれき』と称する「グレゴリオ暦」を呑んだのだ。それ以外にない。目的は信長✞を最高の気分にさせ、酒を呑ませることだ。上機嫌でベロベロにし、翌早朝、明智軍が討つ、という筋書きである。

信長✞が二度要請したというグレゴリオ暦。のらりくらりと引き延ばしていた内裏と晴豊。ついに、晴豊はグレゴリオ暦を採用するので「本能寺でその祝賀を」と誘い出したというのが私の見立てだ。

信長✝が有頂天になるこれ以上の価値あるニュースは存在しない。ついに将軍、仏教界、朝廷というゾンビ「威光財」をすべて屈服させ、ガッツポーズで酒をかっくらい、１００％の確率で翌朝までぐっすりと寝込んでしまったのである。

ここに役割分担が見えてくる。秀吉が援軍を要請し、明智が援軍を装ったクーデター実行隊を編成。そして内裏が信長✝を本能寺に釘付けにする。陰謀は周到に練られていた。

クーデターには65歳の内裏、正親町の名は出てこない。だが正親町の関与は空前絶後の朝廷移動宴会だけで充分だろう。他の証拠は後ほど述べる。

「本能寺の変」８日前、愛宕神社。待っていた明智に早馬が駆け込む。朝廷からの知らせだった。

〈本能寺茶会の手配は、とどこおりなく完了した……〉

## クーデター最後の意思統一、愛宕百韻連歌会

山城国愛宕山威徳院。集まったのは９人。主役の明智親子をはじめ連歌師、里村紹巴《じょうは》（１５２５〜１６０２）、それに場所を提供した威徳院の行祐《ゆきすけ》もいた。標高90メートルの高みから、８日後、天地がひっくり返るであろう下界を見おろす。空前絶後の大クーデター。しかし、自分が生贄《いけにえ》だったなど、明智には、なに一つ見えていなかった。

連歌会で何をしようというのか？　クーデター前夜に歌を楽しむアホはいない。情報のやりとりだ。集まった人は、クーデター関係者とみて間違いない。すなわち、明智、秀吉の名代、細川藤孝親子名代……。

一番重要なのは、正親町からの勅命《ちょくめい》である。

「朝敵信長✞を討て！」

珠玉《しゅぎょく》の言葉を受け取った明智は筆をとって、決意のほどを歌にたくし、他のメンバーに知らせる。

〈ときは今　天《あめ》が下《した》知る　五月かな〉（１５８２年６月14日）

この歌には、明智のアドレナリンがみなぎっている。

〈天が下知る〉は「天」、すなわち天皇の命が下って、すべては計画どおりだという意味だ。

手順は正親町から正式な信長✞討伐権《とうばつけん》をもらう↓秀吉が「中国大返し」の準備を整える↓クーデター前日、公家グループが本能寺大宴会をスケジューリングする。

この流れだが、三者の準備万端が整ったことを知らせ、互いの意志を確認し合ったのが、愛宕連歌会だ。

少しずつ言葉が違うが、それぞれ詠《よ》んだ歌が多くの書に記されている。代表作を一つ声を出して読んでいただきたい。

『明智軍記』

トキハ今天ガ下知五月哉《かな》　光秀

水上マサル庭ノ夏山　　　　　　　　　行祐

花落ル池ノ流ヲ堰留《せきとめ》テ　　　　　紹巴

歌は謀議向きだ。壁に耳あり、障子に目あり、仮にスパイに聞かれても、歌にことよせての暗号になっているから当事者しか分からない。とくに連歌は、「発句《ほっく》」という主《あるじ》の最初の句に、関係者がどんどん後付けしてゆくジャズの即興演奏みたいに、刻々と変化する参加者の質疑応答と決意表明、情報の共有には持ってこいなのだ。

最初の〈ときは今　天《あま》が下知る　五月かな〉（光秀）は、前述したように朝廷史、もっとも劇的な本能寺宴会大作戦はスタンバっている、正親町から、信長✝討伐権を得たぞ！のアピール歌だ。

次の〈水上まさる　庭の夏山〉（行祐）はどうか？

威徳院の行祐は、細川藤孝✝の名代だと思う。なぜ分かるかというと、一年前の連歌会で藤孝✝が詠んだ句とピッタンコで、一目瞭然なのである。

一年前の歌。

〈夏山うつす水の見なかミ《水上》〉（藤孝）

クーデター8日前、愛宕の歌。

〈水上まさる庭の夏山〉（行祐）

二つを較べて欲しい。「夏山」と「水上」、同じである。

一年前の連歌会の主催者は細川藤孝✝。場所は丹後の天橋立《あまのはしだて》。メンバーはほぼ同じで明智光秀、十五郎光慶《みつよし》親子と女婿の明智秀満《ひでみつ》。さらに細川藤孝✝（千利休✝と昵懇《じっこん》）、忠興✝（千利休七哲）親子。津田宗及✝（茶の湯の大家、武器商人、千利休✝と同じく信長から秀吉茶頭にスライド）、里村紹巴（千利休✝と昵懇の連歌師）、山上宗二✝（千利休✝の弟子）、平野道是《どうぜ》（千利休✝と昵懇、堺の商人、茶人）。全員千利休✝つながり、役者ぞろいだ。

私はこの顔ぶれから、中心人物は千利休✝で、一年以上前から茶会や歌会でクーデターの打ち合わせが始まっていたと推測している。

一年前も、発句《ほっく》は明智光秀だ。

〈う《(植)》ふるてふ松八千年《ちとせ》のさなえ哉〉

植えるのは、千年松の早苗です、というほどの意味だ。つまり、〈クーデターで千年続いた松（内裏）を植える〉となる。

それに対して細川藤孝✝が協句を添えている。

注意しなければならないのは、明智と藤孝✝の関係だ。信長✝政権下、近畿軍の司令長官にまで出世した明智だが、もとは藤孝✝の方が立場が上。フロイスの『日本史』や『多聞院日記』（寺の記録）によれば、明智は細川藤孝✝に仕えていた足軽だ。なぜ立場が逆転したかというと、藤孝✝と足利義昭✝の関係である。藤孝✝と義昭✝は腹違いの兄弟で、1572年ごろから信長✝がウザくなった義昭を遠ざけると共に藤孝✝も一緒に払い除け、明智を引き上げたために上下が入れ替わったのである。ここに面子《めんつ》を潰された藤孝✝の怨念がある。

うがった見方をすれば、元君主の藤孝✝に、明智がノセられたということだ。明智のクーデターが空中分解したのは、秀吉にハメられたこともさることながら、信じていた藤孝✝の裏切りも大きい。なにせ明智は娘、ガラシャ†を藤孝✝の息子、忠興✝に嫁入りさせている親戚で、よもやクーデターの土壇場で頭を丸め、刀を鞘《さや》に納めて隠居するとは思わなかったのである。もう一度、一年前の句を見てみよう。

〈夏山うつす水の見なかミ《水上》〉（藤孝）

あくまでも私の推論だが、「夏山」はクーデターの隠語、水上は自分、藤孝✝のことだ。自分の心はクーデターをちゃんと映している。つまり一心同体だと表明している句だと思っている。

そして秀吉の名代、紹巴が添える。

〈夕立のあと、ありげなき月見えて〉（紹巴）

夕立のように激しいクーデターのあと、ありえないほどきれいな月が浮上すると明智新政権を讃えている。

それはそれとして、こうしてクーデターは、一年前の丹後天橋立の時には走り出していた。

で、クーデター8日前、シメの愛宕連歌会となる。

〈ときは今　天《あま》が下知る　五月かな〉（光秀）

〈水上まさる庭の夏山〉（行祐）

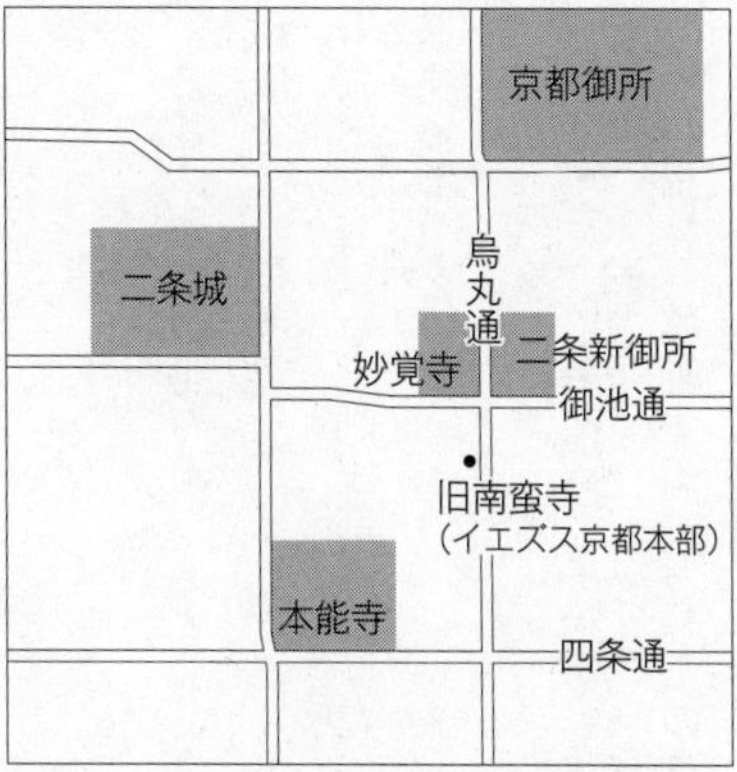


御所と二条城では信長の死の報せを公家たちが待っていた。信忠は二条城の誠仁人質作戦にでるが失敗

いよいよ内裏が命令を下し、朝廷がスタンバった。この時、細川藤孝✝は欠席、代理は行祐。藤孝✝（水上）の気持ちは、クーデターを（夏山）を前に、たかぶっている、と伝える行祐。

で、秀吉である。

〈花落つる　池の流れを　せきとめて〉（紹

巴）

まさに秀吉は池の流れをせき止め（川をせき止める。つまり水攻めは完了した）、すでに毛利は降伏（花落つる）させたから、高速リターン・クーデター援軍の準備完了だという暗号だ。秀吉は京都制圧部隊だったのではないだろうか。クールに装っていても、最高に興奮する歌である。

朝廷から討伐権をもらい、秀吉の高速リターンを確認した明智は、一旦、亀山城に戻ってから出発。移動する1万3千の軍勢は、だれ一人として自分たちはお館様の命で集められた毛利攻めの援軍だ、というイツワリを疑わない。これから京都でお館様の謁見《えっけん》をすませた後、秀吉軍と合流するのだ。

敵を欺く前に、味方を欺け！　途中、攻撃目標を本能寺の徳川家康に変更する明智。

本能寺に到着。その時はじめて、クーデターが知らされた。前代未聞、空前絶後。相手は戦国の世に出現した稀代の英雄。緊張で声が震える。

「内裏のご命令により、朝敵、織田信長✞を取る！」

おそらく、これも最前線の限られた精鋭部隊だけに告げて突っ込んだもので、他はほとんどが、わけもわからず包囲していただけだったはずである。

早朝4時か5時、寝込みを襲われた信長✝は、なにが起こったのか分からない。一瞬にして酔いがさめる。破壊的な音が響き渡り、怒号が飛びかう。部屋に飛び込んできたのは世話係の女、子供ばかりで、どうにもならない。心臓の鼓動《こどう》が内側から肋骨《ろっこつ》を打つ。

敵はフル装備だ。本能寺の図面をあらかじめ頭に叩き込んで、知りすぎるほど知っている敵はほんの数分で到達する。信長✝が薙刀《なぎなた》で奮戦したとか、隣の部屋に入って切腹したなどという話も伝わっているが、状況が状況なだけに、そんな時間はないはずだ。手柄をあせったヒットマンの突進をかわしながら、火を放て！　と大声で命じるのが関の山だ。

陽気で向こうみず、勝つ方法は知っていたが、負けない方法は知らなかった。

新世界の力で、緻密に張り巡らされた巨大な旧体制と戦い続けた、再び現れることのない大革命家の人生は、日本の歴史に強烈なインパクトと爪痕《つめあと》を残し、道半《なか》ばで幕を閉じたのである。

フロイスの言うとおり、デウスの怒りであろうか？　時としてデウスは謎めいたことをする。

## 朝廷ミステリー

本能寺での異変。動乱を早く耳にしたのは200メートルも離れていない妙覚寺にいた長男、織田信忠。

救援に向かうも、1万3000の兵を前に、手のほどこしようもなく、側近村井貞勝（京都所司代）など少ない手勢で急きょ、目の前の二条新御所に入った。おそらく100名にも満たない。

そこにいたのは、高みの見物を決め込んでいた誠仁《さねひと》親王、晴豊他公家の数10名。まさか来るとは思わなかったから大パニックである。

歴史書の多くは、信忠が誠仁親王を救出しに向かったと書いてある。これも歴史の誤読。明智の標的は信長✞と信忠。二人は本能寺で酔い潰れていると確信していたのだが、信忠は近くの妙覚寺に帰っていた。資料をちゃんと読めばわかるが、クーデター派の公家晴豊は、飛び込んできた信忠と親王を脱出させるべく掛け合ったとある。それに対して信忠は難色を示した。

このことから、ドンチャン騒ぎの現場に父と共にいた信忠は公家が雁首《がんくび》をそろえ、気持悪いほど低姿勢だったし、その過剰なまでの行為と今朝の襲撃を結びつけ、すべてを察し、二条新御所に突入したと考えるのが妥当だ。つまり内裏、誠仁親王を狙ったという構図しかない。

晴豊の日記にはポロリと真実をもらす甘さがある。文面からはかなりの悶着《もんちゃく》があり、ギリギリの言い逃れで、公家たちがみな脱出した、という光景が見えてくる。そうこうしているうちに、その直後に駆け付けた明智光秀軍の手によって信忠以下全員が討ちとられたのである。

記録によれば、５日後の６月26日、まだ死臭漂う中、公家がぞくぞくと近衛邸に集まっている。信長✞の追悼であるわけはない。祝いの酒盛りだ。近衛前久《さきひさ》（１５３６〜１６１２）が酒樽をもって自分の息子信尹《のぶただ》のもとに押し掛け、そこに晴豊も加わっている。

その４日後、６月30日も再び大酒。メンバーは前権大納言、朝廷医師、中納言などで晴豊も一緒だ。これもクーデター成功祝賀パーティである。

しつこく述べるが、本能寺クーデターは朝廷、明智、秀吉の共闘だ。絵図を描き、回したのは千利休✝以下、茶道会上層部というのが私の推理である。クーデターの約半年前の正月（１５８２年1月24日）、千利休✝は、今井宗久✝、山上宗二、津田宗及†、今井宗薫《そうくん》†（今井宗久✝の息子）を連れ、明智光秀、松井友閑らと共に安土城へ年賀のために参上している。メンバーをチェックすれば分かるが、明らかに、利休✝は、本能寺クーデターの中心人物、キーマンだ。だからこそ、利休✝は初期秀吉政権のナンバー・ツーになったのである。

ぜひ、詳細は拙著『軍師 千利休』のページを開いていただきたい。

これまで、いやというほど事実やら状況証拠を並べたが、一度固まったこれまでのバイアス歴史はすぐには解けないかもしれない。そこで朝廷と明智の一体化という一点に絞って、もっと深掘りしてみる。随所にみられるのは親王誠仁（29歳）側の怪しい動きだ。

二条新御所での信忠との小競り合いもさることながら、クーデター４日後の6月25日、早くもあっと驚く、奇怪な動きをみせているのだ。

晴豊、その他数人の公家たちと談合した後、送ったのは勅使だ。向かった先は、なんと明智光秀が陣取る安土城。資料には誠仁親王が送った勅使だと書かれているが、そんなわけはない。

張本人は内裏だ。自分のリスクをぜんぶ息子の誠仁親王に負わせ、奥にひそんでのリモコン操作。

誠仁親王はかわいそうに、汚れ役ばかりだ。内裏にはなれず、第１０７代は息子の後陽成であることから、目立った功績もなく、34歳で亡くなる。能力的に難があったのではないか、と見る研究者もいるほどだ。

勅使は65歳の内裏、正親町の正式なものとみていい。

## 安土に走った内裏の使い

その勅使とは朝廷御用学者、吉田兼見《かねみ》✝（１５３５〜１６１０）である。覚えているだろうか、神道からマンボー・ジャンボーの原始的な呪術要素を取り除き、仏教、儒教、キリスト教などあらゆる宗教を取り入れて、もっともらしく朝廷儀式の体裁を整えた吉田神道の大家だ。

この男は千利休✝、足利義昭✝、信長✝、明智、秀吉はむろんのこと、キリシタンの従兄弟、清原枝賢✝など、実に多くの交際範囲を誇っている。信長✝とイエズスに密着、スパイ色の濃い男だったと私は見ている。

スパイといっても現代のイメージとは違う。この時代、みなだれかの配下だ。上下関係がきついから、上は下に絶対的服従を強制する。したがって否応なく、だれでも間者《かんじゃ》といわれる情報提供者とならざるをえないのだ。つまり、幕末のアーネスト・サトウが書いた通り、多かれ少なかれ、日本人は全員スパイ、チクリ屋の時代なのである。

その兼見✝は本能寺クーデター後、電光石火、明智を後追いし、入城した次の日、安土城の門をくぐる。

なにをそんなに急いでいるのか？

大クーデター直後である。襲撃、略奪、落武者狩り、エリア一帯が興奮のルツボだ。統制のきかないおっかない連中が過ぎ去った直後、地獄の爪痕を辿りながらの旅は安全性ゼロ、公家にできる技ではない。明智側が護衛していた、と考えなければ合点のいかない話で、ならば事前に示し合っている。

事は急を要している。そこまでして、なぜあわてて勅使を出したのか？

歴史的には、「親王の祝賀を明智へ届けた」と、さらりと片付けているが、なにかおかしい。たとえおかしくても、この一文はとんでもない事実を露呈している。ポイントはその時期だ。まだクーデターの目鼻もついていない段階だということだ。信長✝家臣団の動向が見えていないのにもかかわらず祝言とはどういうことなのか？　これはたんなる祝言ではない。

ではなにか？「プランＢ」に狂いが生じたのだ。

この事実は見逃すことのできない歴史的証拠だ。秀吉の動きがおかしい。寝返ったのか？　いや寝返っている。エビデンスは噂だ。「明智謀反」の噂が秀吉ルートからバンバン流れているではないか。ハメられたのだ。ではどうする？　その噂をくつがえすことだ。それには、内裏だ。朝廷からのお墨付である。兼見が持参したのは共謀者、正親町による信長討伐権の正式なる「付与」だった。

この瞬間、どういうことが起きるかというと、朝廷の「威光財」が明智に移転し、堂々たる官軍となったということだ。内裏の紙切れ一枚で、悪党が正義の人、反逆者が正統なる支配者となる例のアレだ。本能寺クーデターに正当性が与えられ、信長✝は朝敵、賊軍となって討たれたのであって、明智にとってこれは大きい。

「錦《にしき》の御旗」を掲げれば、状況が見えない様子見の武将たちが秀吉ではなく、こっちに合流する確率がグンと高くなるのだ。

明智はありがたく拝授し、懐深くしまい込む。

この勅書でプランBが起動した。これさえあればもはや官軍だから、信長✝家臣団は秀吉に付かないはずだ。こっちに来なくとも、中立化を決める一門も少なくない。

しかしつまずきはすぐに来た。連歌会で念を押した細川藤孝✝、忠興✝親子が寝返ったのである。そして千利休✝率いるキリシタン大名。

これは大きい。そもそもこのクーデターは藤孝✝と千利休✝に誘われたのであり、利休✝、藤孝✝、秀吉の参加は絶対条件だった。

青ざめる明智。だが時すでに遅く、足元は崩れていた。

利休✝が回している以上、当然イエズスも敵に回った。明智の配下だったジュスト高山†（利休七哲）は、オルガンティーノの暗号命令文に従い、山崎の戦いでは先鋒を務め、自分の君主、明智軍を敗走させている。

明智の敗因は利休✝を完全に信じていたこと。細川✝親子の別心と、正常な倫理観を超えている秀吉の二枚舌を見破れなかったこと。この3点だ。さらにライオンを倒せば、ジャングルは恐れをなして屈服する、と甘い判断で、「錦の御旗」を堂々と掲げなかったことも大きい。

吉田兼見✝は勅書《ちょくしょ》だけで本物の「錦の御旗」をワザと持ってこなかったのかもしれないが、官軍をアピールできず、様子見軍団を味方に付けられないばかりか、無力化すらできなかったのである。

時系列で並べる。

5月27日　信長✝、朝廷からの将軍、関白、太政大臣の要請を拒否
6月13日　明智、連歌師里村紹巴などと愛宕山連歌会
20日　朝廷上級職ほぼそっくり本能寺に結集、深夜まで信長✝と大騒ぎ
21日　本能寺クーデター、二日酔いの信長✝を襲撃
24日　明智、安土城籠城
25日　誠仁親王（正親町）、勅使吉田兼見✝を安土に派遣
26日　兼見✝、安土で明智に対面、討伐権を付与（官軍となる）
公家祝賀パーティ、晴豊、近衛親子ほか
27日　明智、親王（正親町）に返礼文を兼見✝に託す

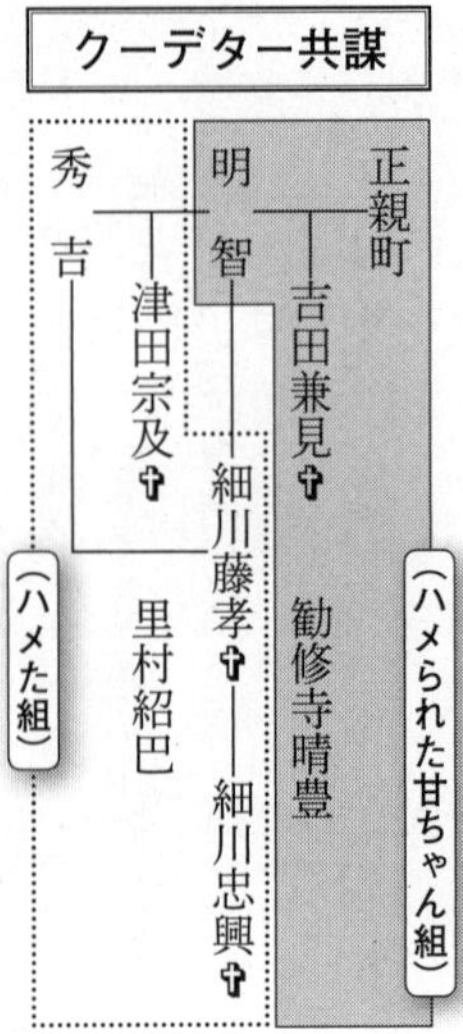


朝廷と明智の一体化はミエミエだ。

28日　朝廷御用達の明智京都に入り、兼見✝宅を訪れ、内裏へ銀５００枚を渡す

30日　公家祝賀パーティ、晴豊、大納言、中納言ほか

明智からもらった銀５００枚は兼見✝が御所に運び込んでいるし、晴豊がそのカネを正親町に披露。内裏がその返礼を託し、「なんてん寺」（南殿寺？）に陣を張っていた明智光

秀に届けたのも兼見✞である。

①安土城勅使訪問、②大金の受領。スマホもないのにスピーディな動きである。正親町と明智の密着は明白だ。

兼見✞は個人的にも明智から銀50枚をもらっているのだが、両名の面会はクーデター前後から、公式、非公式を合わせると、記録に残っているだけで、実に4回。なんども言うが関与どころではなく、共謀者だ。したがって、晴豊はじめ公家と兼見✞は秀吉の裏切りを知らず、当初、あくまでも明智と秀吉が一体だと思い込んでいたのだ。

また兼見✞の日記は、この年だけが、別本として書き換えられているのも、疑惑をより一層深いものにしている。

秀吉は、明智のケツについて満足するタマじゃない。肉食系怪物だ。

——ワシが風下に立てだと？　ここまでやるからには、頭はワシじゃ——

そのために、裏メニューを仕込んでいた。

天地を揺るがすクーデター勃発。日本中が疑心暗鬼の金縛りにあって大局が見えなかった。いったいなにを考えていたのか？

秀吉の考えはこうだ。クーデターが失敗すれば明智は終わり。自分は口笛を吹き、空を見上げてトボケる。成功すれば明智は、生贄《いけにえ》にする。どっちに転んでも死んでもらう。流言蜚語《ひご》の洪水に有力武将たちが身動きとれず息をこらす中、勝負は、いかに味方を増すか？　の一点にある。

明智は正親町の勅書を重視、古典的手法を選んだ。多くの日本人は「天皇が一番偉い」という威光財を仮想世界に宿している。途中、「将軍の方が偉い」という威光財が勝っても「血筋の長さ」「歴史の長さ」「神社直結」という得点での復元力は強烈だ。思考脳の弱い中世、朝廷さえ押さえれば中立の武将たちはひれ伏して、地滑《じすべ》り的に大勝する。しかし紙切れ一枚で、肝心の「錦の御旗」がなかった。でアピールできず、失敗。

一方の秀吉はクーデターの基本、放送局をおさえていた。

明智を悪党に仕立て、図太く、大々的にフェイク・ニュースを流したのである。

「明智に謀反あり！　しかし、お館様も信忠様も難を逃れた。今からお館様が逆賊、明智を討つ！　逆らう者は明智同様、次の正月はない」

法律のない時代、力が拮抗《きっこう》している場合、人の道から外れているかいないかがキー・ポイントだ。親殺し、ボス殺し……上の者に対する謀反は、大罪だという共通認識だけは万人が持ち合わせていた。

お館様殺し！　謀反人！　罪人！　明智光秀！

あらゆる人脈、組織を通じてフェイク・ニュースを広めた。もっとも威力を発揮したのは稀代のインフルエンサー、千利休✝率いる茶道界ネットワークで、武士、商人、隅々まで根を張っている。

明智が近畿司令長官というポジションだったにもかかわらず、近畿一帯の明智派は12万石の細川藤孝✝、忠興✝親子は動かず、ジュスト高山✝が秀吉に付いた。あっという間に噂は拡散した。奈良の18万石、筒井順慶（大和の与力合計45万石）も一族、重臣を集めて会議を開き、結局、日和《ひよ》って傍観、洞《ほら》ケ峠《とうげ》を決め込んだ。

じわじわと信長✝死亡説が広まっても、ぜんぜんブレない秀吉。掲げた看板を「謀反征伐」から「弔《とむら》い合戦」に掛け替える。セレブ集団であり、インフルエンサーの茶の湯界の威力は凄《すさま》じく、手弁当で信長✝一門が、こぞって駆けつけたのである。便乗組が我先にと秀吉に加勢する。刻一刻と追いつめられる明智。〈時は今……〉などとロマンチックな甘ちゃんだから、手玉にとられ寝首を掻かれたのである。

ダマされたのは明智だけではない。朝廷もやられた。

「本能寺の変」は朝廷、明智、秀吉の三者共謀だったはずだ。明智からは、万事まかせていただきたい、と秀吉も共謀者であることをそれとなく知らされていたのだ。

しかしどうも様子がおかしい。信長✞暗殺でケリがつき、ドンチャン騒ぎのあとの3日酔いの耳に、秀吉全軍が明智の陣へ向かっているという最新情報が飛び込んできたのである。ちょっと様子がおかしい。日が経つにしたがっておかしさが増す。秀吉が明智を謀反人として討つ？　信長✞の家臣団を吸い寄せ、2万〜3万の兵にふくれあがっている？　なにかの間違いでしょう？　ぜんぜん聞いていない。いったい、なにがどうなっているのか？　じゃ明智に「討伐権」を与えているこっちはどうなるの？　大パニックだ。

各地からの知らせが入る。封建社会は仇討ち制度を採用している。法律などない時代だから美談として洗脳、正当化しているのでみんな仇討ち好き、ヒーローである。で、その方程式によれば明智孤立無援！　になるのは必然だ。

──弔い合戦！……。もうアカン、シャキッとしろシャキッと──

「威光財」を売る相手を間違えてはいかん。強くてリッチ、これが絶対条件だ。血眼《ちまなこ》になって情報をかき集め、分析する。

秀吉だ！　あわてて舵を切った正親町は勅使、晴豊と広橋兼勝《かねかつ》を秀吉軍に飛ばした。

で、山崎の合戦で明智を討った翌日の7月3日、戦火をぬって秀吉を探し出し、太刀を手渡したのである。ギリギリセーフ。これで明智は朝敵になり、今度は正統性が秀吉に移ったのだ。

大ドンデン返し。明智の名誉のために言うと「三日天下」ではなく、「11日天下」である。

明智の茶会に頻繁に顔を出していた堺の茶人津田宗及✝はその後、秀吉の側近となって出世。

津田✝は利休✝の手先だった。

連歌師の里村紹巴も千利休✝はもとより、三好長慶✝、信長✝、明智、秀吉、細川藤孝✝、島津義久など名だたる武将と交流しており、高野山ともつながっていた。彼もまた利休✝のスパイだったと睨んでいる。

こうして日本史上もっともショッキングなクーデターは千利休✝、豊臣秀吉、細川藤孝✝、忠興✝、正親町、晴豊、吉田兼見✝、明智光秀、津田宗及✝、里村紹巴……という主要メンバーがつながって実行に移されたのである。これで全体の顔が見えたのではないだろうか？

私にとって読者だけがたよりだ。全体像が見えなかった人は、もう一度読み直していただき、私の説に合理的な疑いが少ないことを確認していただきたい。

## イエズスの関与はあったのか？

そこでイエズス黒幕説である。

実績のないローカル・ボーイ、信長✝を選び、新兵器を融通し、西洋の兵法を伝授。おまけにポルトガル貿易を集中させて、スタート・アップさせたのはイエズスだ。文明国の政治、経済スキルを伝授すること15年、だからこそ日本の中心、近畿一帯の支配者になれたわけで、彼らには、成功させたという自負があった。しかし信長✝の、こうした成功体験が増長を生む。「第六天魔王」までは許せるが、ついに「自分はデウスを超える存在だ」などとほざき、離脱をはかったのだ。で、猪口才《ちょこざい》な目障り男になった信長✝は、デウスの逆鱗に触れ、イエズスの手によって、クーデターを仕込まれた。

ビッグになったスターと、育て親である大手プロダクションとの間の独立騒動みたいな筋書きだが、その論拠となっているのが『日本史』に書かれている信長✝批判だ。

決定的なのが次の一文である。

〈デウスは、信長の終了日を決定した〉　『日本史』

デウスをイエズスに置き換えると、「イエズスが、信長✝の終了日を決定した」という台詞《せりふ》になる。フロイスのこの一言が原因で、疑惑の中心組織としてイエズスがポンとセリ上がってくるのだ。

そしてもう一つ、「本能寺クーデター」で暗躍した顔ぶれだ。細川藤孝✝、忠興✝親子、吉田兼見✝、津田宗及✝はみな千利休✝、イエズスとつながっていたと目されている面々。

たしかに彼らは、近い。そういう意味では怪しい。だが細川親子だけは違う。行動を追うと、途中から心はキリストにはなく、違う方向を向いてる。

忠興✝は明智光秀の娘でガラシャ†という美貌のキリシタン妻を持ちながら、信長✝亡き後は秀吉、家康と一緒になってキリシタンを取り締まる側に回っている。つまり算盤《ソロバン》勘定で天下人を選ぶだけだ。心はイエスになかったのか？　あったけれど変心したか？　おそらく後者であろう。

結論から言えば、私はイエズス本部、無関与説だ。

クーデターというものを理解すれば、容易に分かるはずである。

くどいようだが、クーデターは闇雲に起こらない。倒す相手は、死んでも決してクタばらない超人だ。虎の口に頭を突っこんで、喉の奥から心臓をえぐるような危険な作業であって、いつ口が閉まってもいいように、あらかじめ牙を抜いておく必要がある。計画は慎重にも慎重を重ね、長い時をかけて綿密に練られている。

京都という日本の中枢を占拠し、二〜三週間は支配し続けなければ成功はおぼつかない。最も恐いのは敵軍主力部隊だ。味方にできないならば、すぐに応戦できない遠隔地に、あらかじめ封じておくことである。

では「本能寺の変」当時、信長✝の家臣たちは、どこにいたのか？

柴田勝家は2万（4万5千説あり）の兵で越中国《えっちゅうのくに》（富山）で戦闘中。滝川一益は2万6千を率いて関東上野国《こうずけのくに》（群馬）に出陣。家臣とまではいかないが、敵に回したらヤバい家康は軍団を三河に置いたままで、本人は堺の茶人たちから接待を受けていた。

で、もう一人、池田恒興《つねおき》の動きが不明だ。おそらく明智は秀吉に身柄をまかせていたのだろう。

信長✝の後継者、長男信忠は本能寺パーティ参加リストに入っていたので、まとめて葬るつもりだったが、なぜか妙覚寺に帰り、クーデター後、二条新御所を襲撃しかけたものの、突入され、そこで切腹。

三男信孝✝は四国攻め直前、大坂住吉で忙しくしており、クーデター直後、混乱する情報に翻弄され、気がつけば、寄せ集めだった兵は逃亡し、ようやく動けたのは本能寺の変の3日後だ。明智の娘婿、津田信澄を襲って殺害しただけで、あとはますます情報が乱れ、なすすべはなかった。

京都の細川藤孝✝親子は抱き込み済みだし、奈良の筒井順慶は最悪でも中立化という感触は得ていた。

標的の信長✝は、長男信忠のわずか100～150人の手勢。みごとなほどのガラ空き状態。

偶然こうなったわけではない。信長✝軍参謀の明智と秀吉が意図的に空白の京都をこしらえていたわけで、その上には全体の絵図を描いた千利休✝がいた。

いつから取り掛かっていたのか？　前にも書いたが一年以上前だ。

エビデンスは例の1581年5月に開かれたという細川藤孝✞主宰の天橋立《あまのはしだて》連歌会である。

出席者は明智光秀、光秀の女婿、秀満《ひでみつ》、子息、十五郎光慶《みつよし》、細川藤孝✞、忠興✞（利休七哲）親子、津田宗及✞（利休✞昵懇《じっこん》の茶師匠）、里村紹巴（利休✞と親密な連歌師）、山上宗二（利休✞の一番弟子）、平野道是《どうぜ》（利休✞と親密な商人、茶人）。面子は一年後の愛宕連歌会メンバーとほぼダブっている。

すなわちクーデター計画が回りはじめたのはヴァリニャーノの歓迎式典、前代未聞の西洋式騎馬隊パレード前である。もし、イエズス黒幕説ならば、少なくともそれ以前からイエズスは信長✞を見離していなければ辻褄が合わない。

しかしそんな兆候はまったく見られない。

それどころか蜜月《みつげつ》だ。安土招待を皮切《かわ》りに、大接待漬け。3階建てのイエズス本部はじめ安土城を隅々まで案内し、住民総出でお盆の提灯イルミネーション演出の後、土産は安土全体が描かれた豪華極まりない屏風だ。安土全体が描かれた軍事情報で内裏がおねだりしたにもかかわらず、それを取り上げ、ローマ教皇に捧げられている。

これらのどこからも、イエズスに対する高慢チキで、反抗的な姿勢は見いだせない。問題の天橋立連歌会は西洋式騎馬隊パレードとお盆の間に開催されており、両者はハネムーンの真っただ中。そんな状況でヴァリニャーノが頭に来て、信長✝暗殺クーデターに動くというのは想像できない。

それどころか、密着の度合いは増している。イエズスが熱望していたシナ侵攻を真剣に引き受け、「本能寺の変」の四ヶ月前、2月20日に天正遣欧少年使節団を長崎から送り出しているのだ。

| | | |
|---|---|---|
| 主席正使 | 伊東マンショ | 大友・ドン・フランシスコ・宗麟†の名代 |
| 正使 | 千々石ミゲル | 大村・ドン・バルトロメウ・純忠†の名代 |
| 副使 | 中浦ジュリアン（肥前国中浦城主、イエズス大名中浦純吉《すみよし》の息子） | |
| 副使 | 原マルティノ（大村領のイエズス名士の息子） | |
| 教育係 | ジョルジェ・ロヨラ（日本人） | |
| 印刷技術習得要員 | コンスタンチノ・ドラード（日本人） | |
| 印刷技術習得要員 | アグスチーノ（日本人） | |

神父　　　　　　　ヴァリニャーノ（職務で、途中ゴアで下船滞在）
神父　　　　　　　ヌーノ・ロドリゲス（ヴァリニャーノの代打随行）
神父・通訳　　　　ディオゴ・メスキータ
神父　　　　　　　ロレンソ・メシア
修道士　　　　　　オリヴィエーロ

使節団一行は、約2年あまりの大航海をへてスペインに上陸。1584年11月25日、スペイン王フェリペ二世の大歓待を受けている。四ヶ月後には、トスカーナ大公フランチェスコ1世・デ・メディチと面会（1585年3月2日）。

3月23日、ついに聖ペトロの丘に建つ教皇宮殿迎賓の間で、ローマ教皇グレゴリオ13世の前に、信長✞が送り込んだ4人の少年が立ったのである。

大聖堂の基本的な設計は、かのミケランジェロ（1475〜1564）だ。設計だけではない。ミケランジェロはシスティーナ礼拝堂の巨大な天井画を描き、十字架から降ろされたイエスの亡骸を抱くマリアの「ピエタ像」など多くを手がけているが、それらを目にした日本の少年たちはなにを思っただろうか。

その後も舞踏会に呼ばれたり、戴冠式に招待されたりと西洋流儀の大変なもてなしを受けている。大幹部ヴァリニャーノと、「第六天魔王」信長✝の両者が同じ方向を見ている証拠ではないだろうか。

さらに信長✝は決定的なことでローマに忠誠を示した。和暦にしがみつく朝廷をついに屈服させ、「本能寺クーデター」の直前、「くわんれき」と称するグレゴリオ暦を勝ち取ったと思われるのだ。

こうした行動から見えるのは信長✝が脇目もふらずイエズスと共に走る姿だ。

ではなぜ、黒幕はイエズスだとささやかれるのか？

①本能寺とイエズス京都支部の距離、わずか１５０～２００メートルというご近所感、

②大坂でキリシタン王国を築いていた三箇城のキリシタン大名サンチョ三箇†が、明智に従っていたからである。それが原因で秀吉に潰されたのだが、考えていただきたい。イエズスの陰謀なら、逆にサンチョ三箇†を止めていたはずである。あわやジュスト高山†も同じ運命になるところだった。助かったのは、ヴァリニャーノの「明智に味方するな」という暗号文だが、出したのはクーデター後である。もし信長✝暗殺の黒幕がイエズスなら、これほど貴重な逸材二人を敵、味方に対立させることはない。

以上、イエズスと信長✝の蜜月の数々、サンチョ三箇†とジュスト高山†の件で「本能寺のクーデター」への関与はなかった。すべてを回したのは、イエズスを見限った千利休✝とそのグループというのが私の結論で、サンチョ三箇†は茶の湯をたしなまず、利休✝との接点がなかっただけである。

信長✝は９００年の歴史を持つ既得権構造を潰し、新世界を生みだした。

原動力はキリスト教、イエズス。真のキリシタンとは言いがたかったかもしれないが、本人なりに調和していた。しかし、信長✝という傘をなくしたキリシタンは、ずぶ濡れとなる。

必死で次の天下人、秀吉にすがるものの、微笑みと少しの便宜、次第にそれは凍結へと変わり、突然の弾圧、そして自分を天下人にした利休✝をも切腹に追い込んだのである。

イエズスは不確かな未来に直面した。いや、もはや、未来はなかった。フロイスの『日本史』からは、絶望感のあまり、生きている実感すらなくなっているのが分かる。イエズスとイエズス大名は九州に追いつめられ、朝鮮出兵で勢力を奪われ、棄教、潜伏、国外追放、処刑の４つで終焉を迎えた。

こうして信長✝とイエズスの合作、「キリシタン王国ジパング」建設は、夢から悪夢へとまっさかさまに転がり落ちていったのである。

# おわりに

「本能寺クーデター」がなく、信長✝が全国を統一していたら、日本はどうなっていたのだろうか、と思う時がある。

神仏を駆逐し、第六天魔王キリシタン王国の出現。ならば江戸時代もなく、鎖国はなかった。人々は早々に髷を切り、洋服を着、靴を履き、明治の文明開化のシーンが３００年早く見られたのではないだろうか。

世界の法律、倫理、民主主義、資本主義の基盤は、66巻からなる聖書だ。

ならば、価値観を共有するキリスト教国家日本へ対するA（アメリカ）B（ブリティッシュ）C（シナ）D（オランダ）包囲網はなく、太平洋戦争もなく、原爆も落とされなかったかもしれないなどと夢想するのである。

いやいや、その前に信長✝は約束を重んじる男。デウスの言葉、申命記第六章一節に従った可能性がある。

〈これはあなたの神、主があなたに教えよと命じられた戒《いまし》めと、定《さだ》めと、掟《おきて》であって、あなたは渡って行って得る土地で、これを行わなければならない〉

馬上の信長✝は、ヴァリニャーノとの約束を果たすべく、20万挺の鉄砲と20万の精鋭軍団を引き連れ、日本海を渡り、シナ侵攻作戦を決行する。シルクロードを逆走し、イスラムの国々を蹴散らして破竹の勢いでローマにその勇姿を現す。

第六天魔王信長✝！　伝説の英雄。

しかしローマは信長✝の桁外れの実行力とスケールに恐れおののき、ついにプロテスタントと共闘、キング信長✝と最終決戦に臨む。

とまあ、妄想はちりぢりだ。

歴史は、読者の一人ひとりが、思い思いの「自分の歴史」「自分の信長」を造るオートクチュールである。人生の大きな楽しみの一つに「自分の仮想世界」を加えてくれれば、物書きとして、これ以上の幸せはない。

永眠して長いが、少し気取り屋の英雄信長✝は、日本人の心に生き続けている。

ドチリイナ・キリシタン――キリシタンの教え一五九一年版現代語訳（聖母文庫）
宮脇 白夜:著　聖母の騎士社
キリシタンになった大名（聖母文庫）
結城 了悟:著　聖母の騎士社
現代語訳信長公記（全）（ちくま学芸文庫）
太田 牛一:著, 榊山 潤（訳）　筑摩書房
信長と安土セミナリヨ
三俣 俊二:著　東呉竹堂
キリシタン将軍伊達政宗
大泉 光一:著　柏書房
古溪宗陳――千利休参禅の師、その生涯
竹貫 元勝:著　淡交社
ふしぎなキリスト教（講談社現代新書）
橋爪 大三郎:著, 大澤 真幸:著　講談社
21世紀の歴史　未来の人類から見た世界
ジャック・アタリ:著, 林 昌宏:訳　作品社
キリシタンと翻訳　異文化接触の十字路
米井 力也:著　平凡社
信長権力と朝廷 第二版
立花 京子:著　岩田書院
ルトワックの“クーデター入門”
エドワード・ルトワック:著, 奥山 真司:監訳　芙蓉書房出版
信長と十字架――「天下布武」の真実を追う（集英社新書）
立花 京子:著
古代ローマ軍 武器・防具・戦術大全（The Quest For History）
レッカ社:著, 編　カンゼン
図解 大航海時代 大全（The Quest For History）
レッカ社:著, 編　カンゼン
図解 十字軍 武器・防具・戦争大全（The Quest For History）
レッカ社:著, 編　カンゼン
改定版　岐阜信長歴史読本（別冊歴史読本10）
KADOKAWA
キリシタン黒田官兵衛 上巻
雑賀 信行:著　雑賀編集工房
キリシタン黒田官兵衛 下巻
雑賀 信行:著　雑賀編集工房
大航海時代叢書XI　日本王国記　日欧文化比較
アビラ・ヒロン:著, ルイス・フロイス:著　岩波書店

# 【参考文献】

完訳フロイス日本史1将軍義輝の最期および自由都市堺――織田信長篇I（中公文庫）
ルイス フロイス:著, 松田 毅一:訳, 川崎 桃太:訳　中央公論新社

完訳フロイス日本史2信長とフロイス――織田信長篇II（中公文庫）
ルイス フロイス:著, 松田 毅一:訳, 川崎 桃太:訳　中央公論新社

完訳フロイス日本史3安土城と本能寺の変――織田信長篇III（中公文庫）
ルイス フロイス:著, 松田 毅一:訳, 川崎 桃太:訳　中央公論新社

完訳フロイス日本史4秀吉の天下統一と高山右近の追放――豊臣秀吉篇I（中公文庫）
ルイス フロイス:著, 松田 毅一:訳, 川崎 桃太:訳　中央公論新社

完訳フロイス日本史5「暴君」秀吉の野望――豊臣秀吉篇II（中公文庫）
ルイス フロイス:著, 松田 毅一:訳, 川崎 桃太:訳　中央公論新社

完訳フロイス日本史6ザビエル来日と初期の布教活動――大友宗麟篇I（中公文庫）
ルイス フロイス:著, 松田 毅一:訳, 川崎 桃太:訳　中央公論新社

完訳フロイス日本史7宗麟の改宗と島津侵攻――大友宗麟篇II（中公文庫）
ルイス フロイス:著, 松田 毅一:訳, 川崎 桃太:訳　中央公論新社

完訳フロイス日本史8宗麟の死と嫡子吉統の背教――大友宗麟篇III（中公文庫）
ルイス フロイス:著, 松田 毅一:訳, 川崎 桃太:訳　中央公論新社

完訳フロイス日本史9大村純忠・有馬晴信篇I（中公文庫）
ルイス フロイス:著, 松田 毅一:訳, 川崎 桃太:訳　中央公論新社

完訳フロイス日本史10大村・竜造寺の戦いと有馬晴信の改宗――大村純忠・有馬晴信篇II（中公文庫）
ルイス フロイス:著, 松田 毅一:訳, 川崎 桃太:訳　中央公論新社

完訳フロイス日本史11黒田官兵衛の改宗と少年使節の帰国――大村純忠・有馬晴信篇III（中公文庫）
ルイス フロイス:著, 松田 毅一:訳, 川崎 桃太:訳　中央公論新社

完訳フロイス日本史12キリシタン弾圧と信仰の決意――大村純忠・有馬晴信篇IV（中公文庫）
ルイス フロイス:著, 松田 毅一:訳, 川崎 桃太:訳　中央公論新社

キリシタン武将黒田官兵衛――秀吉と家康から怖れられた智将
林 洋海:著　現代書館

日本思想大系25　キリシタン書　排耶書
海老沢 有道:著, H. チースリク:著, 土井 忠生:著, 大塚 光信:著　岩波書店

改訂　信長公記
桑田 忠親:校注　新人物往来社

伊達政宗と慶長遣欧使節（聖母文庫）
高木 一雄:著　聖母の騎士社

本能寺の変431年目の真実（文芸社文庫）
明智 憲三郎:著　文芸社

「本能寺の変」は変だ！ 435年目の再審請求（文芸社文庫）
明智 憲三郎:著　文芸社

（本書は平成三十年十月、水王舎から四六判で刊行されたものに著者が大幅に加筆、修正したものです）

第六天魔王信長

一〇〇字書評

切り取り線

**購買動機**（新聞、雑誌名を記入するか、あるいは○をつけてください）

□（　　　　　　　　　　　　）の広告を見て
□（　　　　　　　　　　　　）の書評を見て
□ 知人のすすめで　　□ タイトルに惹かれて
□ カバーが良かったから　　□ 内容が面白そうだから
□ 好きな作家だから　　□ 好きな分野の本だから

・最近、最も感銘を受けた作品名をお書き下さい

・あなたのお好きな作家名をお書き下さい

・その他、ご要望がありましたらお書き下さい

| 住所 | 〒 | | | | |
|---|---|---|---|---|---|
| 氏名 | | 職業 | | 年齢 | |
| Eメール | ※携帯には配信できません | | | 新刊情報等のメール配信を<br>希望する・しない | |

この本の感想を、編集部までお寄せいただけたらありがたく存じます。今後の企画の参考にさせていただきます。Eメールでも結構です。

いただいた「一〇〇字書評」は、新聞・雑誌等に紹介させていただくことがあります。その場合はお礼として特製図書カードを差し上げます。

前ページの原稿用紙に書評をお書きの上、切り取り、左記までお送り下さい。宛先の住所は不要です。

なお、ご記入いただいたお名前、ご住所等は、書評紹介の事前了解、謝礼のお届けのためだけに利用し、そのほかの目的のために利用することはありません。

〒一〇一－八七〇一
祥伝社文庫編集長　清水寿明
電話　〇三（三二六五）二〇八〇

祥伝社ホームページの「ブックレビュー」からも、書き込めます。
www.shodensha.co.jp/bookreview

祥伝社文庫

第六天《だいろくてん》魔《ま》王《おう》信長《のぶなが》　消《け》されたキリシタン王国《おうこく》

令和 5 年 1 月 20 日　初版第 1 刷発行

著　者　加《か》治《じ》将一《まさかず》
発行者　辻　浩明
発行所　祥伝社《しょうでんしゃ》
東京都千代田区神田神保町 3-3
〒 101-8701
電話　03（3265）2081（販売部）
電話　03（3265）2080（編集部）
電話　03（3265）3622（業務部）
www.shodensha.co.jp
印刷所　堀内印刷
製本所　ナショナル製本



Printed in Japan ©2023, Masakazu Kaji　ISBN978-4-396-34862-5 C0193

# 祥伝社文庫の好評既刊

加治将一
**龍馬《りょうま》の黒幕**
明治維新と英国諜報部、そしてフリーメーソン

明治維新の英雄・坂本《さかもと》龍馬を動かしたのは「世界最大の秘密結社」フリーメーソンだったのか？

加治将一
**舞い降りた天皇《すめろぎ》** 上
初代天皇「X」は、どこから来たのか

天孫降臨を発明した者の正体は⁉「邪馬台国」「天皇」はどこから来た？日本誕生の謎を解く古代史ロマン！

加治将一
**舞い降りた天皇** 下
初代天皇「X」は、どこから来たのか

卑弥呼の墓はここだ！　神武東征、三種の神器の本当の意味とは？　隠された日本古代史の秘密を暴く。

加治将一
**幕末維新の暗号** 上
群像写真はなぜ撮られ、そして抹殺されたのか

坂本龍馬、西郷隆盛《さいごうたかもり》、高杉晋作《たかすぎしんさく》、岩倉《いわくら》具視《ともみ》、大久保利通《おおくぼとしみち》……英傑たちが結集の瞬間⁉　この写真は本物なのか？

加治将一
**幕末維新の暗号** 下
群像写真はなぜ撮られ、そして抹殺されたのか

古写真を辿《たど》るうち、見えてきた奇妙な合致と繋がりとは――いま、解き明かされる驚愕の幕末史！

加治将一
**失われたミカドの秘紋《ひもん》**
エルサレムからヤマトへ――
「漢字」がすべてを語りだす！

渡来した神々のルーツがここに！　ユダヤ教、聖書、孔子、始皇帝、秦氏……すべての事実は一つに繋がる。